中小企業の経営と診断

――持続ある社会活動の経営支援に向けて――

小川　雅人　編著

創風社

はじめに

　中小企業経営に関する書籍は実務書だけでなく理論書を含め数多く，どこの書店でもよく目にする。しかし，本書のように中小企業経営の研究者による実証や中小企業診断士による診断の視点からまとめたものは少ない。本書の特徴は理論を前提にしつつも実務的視点からの研究書である。
　本書の読者対象として主に重視するのは，第1に中小企業の経営者である。中小企業の経営者は日頃から厳しい環境の中で孤独な意思決定をしている。本書のように経営を専門家等の視点から見ることは，自社の経営を客観的に見ることである。近年の中小企業の経営者は大学での経営学の学習機会や金融機関や支援機関等の情報提供の活発化などにより知識は増えている。しかし，1999年の中小企業基本法の改訂を受けて中小企業診断制度が大きく変わり，自社の経営を客観的に見る機会は減少した。
　第2は，中小企業診断士等の経営支援者である。本書は執筆者の経験や見識から中小企業診断を実践するために欠かせない視点が数多くある。経営支援者である中小企業診断士としても診断対象となる経営を見る際も実践的な経営を知る機会になると確信している。
　本書は，多くの中小企業経営者の喫緊の課題である競争戦略，経営の継続，資金調達の方法，人材の生かし方など現実の経営に役立つ内容を盛り込んだ。企業診断の重要な視点は，特定の課題の経営相談やコンサルティングだけではない。企業経営を支援する上での「企業の課題」といえる症状は何が原因で生じているのか，その原因を把握し，解決策を考えなければ今後の企業経営にも大きな影響を与えるからである。
　第3は，初めて経営学を学ぶ人はもちろんのこと，経営学を学んだことがある人で，もっと現実の中小企業の経営を知りたいと思っている人を対象としている。本書は理論書としてだけでなく，実務書として活用への期待は上記のとおりであるが，換言すれば，これから中小企業診断士を目指そうと考えている人や経営学をより深く知りたい人の期待に応えられると確信している。
　本書において強調しておきたい企画趣旨は，2017年発刊した『商店街機能とまちづくり——地域社会の持続ある発展に向けて——』（創風社）（以下前著）

の発刊趣旨と同じである。多くの執筆者が前著と同じであるだけでなく，サブタイトルにもあるように持続性ある社会づくりを各執筆者と共通認識をもつ。前著は，地域社会の持続ある発展は商店街の役割が欠かせないことを実証した研究書である。本書は，中小企業の経営力強化のための書籍であるが，持続ある社会活動をするための各種活動団体には活動継続のために経営の視点が欠かせない。本書の狙いの1つである。

　前著でも数多く紹介したように地域社会の課題を解決するための様々な活動がある。しかし，善意のボランティアや行政の補助金に依存するだけでは持続的・継続的にするには限界がある。持続的活動には活動資金を生みだす一定の収益が必要である。すなわち経営の視点がなければ活動の持続性には無理があると言わざるをえないのである。したがって企業はもとより各種の地域団体も，より経営力を向上させなければならない。そのためにも中小企業診断士の支援が重要である。

　全国的に見ても商店街がなくなっても立派に生き残って活動している企業（商店）がある。また，なくなると困ると地域社会から必要とされている経営力がある企業もある。しかし，地域社会はもちろん，全国的にも中小企業の経営環境の厳しさは増すばかりである。本書は，経営者が改めて経営について見直す機会とするだけでなく，中小企業診断士の大きな役割があることを力説した。

　本書出版には，実践的な経営学を研究する現場経験が豊富な大学教員をはじめ千葉商科大学，東洋大学で中小企業診断士養成の一翼を担う大学教員，多くの中小企業診断士の参加があった。また，千葉商科大学の中小企業診断士養成コースの事務局をはじめ，運営委員長の長谷川博先生，副運営委員長の鮎川二郎先生，運営委員の前田進先生には，本書の執筆者のご支援とご協力をいただいたことに深く謝意を表したい。また，辛抱強く出版を支えていただいた創風社の千田社長・高橋専務にはご心配とご迷惑をおかけした。改めて心より感謝したい。また，本書執筆は各執筆者にとって研究会も含め多大な時間をいただいた。家族を含む関係の方々に改めて深く感謝したい。本書が中小企業経営者および研究者・学生，そして診断業務の従事者及び診断士を考えている方々の一助となれば望外の喜びである。

　著者を代表して改めて感謝を申し上げたい。

2018年早春　小川　雅人

序　章　経営と診断の視点

第1節　企業診断と中小企業経営

　経営者は日々判断の連続である。それも自らの判断の誤りで家族だけでなく従業員やその家族を路頭に迷わせることになるかもしれない。中小企業庁の調査結果にもあるように経営者は孤独で，家族や従業員にも聞けないことがある[1]。また，中小機構の調査でも経営者の意思決定のための情報源は，「同業者・交流会参加者」からの割合が最も多く62.2％（複数回答）におよんでいる[2]。次いで「取引先担当者」53.0％，「顧客」44.7％であるが，金融機関，公的機関の担当者は，上位3位よりも低くなっている。中小企業診断士，経営コンサルタントはその中に含まれていると思われるが，項目としてはない。中小企業診断士等の専門家は経営支援として重要な役割を果たさねばならないが，まだ公的機関の調査には認識が決して高くないと言わざるをえない[3]。

　経営者の身近な相談者として，よく知っている中小企業診断士がいる場合に，自分の判断の確認のためのワンヒントのアドバイスを期待することがある。これは知り合いの町医者に気軽に健康について聞くのとよく似ている。総合病院の専門医だけでなく，市井の町医者としての役割である。

　中小企業診断について改めてみてみよう。「診断」を広辞苑で見ると「医者が患者を診察して病気を判断すること」であり，「ものごとの欠陥の有無を調べて判断すること」である。企業診断は一般的には「診断士が企業の実態を判断し，改善策を提示すること」といえよう。企業診断をこの視点から見ると医者と患者の関係に例えるのはこのためである。

　診断は企業の全体像を把握することから始まる。中小企業診断について本書では中小企業診断士による診断をビジネスドクターと見て，医療との関連で説明すると理解していただけると思う。企業診断と並んで特定の課題のコンサルティングや経営相談は大変重要で中小企業診断士の重要な役割である。経営者の依頼に応じて的確に回答し，解決の方法を提示することは必要である。しかし，医者は症状の相談を受ける場合に的確な対処方法を指示しなければならない場合，相談内容や症状は緊急性を要するかどうか判断しているはずである。

中小企業診断士と経営者の関係は，中小企業診断士の人間的な経験が欠かせない。かつて筆者がまだ20代で，経験の少ない中小企業診断士として仕事をしていたとき，60歳を過ぎた年配の中小企業診断士と一緒に企業診断したことがある。新しい技術や学問の習得として多少の自信があった。しかし，年配の経営者は年配の中小企業診断士とは素直に接しているが，経験不足と思われたのか若い私は経営者に素直には話を聞いてもらえなかった。経営者は自らの経営をさらけ出して息子のような「若僧」に話を聞くことはプライドとして許さなかったのだろうと年月が経ってから理解した。年齢は大きなことでないと今はいえるが，中小企業診断士と経営者の関係の多くの場合，相談，特定の課題へのアドバイスなどは経営者の力量・人柄を見抜く力を持つことが大事で，中小企業診断士として人間的な魅力をつけることは欠かせない資質である。

筆者は学生時代，経営学は山城章先生に学んだ。山城先生から経営学は経営者が経営を考えるのに役立たなければならないことをことある毎に指摘された。私としては経営学という学問は経営者教育学だと思っている。経営者に実践的な経営学を中小企業診断士として提供できることが使命と思っている。

本書が経営学研究者や中小企業診断士によって実践を背景としてまとめた意義は，経営者の客観的な経営に対する見方や若い中小企業診断士の現場での臨場感を持った学習のためである。

第2節　本書の構成

本書は12章で構成している。中小企業経営にとって必要な視点を執筆者メンバーで15回を超す研究会を持ち執筆内容を確認し，本書の狙いと各章の結びつきと全体構成の整合性を図っていった。

第1章は，「中小企業の存在意義と有用性に関する議論」である。本章は執筆した福田敦の永年の中小企業経営研究から，一般に，中小企業は大企業に比較し生産性が低いと言われるが中小企業の方が生産性の高い企業は歴然と現存しており，中小企業の異質多元さはビジネスシステムだけでなく経営成果においても大企業をしのいでいることを示した。本章では中小企業の優位性についてまとめた。

第2章は，「中小企業診断に求められる企業診断に向けて」である。執筆者の菊池宏之は中小企業診断士一次試験の作問委員を務めた経緯をもち，中小企業

経営者に評価される企業診断を可能にするために，中小企業診断士への期待とそのために必要な取組課題に関してまとめた。

第3章は，「経営者論と経営理念」である。執筆した古望髙芳は，パナソニック勤務の時代から，松下幸之助の理念を継承し，近江商人の研究を通じて「経営者」とは何か，中小企業が「経営理念」を持つことが如何に大切かを研究してきた。本章は，その経験を如何なく発揮し臨場感を十分に実証した章である。

第4章は，「中小企業における経営戦略」である。執筆者の三浦達は，中小企業や商店街の実証研究の実績が顕著の研究者である。特に中小企業経営では理論研究の造詣も深く，多くの先行研究をできる限り中小企業経営に取り込めるように紹介と解説したものである。中小企業にとっても欠かせない視点である経営戦略についての理解と意義についてわかりやすくまとめた。

第5章は，「中小卸売業の業態化戦略」である。執筆者の池田智史は，大学でも教える研究者でもある。中小卸売業は診断対象として難しいところもあるが，本書では中小の卸売業についてどのように見ていったらよいか主に卸機能から見ていった。流通構造はグローバル経済の進展とともに劇的に変化していった。中小卸売業は本来の卸売機能である保管，配送などの機能は3PL（第三者物流）などの他の物流業者に代替され，さらにSCMやDCM（本文ページ参照）の進展など卸売機能の多くは他業態に代替されていった。中小の卸売業は，その中で流通の中核として，かつて卸売本来の物流機能だけでなくメーカーや小売に対する卸売機能の全部を持っていた。しかし現在はいわゆる総合卸売業は存在しないといってよいと思われる。現存する中小の卸売業は機能を限定した専門卸売業として流通構造の中で大切な役割を果たしている。本章は，卸売業の実態を踏まえ，いわば流通サービス業として機能限定した専門卸売業のあり方を考えた。

第6章は，「中小企業の物流戦略――物流を正しく認識して経営を改善する――」である。執筆者は青木靖喜である。青木は日通に勤務していた物流のプロである。本章は，物流についての効率化をどう図るかは当然触れているが，中小企業にとってブラックボックスになっているといってよい物流管理について第三の収益源として見直す視点を重視してまとめた。特に物流コストの把握の仕方について実例を豊富に示し理論と実務の両面から見て経営者だけでなく中小企業診断士の役に立つ内容である。

第7章は,「事業継承と後継者——中小企業の経営転機対応——」である。本書の最も特徴ある章の1つである。執筆担当者の柳澤智生は,以前の帝国データバンク勤務時代から企業の転機についての研究を続けていた。筆者は現実の中小企業が後継者問題や転廃業などで悩んでいてどう経営支援した方がよいかという経験の実践を背景にまとめたものである。中小企業が経営の継続をどうするかを含めて本章では「経営転機」とよび,ハッピーリタイアを含めた対応をまとめた。法律処理だけでなく経営を継続した数々に事例をもとに経営学の視点からまとめた。

　第8章は「中小企業の財務,資金調達戦略——円滑な資金調達の実現のために——」である。中小企業経営に関する本には,ほとんど例外なく財務についての説明がある。本章も当然最低限知っておかねばならない経営財務についての知識はポイントを示したが,多くの中小企業にとって財務面で共通した関心は,如何にタイムリーに資金調達できるかである。執筆者の栗原拓は金融機関勤務の経験から資金調達の視点を重視して本章をまとめた。資金調達先からは企業経営をどのように見ているか,企業の持続的成長と円滑な資金調達のために企業が努力することは何か等,実践的な視点でまとめた。

　第9章は,「中小企業の人事・労務戦略」である。本章を執筆した多賀恵子は,中小企業で実際に総務・人事を職務として担当している経験も踏まえてまとめている。本章の主題は,人材活用が企業発展につながるという視点である。中小企業は大企業と比較すると,優秀な人材を確保することが難しい。その状況の下で,いかにして自社に合う人材を採用し,育てていくかが企業発展の鍵を握っている。女性の視点からの人事・労務は企業経営にとって今後ますます重要になってくる。

　第10章は,「中小企業のマーケティング戦略——マーケティング専門誌「『キャンペーンレポート』における実証研究——」である。執筆の大熊省三は,自らも企業経営の経験を持つ経営学の研究者でマーケティングが専門である。この10章も理論だけでなく,実践を踏まえ,多くの中小企業が最も重視しつつも実現が難しい実証研究を踏まえて本章をまとめた。執筆者は本章で次のように述べている。新商品開発に関する基本的認識は,消費者(生活者)の生活行動や,意識に関する深い読み込みと洞察を基軸に捉えて商品開発プロセスを実践すれば,必ず果実(中小ヒット商品)は実ることを論じている。是非熟読して欲しい章である。

第11章は「中小企業の情報戦略——ネットワーク社会における中小企業のITの活用——」である。今日の現代社会で情報化に対応しないで経営の存続はできない。本章の筆者である平本祐資は，主な業務として中小企業の情報化支援を実践している。中小企業にとって知っておかなければならない情報戦略のための知識や活用について多くの経験を踏まえてまとめた。情報戦略を推進するとしても最新のテクノロジーを導入すれば社内の課題は解決するわけではない。導入の明確な目的やその技術に対する理解，体制整備，さらにセキュリティの課題の解決がなければ有効活用できない。

　第12章は，「中小製造業の生産管理——日本の中小製造業の成長に向けて——」である。本書は，中小企業経営の幅広い分野の必要性を意識して構成したが，製造業に関する記述がないのは経営学や中小企業診断を理解してもらうためには画竜点睛を欠くことになる。そこで製造業の章を山田伸顯に執筆担当をしてもらった。山田は永年東京都大田区で産業振興・製造業支援を責任者として遂行し，現場での数多い経験をバックに中小製造業に大変深い造詣を持っている。山田によれば，今や製造業のグローバル展開は，規模の大小に関わりなく活発となっている。国内拠点の維持と成長を志向する中小企業の立場としては，マクロな経済成長ではなく，自社の利益体質を高めることを目的にミクロな経営戦略に焦点を当てることになる。そこで重視すべきは，生産性の向上である。

　経営学の視点として本章が欠かせないことがお分かりいただけると信じている。

注

1 ）企業経営の重要な意思決定を一人でする割合は「個人事業者」で59.1％「小規模法人」で37.3％におよぶ。中小企業庁（2016）「企業経営の継続に関するアンケート調査」。
2 ）中小企業基盤整備機構（2013）
3 ）但し，同調査で「施策情報の収集」については，金融機関，公的機関からの紹介に次いで「税理士や経営コンサルタントからの紹介」が18.0％と第3位になっている。

参考文献

小川雅人編著（2017）『商店街機能とまちづくり——地域社会の持続ある発展に向け

て──』創風社。
小川雅人（2010）『地域商業の再生とまちづくり』創風社。
山田伸顯(2009)『日本のモノづくりイノベーション──大田区から世界の母工場へ──』日刊工業新聞。
中小企業基盤整備機構（2013）「中小企業経営者の経営情報の収集・活用に関する実態調査」『中小機構調査研究報告書』第5巻第7号（通巻26号）。

（小川　雅人）

目　　次

はじめに……………………………………………………………………3

序　章　経営と診断の視点……………………………………………5
第1節　企業診断と中小企業経営……………………………………5
第2節　本書の構成……………………………………………………6

第1章　中小企業の存在意義と優良性に関する議論………………19
はじめに………………………………………………………………19
第1節　中小企業とはどのような存在か……………………………20
第2節　中小企業の存立分野と戦略視点……………………………24
第3節　中小企業の優良性を研究することの意義…………………26
第4節　戦略観に見る優良性を規定する要因と優良中小企業の
　　　　プロフィール……………………………………………………30
まとめ…………………………………………………………………37

第2章　中小企業診断士に求められる企業診断に向けて…………43
第1節　中小企業診断士としての企業診断の心得…………………43
第2節　中小企業における経営診断…………………………………47
第3節　中小企業の経営診断に必要なマーケティング戦略思考…53
むすびにかえて………………………………………………………58

第3章　経営者論と経営理念……………………………………………61
　　　　――中小企業診断における経営者と経営理念について――
はじめに………………………………………………………………61
第1節　石門心学と近江商人の考察…………………………………63
第2節　日本の老舗企業を貫く理念について………………………65
第3節　理念経営に徹する現代の中小企業について………………73
第4節　不祥事を起こす企業の病理について………………………79

まとめ……………………………………………………………………………83

第4章　中小企業における経営戦略………………………………………87
　　　　――中小企業の強みを活かした戦略――
　　はじめに……………………………………………………………………87
　　第1節　経営戦略の定義と歴史…………………………………………87
　　第2節　中小企業における経営戦略……………………………………90
　　第3節　中小企業における経営戦略の事例……………………………97
　　おわりに…………………………………………………………………101

第5章　中小卸売業の業態化戦略………………………………………105
　　　　――中小卸売業の卸機能の現状と経営展開に向けて――
　　はじめに…………………………………………………………………105
　　第1節　卸売業の状況と課題…………………………………………106
　　第2節　卸売業の機能…………………………………………………110
　　第3節　業態化した卸売業者の事例…………………………………117
　　おわりに…………………………………………………………………119

第6章　中小企業の物流戦略……………………………………………123
　　　　――物流を正しく認識して経営を改善する――
　　はじめに…………………………………………………………………123
　　第1節　「物流」とは流通の物理的側面を管理する機能である……124
　　第2節　物流フローと企業単独の物流コスト………………………126
　　第3節　物流コストの計算方法………………………………………132
　　第4節　アウトソーシングによる経営資源の集中…………………139
　　第5節　製造業M社の事例……………………………………………141
　　おわりに…………………………………………………………………143

第7章　事業継承と後継者………………………………………………147
　　　　――中小企業の経営転機対応――
　　はじめに…………………………………………………………………147
　　第1節　事業継承の重要性……………………………………………148
　　第2節　事業継承を円滑に進めるための経営転機対応……………151

第3節　後継者の再定義……157
まとめ……167

第8章　中小企業の財務，資金調達戦略……173
　　　　──円滑な資金調達の実現のために──
はじめに……173
第1節　中小企業における財務と資金調達……173
第2節　企業の経営転機と資金調達方法の変化……178
第3節　円滑な資金調達の実現のために……185
第4節　事例研究……189
まとめ……192

第9章　中小企業の人事・労務戦略……195
　　　　──社員の能力を最大限に活かし，企業の発展に繋げるために──
はじめに……195
第1節　中小企業にとっての人事・労務の役割……195
第2節　中小企業における人事・労務の現状と課題……196
第3節　自社に合った人材の確保……198
第4節　従業員の可能性を引き出す育成戦略……204
第5節　働きやすい組織をつくる……209
おわりに……211

第10章　中小企業のマーケティング戦略……213
　　　　──マーケティング専門誌『キャンペーンレポート』における実証研究──
はじめに……213
第1節　事例研究（ベンチャー起業設立のケーススタディ）……215
第2節　経営分析……221
第3節　考　察……225
第4節　結　論（新たな知見）……228

第11章　中小企業の情報戦略……231
　　　　──ネットワーク社会における中小企業のITの活用──
はじめに……231

第 1 節　情報と中小企業の関係性………………………………………232
第 2 節　ネットワーク社会による影響…………………………………236
第 3 節　意思決定と情報システム………………………………………241
第 4 節　ITの進展で変化するマーケティング…………………………243
第 5 節　情報セキュリティ・情報管理体制……………………………247
お わ り に…………………………………………………………………253

第 12 章　中小製造業の生産管理…………………………………………257
　　　　　──日本の中小製造業の成長に向けて──
は じ め に…………………………………………………………………257
第 1 節　管理会計を活用した中小企業の経営改善に向けて…………258
第 2 節　労働生産性を高める経営戦略…………………………………264
第 3 節　中小企業はICTとIoTをどのように活用できるか…………272
ま と め……………………………………………………………………283

お わ り に──中小企業経営支援の意義と役割と変化──……………287

著 者 略 歴…………………………………………………………………289

執筆担当

小川 雅人：はじめに，序章，おわりに

福田 敦：第1章

菊池 宏之：第2章

古望 髙芳：第3章

三浦 達：第4章

池田 智史：第5章

青木 靖喜：第6章

柳澤 智生：第7章

栗原 拓：第8章

多賀 恵子：第9章

大熊 省三：第10章

平本 祐資：第11章

山田 伸顯：第12章

中小企業の経営と診断

第1章　中小企業の存在意義と優良性に関する議論

はじめに

　中小企業は大企業と対峙した構造的アプローチによって捉えられる相対的な概念であり，企業規模が小さいため大企業と比べてさまざまな制約や問題を抱えている。

　一般に，中小企業は大企業と比べ従業員1人当たりの労働生産性が低い存在として認識されている。『2016年版 中小企業白書』によると，確かに中小企業の労働生産性の累積分布は大企業と比べ低い水準に多く分布しているものの，製造業では大企業平均の1,175万円を超える中小企業が約1割，非製造業では大企業平均の899万円を超える中小企業が3割近くを占めている。非製造業においては業種の多様性から，製造業ほど規模の差が労働生産性の主要な決定要因にはなっていない状況がうかがえる。

　中小企業の異質多元さは，そのビジネスシステムに限らず，経営成果においても大企業を凌ぐ付加価値を生み出す企業の存在を認識することが大事である。

図表1－1　労働生産性の累積分布

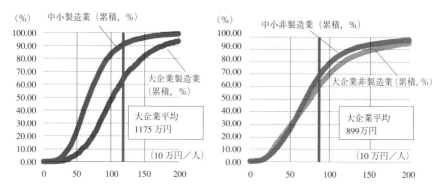

出所：『2016年版 中小企業白書』66頁のデータを基に筆者作成。

本章では，中小企業の存在意義を整理するとともに，製造業とサービス業を中心に中小企業の優良性について議論を行うことにしたい。

第1節　中小企業とはどのような存在か

　中小企業の事業分野は，製品や技術，情報やマーケティング等によって差別化できる対策を持たない限り，参入可能企業との熾烈な競争にさらされるのが通例である。また，激しい競争下における長時間労働にもかかわらず賃金は安く，多くの企業で生産性が低いために年功序列で年齢相応に賃金が上がりにくい傾向がある。そのため，若手社員の確保が困難で，時代に対応した中堅幹部の登用や中途採用も捗らず，結果的に競争力が向上しづらい問題を抱える。

　このような構造的市場問題は，次代を担う後継者問題を深刻化している。たとえ経営資源（人材，施設・設備，資金，情報，技術，ブランドなど）の脆弱さを克服し，内部組織のマネジメント能力を高めたとしても，自社ではコントロールが困難な構造的・制度的な問題に直面することが多い。

　すなわち，中小企業の構造的な不利性を払拭する措置は，市場を補完することで中小企業問題を解決することを目的とする政策課題になる。とくに適正な資源配分を実現しにくい状況や不利な競争が強いられる場合は，公正な競争による市場経済の健全な発展を実現するため政府による市場への政策的な介入が正当性をもつ。

　例えば，公正取引委員会による下請法違反被疑事件の処理件数[1]をみると2016年度には6,313件（内訳は製造業42.4％，卸売業16.4％，情報通信業8.6％，運輸業・郵便業7.0％，小売業5.8％などの順で多く）発生している。このうち手続規程違反（書面交付や書類保存）は5,435件，実体規定違反（支払い遅延，買いたたき，減額，割引困難手形，利益提供要請など）は11,250件に達する（いずれも重複あり）。その結果，実体規定違反に基づく下請事業者が親事業社から被った不利益の原状回復額は23兆9,931億円にのぼる。なかには親事業者による悪質な下請けいじめもあるが，多くの場合に親事業者側の認識不足が引き起こすことが多いため，公正取引委員会と中小企業庁では広報事業や講習会を開催する，下請取引適正化推進月間を設けるなどして下請取引の適性化及び下請法・優越的地位濫用行為の未然防止活動を実施している。

　このように問題性を抱える中小企業がある一方で，大企業が進出できない限

定的な事業分野を峻別し，経営資源を集中することにより製品市場や加工機能で専門性を高め，当該分野で最低限必要な規模の経済性を実現して競争力を発揮する中小企業もある。これらの中小企業の中には，産業集積内の企業や技術力やマーケティング力，専門サービスといった中核的な競争力をもった中小企業同士による水平的ネットワークを活かすことで，当該事業の前工程や後工程となる補完業務を外部に依存するところも多い。彼らは範囲の経済を放棄したことの不利性を克服し，迅速に経営基盤を整えることが可能となる。とくに，市場や技術の変化が大きい環境下では補完業務を外部に依存する中小企業にとって，環境に対応する機会が増えることが予想される[2]。中小企業は消極的評価（問題性）と積極的評価（貢献性）の複眼的視点から，構造的問題を抱える中で「リスキーながら多様な可能性を持つ存在」とみることができる。

1　政策対象としての中小企業の定義

中小企業は，中小企業基本法（1999年改正）第2条第1項により，資本金（または出資の総額）と常時使用する従業員の数（あらかじめ解雇の予告を必要とする者）によって業種別に以下のとおりに定義されている。資本金と従業員のいずれかの要件を満たせば中小企業に該当する。

◇製造業＝資本金3億円以下の会社又は従業員数300人以下の会社又は個人
◇卸売業＝資本金1億円以下の会社又は従業員数100人以下の会社又は個人
◇小売業＝資本金5千万円以下の会社又は従業員数50人以下の会社又は個人
◇サービス業＝資本金5千万円以下の会社又は従業員数100人以下の会社又は個人
　※製造業では従業員20人以下，その他は5人以下の会社又は個人を小規模企業者という。

なお，中小企業基本法では「見做し大企業」（大企業からの出資を受けている企業）の規定はないが，法律の所管や補助金では支援対象から除外するなど大企業からの独立性が問われることもある。

中小企業は規模が小さく資金調達や人材確保の面で競争上不利な立場にある。同時に，組織階層が低く機動的な意思決定が可能であるなど，大企業とは異な

る経営行動が認識される存在であり，中小企業を市場への適応や不公正な取引の是正を目的に政策対象として支援することは合理性をもつと考えられる。また，創業や新規事業を支援することで産業のイノベーションや雇用機会を創出すること，小規模企業を対象とする経営安定策は社会政策的性格を有すると考えられる。このような意味で中小企業基本法の規定は政策対象を具体化する目的がある。

2　わが国の経済社会における中小企業の役割

2014年時点でわが国の企業数は382万社で，このうち中小企業は380.9万社（99.7％）を占める（図表1―2）。

従業者数は同4,794万人のうち，中小企業の従業者数は3,361万人（70％）を占める。ちなみに，1999年時点でわが国の中小企業数は483.7万社あり，この15年間で102.8万社（▲21％）も減少している。

『2016年版中小企業白書』（730～734頁）によると，中小企業が占める付加価値額の割合は，製造業が50.5％，卸売業が63.5％，小売業が56.5％を占める。小規模企業の割合は，企業数で83.9％，従業者数で25.8％，付加価値額で16.1％を占める。

企業数は長期的に減少傾向にあるが，中小企業が経済社会の中で果たす役割は決して小さくない。中小企業が果たしている役割については，以下のように4つの視点から整理することができる[3]。

①大企業を支える役割
　組立型産業を中心に下請企業が最終製品の品質と価格競争力を担っている。
②多様で小さな需要に応える役割
　精密機械製品や繊維製品のように大企業では採算が取れないニッチな（隙間）市場に優れた製品・サービスを供給する。
③産業に活力を与える存在
　新しい事業や産業の創造という先導的な機能を果たし，産業に活力を与える役割を担う。
④地域産業の担い手としての役割
　多数の中小企業が産業集積を形成し地域経済の担い手として雇用や納税の面からも大きく貢献している。

第1章　中小企業の存在意義と優良性に関する議論

図表1-2　中小企業数の推移

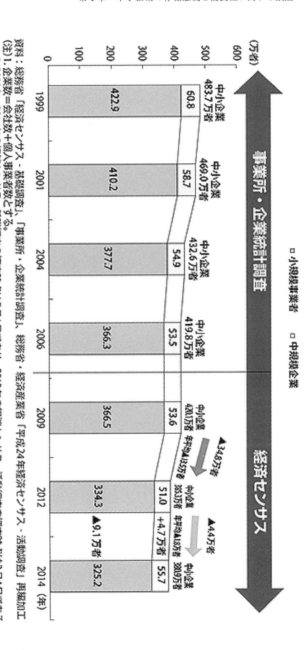

出所：『2016年版 中小企業白書』24頁より。

第2節　中小企業の存立分野と戦略視点

1　中小企業経営の特徴

　中小企業は資本が少なく雇用者数も限定される。一般に中小企業は，大企業と比べて競争の激しい分野で存立することが多く，大企業との取引では長期的取引を前提としても不利な関係性を払拭することは難しい。これに対し大企業の存立分野は，中核的競争力に対する需要が大きく同質的な需要が安定して存在し規模の経済性を発揮できる分野である。

　市場経済が安定している際には，中核的業務以外の補完的業務の内部化も含めた規模の経済性を追求する行動が合理的で大企業に有利な分野が拡大する。これに対し，市場経済の変化が激しくなると，規模の経済性が相対的に発揮しづらくなり，補完的業務の調達が市場取引を加速させることになる。また，組織階層がフラットである中小企業の迅速な意思決定が有利となり，中小企業のビジネスチャンスが膨らみ中小企業の存立可能性は拡張すると考えられる。

　以下では中小企業経営の特徴を整理し，中小企業が存立可能な分野について検討する。

① 企業家による非組織的意思決定の役割が相対的に大きい

　市場環境変化への迅速な対応が期待しやすい。とくに，先進国において中小企業が持つ刷新機能（regenerative function）は経済機構の活性化に不可欠な要素とみられている。

② 経営資源（人，モノ，金，情報）が相対的に脆弱である

　外部資源の活用が重要になる。従来までは国内での下請型の生産システムが機能していたが，今日ではネットワークによる補完性・独自性の発揮が期待される。

③ 狭い専門技術（分野）への分化と技能・サービスへの依存

　規模や経営資源の制約から中小企業は事業領域を絞り込んだ経営をする必要性が高い。一般的に競争条件として参入障壁が低いため，専門性を磨くと同時に小回りの利く柔軟な思考を強みとする。

2　中小企業の存立分野

大企業と比べ中小企業が存在感を発揮できる分野は以下のように考えられる。
① 規模の経済性がはたらきにくい分野
　　中核的事業分野における需要が小さく，均質でなく，多様で変化が激しいなど，規模の経済性が働きにくい分野は大企業にとって魅力的な市場とは見られず，中小企業の存立可能性が高くなる。
② 社会的分業を前提として，専門性，特殊性が必要とされる分野
　　市場経済の環境変化が大きくなると，補完的業務は内部化するより外部から調達する志向が高まるため，社会的分業を前提に専門性や特殊性を蓄積してきた中小企業への取引機会が増える。
③ ネットワークの経済性がはたらく分野
　　経営資源に制約を持つ中小企業が，他組織とネットワークを組むことで不足資源を相互に補完することが可能になる。ネットワークの実質化を追求するためには，技術やサービスの専門性，特殊性で他社から信頼されるだけの競争優位性を獲得することが前提となる。

3　中小企業の戦略視点

これまでの議論から，中小企業は以下の戦略視点をもつことが大事になる。
① 創造性・機動性・多様性を発揮する
　　競争が激しい分野で勝ち抜くための中小企業の競争優位性の本質である。
② 長期視点で取引する
　　スポット的な市場取引は価格競争に陥る可能性がある。自社の技術力を評価してもらい長期的な視点で取引を行うことが望ましい。
③ 中核となる技術力とコーディネート力を持つ
　　水平的なネットワークでは，中核的競争力を獲得することと需要を開拓するプロデュース力とネットワークから当該製品を製作するために必要な企業を選別し，依頼するコーディネート力を持つ企業が必要になる。
④ 大口取引のみに依存しない
　　特定の大口取引先への依存度が過度になって専用資産を持つことになると，取引先が先端技術を導入したライバル企業に乗り換えをされた場合に，転用費用や投資回収が困難になる可能性があるため，取引先を少数に集中させな

いようにする。
⑤ ニッチな先端市場ニーズを逃さない

　取引先やネットワーク企業のさりげないつぶやきを聞き逃すことなく，先端市場のニーズを把握する努力を積み重ねることが必要である。
⑥ 自社の暗黙知的なコンテンツを正確かつ迅速に発信する

　ネット社会において自社の技術や製品情報を正確かつ魅力的に多言語で発信することが必要である。

第3節　中小企業の優良性を研究することの意義

1　従来の中小企業研究の特徴と新たな視点

　従来は，異質多元の中小企業を対象とする研究の制約から，特定の地域や業種・業界，規模，融資先，海外進出など予め対象範囲を限定した実証研究の成果を中心に研究成果が蓄積されてきた。一方で，異質多元性を尊重したまま優良性に注目し中小企業の対象を拡張して考察する研究は多くない。

　そこで，問題性（収奪問題，経営資源問題，市場問題）[4] を抱える中小企業が多いなかで，狭隘な集積や業種を超えた黒字基調にある中小企業を経営者の戦略観に基づく類型化を試みることで，優良性の因子を「見える化」し，企業類型の特徴を生かした戦略構築や産業振興策の立案に資するための研究を進めることの意義は大きい。ここでは経営者の戦略観に基づく中小企業の優位性に関する研究成果について概要を紹介する。

2　製造業とサービス業に注目することの意味

　経済のサービス化が見られるが，企業数で製造業は10.8％に過ぎないものの，従業者数では20.3％を占め，付加価値額では27.1％を占める[5]。製造業は雇用吸収力があり，生産性が高い産業である。

　一方，経済のサービス化に伴い，GDPに占めるサービス産業の割合は既に7割を超えている。ただし，過去50年間の労働生産性の上昇率は，製造業に比べてサービス産業は半分以下の水準にある[6]。

　図表1－3は大企業と中小企業の労働生産性の業種別平均（縦軸）と業種別従業者割合（横軸）を比較したものである[7]。この図からわが国の労働力の7

第1章 中小企業の存在意義と優良性に関する議論　27

図表1－3　労働生産性と労働構成比（規模別・業種別）

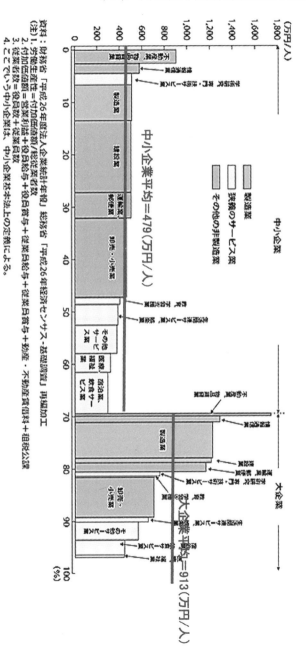

資料：財務省「平成26年度法人企業統計年報」総務省「平成26年経済センサス-基礎調査」再編加工
（注）1. 労働生産性＝付加価値額／総従業者数
　　　2. 付加価値額＝営業利益＋役員給与＋役員賞与＋従業員給与＋従業員賞与＋動産・不動産賃借料＋租税公課
　　　3. 従業者数＝役員数＋従業員数
　　　4. ここでいう中小企業は、中小企業基本法上の定義による。

出所：『2016年版 中小企業白書』64頁に加筆。

割を占める中小企業の労働生産性の平均値（479万円／人）は，大企業における労働生産性の平均値（913万円／人）を下回っており，中小企業の労働生産性の向上が大きな課題となっている。

とくに，生産性が低いサービス産業のウェイトが拡大することで，経済全体の生産性が低下する現象（ボーモル病）を克服することが重要となっている。こうしたマクロ経済からの要請に呼応する観点からも，生産性が高い優良中小企業のビジネスモデルを研究することの意義が見いだせる。

また，サービス業は製造業と比べると，リーディング産業としての牽引力が弱いこと，生産性の水準及びその伸び率[8]が欧米諸国と比べて低いこと，総じてグローバル化の対応が遅れていること，などが問題点として指摘できる。

さらに，農山漁村の6次産業化などサービス業の振興を通じた地域活性化の期待も広がっており，地方のサービス産業の生産性向上に向けた取組みも注目されている。サービス経済化をGDPの拡大につなげるためには，単位当たりの生産性向上に加え，在庫がきかず生産過程に顧客と協働でサービス品質を作り上げるサービス財の特性から，需給のミスマッチを平準化し，稼働率を増加して生産性を向上することが課題となる。

3　グローバル・ニッチトップ（GNT）企業だけではない優良企業

中小製造業の戦略ドメイン（≒事業領域）を専門家のあり方によって分類すると，3つに整理することができる。
① 完成品を生産することに専門化した企業（メーカー）
② 部品・部材（材料）生産に専門化した企業
③ 部分工程（加工）に専門化した企業

それぞれの分類に世界標準を超えた技術・知財を有する企業があり，それらの企業は社会的分業の位置にかかわらず，（大企業との）競争が少ない市場で高いシェアを獲得している。ニッチな市場でトップになる企業をニッチトップ（＝NT）企業といい，とくにグローバル（地球規模を市場と考える）企業をグローバル・ニッチトップ（＝GNT）企業という。

経済産業省（2003）は，GNT企業の特色として，従業員規模には規定されず，長年にわたって蓄積してきた固有技術やノウハウを，異なる分野で応用し，信頼をベースに新規需要の開拓により高い収益力があると指摘している。また，

（独）中小企業基盤整備機構（2010）によると，客観的な戦略分析の思考によって能動的に市場をニッチ化するプロセスこそが独自市場を創出する原動力であると指摘する。さらに，細谷祐二（2011）の研究では，GNT 企業はターゲット市場にブレがみられず，顧客起点による製品開発，スペックを変更することで製品ラインアップを拡大し将来を見据えた人材育成に積極的に取り組む企業が多いとしている。

　日本のものづくり産業の国際競争力が問われる中で，『元気なモノづくり中小企業300』（2006～2009年）では，価格競争が激しい数兆円の市場より，市場はニッチながら技術力とマネジメント力を生かして世界で戦える隠れたチャンピオンと呼ばれるニッチトップ企業（以下，NT 企業または GNT 企業という）の輩出に日本の活路が見いだせるというメッセージが読み取れる。

　近年，タイやベトナムでは日本の中小製造業の誘致が活発化しており，GNT 企業を中心に海外で稼いだ利益を国内に還流し，再投資を促す環境を整備し，雇用や税収を上げるシナリオは都市型集積がみられる自治体からも支持されてきている。

　上記のように，近年は優良中小製造業に関する研究では，GNT 企業を中心に研究成果が報告されている。ただし，GNT 企業の優位性は中小製造業の優良性を検討する際に示唆的であるが，中小製造業の優良さは多様であり杓子定規に決まるものではない。NT 企業に限らず，問題性を抱える一般の中小企業とは経営に関する考え方（定性要因）や収益動向（定量要因）で一線を隔すものの，NT 企業ともいい切れない研究開発志向の完成品生産に専門化した企業，部品・部材生産に専門化した企業，部分加工に専門化した企業のなかにも収益力のある優良企業は存在する。

　文部科学省から採択された関東学院大学の「私立大学戦略的研究基盤形成支援事業」（2012～2014年度）[8]においては，検討会（研究者と都県区市の中小企業支援機関職員等で構成）の下で地域と協働で実施したアンケート調査の集計分析を通じて，健全な財務体質の尺度の１つとして，また技術と革新性の成果として客観的な評価と考えられる経常利益率の高低により，経営者の戦略観に統計的な有意差があることを検証し，因子分析及びクラスター分析により類型化した企業群についてクロス集計を行った[10]。また，自己評価による経営者の戦略観に基づいて中小製造業を統計的に類型化し，優良企業のプロフィールを「見える化」を試みることにした。優良企業の志向や取り組みが明確になれば，

その輩出に向けた支援策への後押しにもメリハリがつき，同時に GNT 企業を支える優良企業の育成策やものづくりネットワークの支援策を追究することも可能になる。

第 4 節　戦略観に見る優良性を規定する要因と優良中小企業のプロフィール

【実態調査】

広域京浜地域（大田区，品川区，横浜市，川崎市，相模原市，町田市，大和市）に立地する優良中小企業を対象にアンケート調査とヒアリング調査を実施した。いずれも検討会（自治体の職員，研究者，マスコミ，金融機関などを構成員とする）を設置し，意見交換と推薦企業の紹介を依頼した。

1　製造業

（アンケート調査）
① 発送数
　4,008 社 ← TSR 企業情報ファイルより，直近黒字企業 4,228 社（うち過去 3 期とも黒字の 2,153 社，過去 2 期黒字の 3,113 社を含む）の中で，企業評価点を基準に抽出。発送・回収は郵送により実施した。
② 調査期間
　2012 年 8 月 20 日（月）〜 9 月 7 日（金）
③ 有効回答
　900 社（未達を除く実質回収率は 22.9％）

（ヒアリング調査）
① 訪問企業数
　50 社（検討委員からの紹介が 8 割）
② 推薦基準
　経常利益が黒字，景況感が良く資金繰りが楽，経営理念が組織に浸透している，ビジネスモデルに特徴がある，研究開発に積極的である，知財の保護・管理を徹底している，マーケティングに長けている，海外進出に持論を持っている，地域貢献に意欲がある。

③ 確認事項

　事業概要，経営戦略の変遷，研究開発の状況，事業化のプロセス，マーケティング戦略，人材採用・育成，公的支援機関の活用，資金調達の状況，集積に立地することの意味，優良企業の要件など。

(因子分析の結果)（図表1−4）
① 第1因子は，知財のマネジメントとそのために要する研究開発投資，市場設定と製品・デザイン・ブランディングなど一連のマーケティング競争力，さらに優秀な人材育成までの長期スパンで企業の知的資産の形成に関わる項目であり，「知的資産形成」に関わる因子といえる。
② 第2因子は，社内各部門でのIT投資，組織の実行力，仕事の手順や責任体制も求められるISO, 短納期でのコスト削減などに関わる項目であり，「オペレーショナル・エクサレンス」に関わる因子といえる。

図表1−4　因子分析表（製造業）

	第1因子	第2因子	第3因子
知的財産の管理・保護は徹底している	0.686	0.197	0.157
研究開発やそれに係る設備には積極的に投資している	0.682	0.275	0.166
製品ラインアップまたは技術の幅を拡張している	0.568	0.283	0.283
情報感度に優れており市場のニーズを発掘する力がある	0.561	0.213	0.273
優秀な人材の育成と定着に長けている	0.491	0.374	0.228
製品や部材・部品，加工技術にはデザイン力やブランド力がある	0.475	0.133	0.343
社内の各部門においてIT投資は充分なされている	0.376	0.559	0.137
意思決定が下されると迅速に実行する組織である	0.174	0.535	0.318
国際標準規格（ISO）や優良技術認証等を取得している	0.302	0.436	-0.076
自社または協力企業群組成による一貫体制で短納期・低コストを実現している	0.114	0.390	0.272
同業他社と比べて収益率が高い	0.158	0.181	0.607
価格決定権は自社にある場合が多い	0.226	-0.003	0.542
事業規模の拡大より付加価値を高める方が大事である	0.132	0.289	0.426
難易度の高い仕事ほどやりがいがある	0.238	0.289	0.272
固有値	4.974	1.247	1.076
累積寄与	35.531	44.442	52.125

```
                    抽出された3つの因子
                   （自社経営で重視するもの）
```

知的資産形成（第1因子）	オペレーショナル・エクサレンス（第2因子）	戦略ポジショニング（第3因子）
顧客・市場ニーズを吸い上げ，積極的な研究開発によって製品などに具体化することができる。また，成果を保護して長期資産とする。それらがブランドとなり継続的な企業価値向上を実現することを重視している。優秀な人材の確保・育成にも意識が高い。	企業内オペレーション体制を作り込み，スピード・低コストを重視する。	差別化を重視し顧客の選択が可能になることで，価格勝負を回避することが可能となり高利益率の実現を重視する。

（最終クラスタ中心）

因子	クラスタ				
	1	2	3	4	5
知的資産形成	-.79899	.24743	.87837	-.94500	.37496
オペレーショナル・エクサレンス	.09133	.57710	.58898	-.80616	-.55279
戦略ポジショニング	.49814	-.50350	.74377	-.91867	.01108

（分散分析表）

因子	クラスタ		誤差		F値	有意確立
	平均平方	自由度	平均平方	自由度		
知的資産形成	86.704	4	.258	773	336.041	.000
オペレーショナル・エクサレンス	59.079	4	.246	773	240.359	.000
戦略ポジショニング	63.150	4	.260	773	242.759	.000

注）異なるクラスタのケース間の差を最大にするためにクラスタが選択されているため，F検定は，記述目的のためにのみ使用される必要があります。これに対する有意確立が修正されないため，クラスタ平均が等しいという仮説の検定として解釈することはできません。

出所：関東学院大学経済経営研究所（2013）『広域京浜地域の中小企業研究（製造業編）報告書』74～76頁。

図表1-5　中小製造業の経営者の戦略観に基づく類型とプロフィール

	気のきく外注先	大企業の協力者	市場創造・提案者	生産加工者	BtoBtoCのB
因子分析(自己調達)	知的資産形成(低) オペレーショナル・エクセレンス(中) 戦略ポジショニング(高)	知的資産形成(高) オペレーショナル・エクセレンス(中) 戦略ポジショニング(低)	知的資産形成(高) オペレーショナル・エクセレンス(高) 戦略ポジショニング(高)	知的資産形成(低) オペレーショナル・エクセレンス(低) 戦略ポジショニング(低)	知的資産形成(高) オペレーショナル・エクセレンス(低) 戦略ポジショニング(中)
組織	設立40年程度で小規模	大規模な組織、長い歴史	中規模な組織、従業員の平均年齢が高い	数人規模な零細、従業員は高齢化	設立30年程度、中規模な組織、平均年齢40代
企業規模タイプ 業務範囲	製造工程が中心、部分加工が専門、自社製品比率は低い(集生産が専門、自社製品比率は低い)	試作加工が中心、部品・部材の生産が専門、自社製品比率は低い	業務範囲は上流工程から下流工程まで広範囲、完成品比率が高い	部分加工が専門、自社製品は無い	業務範囲は上流工程から下流工程まで広範囲な専門、自社製品比率は高い
業績	良い企業と悪い企業が混在(全国中小製造業の平均並み)	比較的良い	良い	悪い	比較的悪い
取引関係	系列大手メーカーが中心	系列内外の大手メーカーが中心	大手メーカーに加えて官公庁・大学とも取引、交渉力が強い	小零細製品加工業者が中心、交渉力が比較的強い	小零細企業が中心、交渉力が比較的強い
強み	短納期	高品質、量産、多品種小ロット対応	情報提供力、オリジナルな技術・製品、高品質など多数の強み	特になし	オリジナルな技術・製品
海外展開	海外展開の意向なし	すでに海外展開している	すでに海外展開している	海外展開の意向なし	海外展開の意向なし
該当企業数	166社	172社	137社	109社	194社

出所：図表1-4と同じ。88頁より。

③ 第3因子は, 収益性の高さ, 価格決定の主導権, 事業規模よりも付加価値を重視する項目であり,「戦略的ポジショニング」に関わる因子といえる。
④ なお,「難易度が高い仕事ほどやりがいがある」は, ニュートラルとして扱うことにした。
⑤ この因子分析によって, 黒字基調にある中小製造業の戦略観の軸を析出したことになる。

(クラスター分析の結果)
中小製造業の経営者の戦略観に基づき類型化を試みて5タイプに分類した(図表1—5)。
クラスター1〔気の利く外注先〕='知的資産形成'は高くないが,'戦略的ポジショニング'に長けている。
クラスター2〔大企業の協力者〕='知的資産形成'や'戦略的ポジショニング'よりも取引先のニーズを充足するための日常のオペレーションが優れている。
クラスター3〔市場創造・提案者〕=3因子がいずれもが優れており, 提案を通して市場創造に取り組む。
クラスター4〔生産加工場〕=いずれの因子も特徴がない普通の生産加工場。
クラスター5〔B to B to CのB〕=脱下請を目標にエンドユーザーの声に耳を傾け, 自社製品の消費財開発に熱心。

2 サービス業

(アンケート調査)
① 発送数
　3,055社 ← TSR企業情報ファイルより, 直近黒字企業3,203社(うち過去3期とも黒字の1,775社, 過去2期黒字の2,358社を含む)の中で, 企業評価点を基準に抽出。発送・回収は郵送により実施した。
② 対象業種
　情報サービス業, インターネット付随サービス業, 広告制作業, 物品賃貸業, 専門サービス業(他に分類されないもの), 広告業, 自動車整備業, 機械修理業, 電気機械器具修理業, 職業紹介・労働者派遣業, 娯楽業, 宿泊業, 飲食店, 洗濯・理容・美容・浴場業, 園芸サービス業, 学習塾, 教養技能教授業,

フィットネスクラブ，写真業など。
③ 調査期間
2013年9月13日（金）～9月27日（金）
④ 有効回答
489社（未達を除く実質回収率は17.3％）

（ヒアリング調査）
① 訪問企業数：35社
推薦基準：経常利益が黒字，景況感が良く資金繰りが楽，経営理念が組織に浸透している，ビジネスモデルに特徴がある，マーケティングに長けている，地域貢献に意欲がある。
② 確認事項
事業概要，経営戦略の変遷，研究開発の状況，事業化のプロセス，マーケティング戦略，人材採用・育成，公的支援機関の活用，資金調達の状況，集積に立地することの意味，優良企業の要件など。

（因子分析の結果）
図表1－6参照。

（クラスター分析の結果）
中小サービス業の経営者（対事業所）の戦略観に基づき4つのタイプに分類した（図表1－7）。
　クラスター1〔堅実展開型〕＝'Win-Win志向'は低く'イノベーション'と'サービスマネジメント'は中程度で'経営体質の全体最適化'を重視する。環境に応じて堅実な経営を展開する。
　クラスター2〔シーズ・オリエンテッド型〕＝'経営体質の全体最適化'はマイナスだが，'Win-Win志向'と'サービス・イノベーション'の数値が高い。顧客の課題解決となるサービスのシーズを先行する。
　クラスター3〔ニーズ・オリエンテッド型〕＝'Win-Win志向'が高いが'サービス・イノベーション'よりも'マーケティング・マネジメント'を重視して'経営体質の全体最適化'を達成しようとする。
　クラスター4〔価値共創型〕＝顧客とサービスを共創するため，全ての因子

図表1—6　因子分析表（サービス業）

	因子			
	1	2	3	4
部門間の情報共有を進め，全体最適に取り組んでいる	.797	.144	.175	.136
日頃から経営体質の改善に取り組んでいる	.611	.283	.229	-.046
顧客が引き合いにするロイヤルティがある	.010	.523	.068	.192
新たなサービス事業の創造に挑戦	.326	.488	.124	.054
サービス生産性向上のためにITを積極的に活用	.317	.428	.261	.159
事業規模拡大より付加価値を追求	.027	.405	.291	.145
事業を通じた地域・社会課題の解決に貢献	.123	.391	.084	.040
定期的な顧客調査を実施	.180	.379	.152	.040
サービス品質の管理を徹底している	.236	.372	.593	-.014
販売先のターゲットが明確	.058	.096	.530	.139
従業員の専門知識・販売力の習得に注力している	.389	.028	.528	.146
経営理念や経営方針が浸透している	.373	.294	.436	.048
サービス品質に見合う価格を設定	.173	.313	.383	.000
サービス生産過程での顧客関与が大きい	.034	.160	.107	.736
サービスの供給調整，需要の平準化で稼働率が高い	.255	.288	.150	.316

抽出された4つの因子
（自社経営で重視するもの）

経営体質の全体最適化（第1因子）
組織内の情報共有の円滑化により，組織オペレーションの効率化を測り，組織としての生産性を高める事を重視する。また，日ごろからそのような組織効率の向上に向けた体質の改善に取組んでいる。

サービス・イノベーション（第2因子）
事業規模の拡大よりも，高付加価値サービスの提供により高い顧客ロイヤルティを重視し，顧客との太くて長い関係構築を重視する。それを実現するために，顧客に目を向け，耳を傾け，顧客ニーズや地域の課題解決につながる新しいサービスの創造・提供に注力している。

マーケティング・マネジメント（第3因子）
自社の提供するサービスやそのコンセプトに関して徹底した品質管理を重視し，そのコンセプトの基で明確なサービス対象の設定や価格設定を行っている。また，品質を維持するために，従業員の専門知識や販売力の向上や経営理念や方針の浸透に注力している。

Win—Win志向（第4因子）
サービスの生産過程において，顧客の関与が大きい。そのため，サービスの供給調整や，顧客受容のコントロールを行い稼働率の管理・向上に注力している。

(クラスター分析の結果)——因子得点に基づく企業の類型化

	クラスタ				
	1	2	3	4	5
経営体質の全体最適化	.31069	-1.25778	-1.01534	.16095	.35186
サービス・イノベーション	-.02600	.13379	-1.15039	-.80718	.61509
マーケティング・マネジメント	-.06664	-.10938	-1.62502	.12037	.34499
Win-Win志向	-.69086	.20659	-.47490	.41705	.52017

(分散分析表)

	クラスタ		誤差		F値	有意確立
	平均平方	自由度	平均平方	自由度		
経営体質の全体最適化	28.928	4	.362	318	80.007	.000
サービス・イノベーション	23.824	4	.297	318	80.151	.000
マーケティング・マネジメント	14..565	4	.418	318	34.845	.000
Win-Win志向	23256	4	.304	318	76.387	.000

注) 異なるクラスタのケース間の差を最大にするためにクラスタが選択されているため，F検定は，記述目的のためにのみ使用される必要があります。これに対する有意確立が修正されないため，クラスタ平均が等しいという仮説の検定として解釈することはできません。
出所：関東学院大学経済経営研究所（2015）『広域京浜地域の中小企業研究（サービス業編）報告書』74～76頁。

が高くなっている。

まとめ

　広域京浜地域には，事業環境の急速な変化にうまく対応し，自社ならではの強みや事業特性を活かす経営戦略を実践しながら高収益を上げる優良中小製造業やサービス業が多く集積している。
　彼らの経営戦略やその背景にある経営の基本的考え方は多様であるが，製造業ではアンケート回答企業の分析結果から戦略観として，知的資産形成，オペレーショナル・エクサレンス，戦略ポジショニングの3つの要素があることが

図表1-7 中小サービス業の経営者の戦略観に基づく類型とプロフィール

	堅実展開型	シーズ・オリエンテッド型	ニーズ・オリエンテッド型	価値共創型
因子分析（自己評価）	経営体質の全体最適化(高) サービス・イノベーション(中) マーケティング・マネジメント(中) Win-Win志向(低)	経営体質の全体最適化(低) サービス・イノベーション(中) マーケティング・マネジメント(低) Win-Win志向(中)	経営体質の全体最適化(中) サービス・イノベーション(低) マーケティング・マネジメント(中) Win-Win志向(高)	経営体質の全体最適化(高) サービス・イノベーション(高) マーケティング・マネジメント(高) Win-Win志向(高)
組織	創業20年以上(特に50年以上が多い) 従業員の年齢は40代が中心 TSR評点45以上50未満 核会型のサービス形態	創業20年未満 従業員の年齢は40代以上 TSR評点45以上50未満 オーダーメイド型のサービス形態	創業10年以上～20年未満 従業員の年齢は30歳代 TSR評点45以上55未満	創業20年未満 従業員の年齢は40代以下 TSR評点45以上50未満
業績	景況感はさほど良くない 資金繰りはさほど苦しくない 黒字を維持しているが利益はやや減少傾向	景況感はやや悪い 資金繰りはやや苦しい 収益が減少傾向でやや赤字傾向	景況感はさほど良くない 資金繰りはさほど苦しくない 黒字だが利益が減少傾向	景況感はやや良い 資金繰りはやや楽である 黒字を維持・拡大傾向
人材	今後は中途の正社員を増やしたい 人材教育では技術力向上を重視	正社員の人事制度は成果主義に近い 今後は中途の正社員を増やしたい 人材教育では技術力向上を重視	正社員はやや新卒採用を重視 今後は中途の正社員を増やしたい 人材教育では技術力向上を重視	正社員の人事制度は成果主義に近い 今後は新卒および中途の正社員を増やしたい 人材教育では技術力向上と提案力を重視
顧客との関係	顧客数は変わらない 上位顧客への販売はやや減少	顧客数はやや減少傾向 上位顧客への販売はやや減少	顧客数はやや増加傾向 上位顧客への販売はやや増加	顧客数は増加傾向 上位顧客への販売はやや増加
組織としての強み	顧客からの信頼度がやや高い	顧客からの信頼度とイレギュラー発生時の対応力がやや高い 専門的な技能・技術力がかなり高い	顧客ニーズの把握力、顧客の信頼度、専門的な技能・技術力がやや高い	情報化への対応力、情報収集力、企画開発力、顧客・市場開拓力、専門的な技能・技術力、イレギュラー発生時の対応力がやや高い 顧客ニーズの把握力、サービス品質、変化への対応力が高い 顧客からの信頼度がかなり高い
経営者の評価	コミュニケーション力がやや高い	コミュニケーション力がやや高い	経営者の能力は普通程度	先見力、企画開発力、コミュニケーション力、外部ネットワーク力、リーダーシップ力が高い
経営満足度	満足・不満どちらともいえない	満足・不満どちらともいえない	満足・不満どちらともいえない	経営にやや満足
サービス・オペレーション	付加価値、顧客満足の向上をやや重視 多くのサービスを独自開発 高い専門性とスピーディな対応がサービス提供の強み 口コミでサービス品質を評価	独自性、顧客満足の向上をやや重視 地域・社会への貢献をあまり重視しない ほとんどのサービスを独自開発 高い専門性がサービス提供の強み 口コミでサービス品質を評価	付加価値、地域・社会への貢献をあまり重視しない 独自性はやや重視 顧客満足の向上をかなり重視 独自開発のサービスは少ない 高い専門性がサービス提供の強み 口コミでサービス品質を評価	付加価値、独自性、顧客満足の向上をかなり重視 地域・社会への貢献を重視 多くのサービスを独自開発 高い専門性とスピーディな対応、難注文への対応、提案力がサービス提供の強み 口コミでサービス品質を評価し、品質評価を行っていないところは少ない
経営戦略	経営戦略は3年以内で策定 直近3年間では新規顧客開拓に注力 戦略策定の際の情報源として顧客と同業者を重視	経営戦略を策定していない企業が比較的多い 直近3年間では専門技術や技能の向上に注力 戦略策定の際の情報源として顧客を重視	経営戦略は3年以内で策定 直近3年間では専門技術や技能の向上に注力 戦略策定の際の情報源として顧客を重視	経営戦略は3年以内で策定 直近3年間では専門技術や技能の向上と新規顧客開拓に注力 戦略策定の際の情報源として顧客を重視
該当企業数	108社	47社	54社	97社
ヒアリングからの考察	蓄積された経験やノウハウによって、顧客から信頼を得ており、長くて太い取引関係を構築している。また、核となるノウハウを軸に環境に応じて堅実的に事業を展開している。	自らが主体となって技術で多くのサービスを独自開発し、顧客に提案していくビジネスモデルを展開している。これによって、顧客とWin-Winの関係性を構築している。	顧客ニーズをくみ取り、それに応える専門性の高い技術力やノウハウを持ち合せている。また、顧客に依存するのではなく需要のコントロールに取り組んでいる事例もあった。	顧客もサービスの共創者として捉え、経営者がリーダーシップを発揮しながら、従業員と共に需要やニーズの変化に対応したサービスを創出・展開している。

出所：図表1-6と同じ。175頁。

判明した。また，これら3つの要素を重視する程度によって中小製造業を類型化してみると，上記3要素が全てプラスである「市場創造・提案者」のタイプで収益力が高い優良企業が多くある。

　同様に，サービス業の経営者の戦略観としては，経営体質の全体最適化，サービス・イノベーション，マーケティング・マネジメント，Win—Win志向の4つの要素があることが判明した。そして，これらの4つの要素を重視する程度によって中小サービス業を類型化してみると，上記要素が全てプラスである「価値共創型」のタイプで収益力が高い優良企業が多くあることがわかった。

　残された研究課題としては，因子の中には経営理念や経営方針がベースになっているものもあり，企業活動の結果として確認できるものばかりではないので，理念や方針がどのように，どの程度具体化されているのか，より客観的かつ簡便に確認可能な項目を見出すことが課題である。また，企業のライフサイクルや経営者の戦略意図を反映した類型間モデルの構築と検証が必要である。

　今回の研究成果を踏まえ，中小企業施策の観点から，多様な支援策が多い中で当該企業ではどのような戦略観をもって事業を展開するのが妥当であるのかを経営戦略や事業特性を見極めたうえで，企業類型の特徴を踏まえた支援をハンズオンで継続して実践することで，効果的に優良中小企業を輩出していくことが期待される。

注

1）公正取引委員会（2017）「平成28年度における下請法の運用状況及び企業間取引の公正化への取組み等」より。
2）渡辺・小川・黒瀬・向山（2013，64～71ページ）参照。
3）渡辺・小川・黒瀬・向山（2013，31ページ）参照。
4）渡辺・小川・黒瀬・向山（2013，86～114ページ）参照。
5）『2017年版中小企業白書』524～539ページより。
6）森川（2014，4～5ページ）参照。
7）『2016年版中小企業白書』63～64ページより。
8）大和・市川（2013）はサービス産業・製造業の合計3,000社余りの財務データを分析した結果，2000年代後半の労働生産性の上昇率はサービス産業が製造業を上回っていると述べている。ただし，そのばらつきは製造業よりも大きく，サービス産業における企業間の生産性格差が大きいことを指摘している。

9) 研究代表者は筆者である。
10) 統計的に 10％水準で有意なもの。

参考文献

大阪府立産業開発研究所（2009）『大阪の優良ものづくり企業に学ぶ，成功の法則——中小製造業の事業戦略モデル——』。
大田区『優工場』各年。
川崎商工会議所（1994）『中堅・中小企業新時代——川崎工業の 21 世紀への挑戦——』。
関東学院大学経済経営研究所（2013）『広域京浜地域の中小企業研究（製造業編）報告書』74 〜 76 頁。
関東学院大学経済経営研究所（2015）『広域京浜地域の中小企業研究（サービス業編）報告書』74 〜 76 頁。
経済産業省・厚生労働省・文部科学省『2003 年版 製造基盤白書』。
経済産業省（2003）『平成 14 年度製造基盤技術実態調査（ニッチトップ企業実態調査）』。
経済産業省産業政策局（1996）『ソフトインダストリーの時代』通商産業調査会。
経済産業省商務情報政策局（2007）『サービス産業のイノベーションと生産性に関する研究会報告書』。
経済産業省関東経済産業局（2009）『サービス産業のための生産性向上ワンポイント事例集』190 ページ。
経済産業省商務情報政策局（2014）『サービス産業の高付加価値化に関する研究会報告書——サービス革新で日本を元気に——』。
経済産業省（2015）『中小サービス事業者の生産性向上のためのガイドライン』。
中小企業庁『中小企業白書』各年。
中小企業庁『元気なモノづくり企業 300 社』各年。
中小企業庁（2011）「資料 6 − 1 中小企業の技術力強化と自立化に向けて」中小企業政策審議会『企業力強化部会の中間とりまとめ（グローバル競争下における今後の中小企業政策のあり方）』。
中小企業庁（2008）『中小企業白書 2008 年版——生産性向上と地域活性化への挑戦——』ぎょうせい。
（独）中小企業基盤整備機構（2010）『平成 22 年度 地域経済産業活性化対策調査（日本のものづくりグローバル・ニッチトップ企業の経営戦略とその移転可能性を踏まえた産業クラスター政策に関する調査）』。
財団法人中小企業総合研究機構（2009）『中小企業の市場設定と能力構築に関する調査研究』。

(財)日本経済団体連合会(2007)『ものづくり中小企業のイノベーションと現場力の強化』
(財)横浜・神奈川総合情報センター（1995)『技術センター神奈川の優位性』神奈川県。
梅原勝彦（2011)『エーワン精密の儲け続けるしくみ』日本実業出版社。
清成忠男（1976)『現代中小企業論──経営の再生を求めて──』日本経済新聞社。
黒瀬直宏（2012)『複眼的中小企業論──中小企業は発展性と問題性の統一物』同友館。
児玉俊洋（2005)「産業クラスター形成における製品開発型中小企業の役割──TAMA（技術先進首都圏地域）に関する実証分析に基づいて──」RIETI Discussion Paper 05-j-026.
ハーマン・サイモン（1998)『隠れたコンピタンス経営』トッパン。
ハーマン・サイモン著，上田隆穂監訳 渡部典子訳（2012)『グローバルビジネスの隠れたチャンピオン企業──あの中堅企業はなぜ成功しているのか──』。
関満博・加藤秀雄（1990)『現代日本の中小機械工業』新評論。
関満博（1993)『フルセット型産業構造を超えて』中公新書。
関満博（1997)『空洞化を超えて──技術と地域の再構築──』日本経済新聞社。
関満博（2003)『現場発ニッポン空洞化を超えて』日経ビジネス人文庫。
内閣府（2014)『日本再興戦略 改訂2014──未来への挑戦──』。
内閣府（2014)『サービス産業の生産性』。
額田春菜（2007)「産業集積における内発的発展に関する調査研究：大田区を事例として」中小企業基盤整備機構ナレッジリサーチ事業調査研究報告書。
當間克雄（2006)「ベンチャー企業の経営戦略をめぐる議論：先行研究のレビュー」『商大論集』(57-3)，兵庫県立大学。
平川均・多和田眞・奥村隆平・家森信善・徐正解編（2010)『東アジアの新産業集積──地域発展と競争・共生──』学術出版会。
福田敦（1992)「大都市に於ける産業振興と自治体の役割（1)」東京都商工指導所『商工指導』第448号。
福田敦（1992)「大都市に於ける産業振興と自治体の役割（2)」東京都商工指導所『商工指導』第450号。
福田敦（2014)「戦略観に基づく中小製造業の類型化と優良企業に関する考察」日本地域政策学研究（第12号）61～68ページ。
福田敦（2015)「中小小売業の類型化と優良企業のプロフィールに関する考察」経済系（262）27ページ。
福田敦（2015)「中小サービス業の優良性に関する考察」商工金融 65(5) 27～42ページ。
藤川佳則（2008)「サービス・ドミナント・ロジック──「価値共創」の視点からみた日本企業の機会と課題──」『マーケティングジャーナル』107, Vol. 27, No. 3.

藤川佳則（2012）「製造業のサービス化：サービス・ドミナント・ロジックによる考察」
『Panasonic Technical Journal』Vol. 58, No. 3, Oct. 2012.
細谷祐二（2009）「集積とイノベーションの経済分析――実証分析のサーベイとそのクラスター政策への含意――【後編】」,（財）日本立地センター『産業立地』第 48 巻 5 号.
細谷祐二（2011）「日本のものづくり グローバル・ニッチトップ企業についての考察――GNT 企業ヒアリングを踏まえて――」,（財）日本立地センター『産業立地』2011 年 7 月.
マイケル・ポーター（1985）『競争の戦略』土岐・中辻萬治・服部照夫訳, ダイヤモンド社.
前田啓一・町田光弘・井田憲計（2012）『大都市型産業集積と生産ネットワーク』, 世界思想社.
増田貴司「日曜に考える　海外で稼ぎ利益還流」『日本経済新聞』2013 年 6 月 9 日.
港徹雄（2011）『日本のものづくり　競争力基盤の変遷』日本経済新聞社.
森川正之（2007）「生産性が高いのはどのような企業か？――企業特性と TFP――」経済産業研究所『RIETI Discussion Paper Series』08-J-049.
森川正之（2009）「サービス産業の生産性分析～政策的視点からのサーベイ～」日本銀行『日本銀行ワーキングペーパーシリーズ』09-J-12.
森川正之（2014）『サービス産業の生産性分析 ミクロデータによる実証』日本評論社.
山田伸顯（2009）『日本のモノづくりイノベーション』日刊工業新聞社.
渡辺幸男・小川正博・黒瀬直宏・向山雅夫（2003）『21 世紀中小企業論』有斐閣アルマ.
渡辺幸男（2007）『日本と東アジアの産業集積研究』同友館.
渡辺幸男（2011）『現代日本の産業集積研究――実態調査研究と論理的含意――』慶応義塾大学出版会.

※ 本章でご紹介した優良中小企業の研究に関する報告書等は, 関東学院大学経済経営研究所の HP をご参照いただきたい.
http://keizai-old.kanto-gakuin.ac.jp/modules/news6/article.php?storyid=15

（福田　敦）

第2章　中小企業診断士に求められる企業診断に向けて

第1節　中小企業診断士としての企業診断の心得

　池井戸潤氏が中小企業経営者の奮闘をリアルに描写された小説が，人気化したことを受け，テレビドラマ化もされ，そこでも好調な視聴率を得ていたことは記憶に新しい。そこでの中小企業経営者の生き様は，まさに「現場のたたき上げの経営者」であり，経営者の生き様は感動を覚えるものであった。それは，小説やテレビドラマの世界だけの話ではないし，実際の中小企業経営者は，より現場経験を積み上げて成果を得てきた経営者であると理解できる。

　中小企業診断士の資格を取得するために，多様で深い専門知識を得ることが求められるものの，中小企業診断士に求められる「中小企業経営者」への支援には壁があると理解できる。何故ならば，中小企業経営者の多くは，顧客や従業員の雇用を守るために日常の業務や作業を通じて価値を提供しようと，日々奮闘しており，まさに実践的な対応が不可欠のものになっている。それら経営者に，中小企業診断士は多様な面で頼られることが求められており，具体的には，以下の様な役割が求められている。

　まず，(一社) 中小企業診断協会HPで，中小企業診断士の役割を確認すると，以下の様に記されている。

　「中小企業診断士は，まず企業の成長戦略の策定について専門的知識をもってアドバイスします。また，策定した成長戦略を実行するに当たって具体的な経営計画を立て，その実績やその後の経営環境の変化を踏まえた支援も行います。このため，中小企業診断士は，専門的知識の活用とともに，企業と行政，企業と金融機関等のパイプ役，中小企業への施策の適切な活用支援まで，幅広い活動に対応できるような知識や能力が求められています。」と記されている。

　中小企業診断士の中でも，ベテランと言われる方々の状況を確認すると共に，診断の実態を確認すると，常に個々の現場の実態を理解し，経営者と共に悩み・多様な試行錯誤を続けるなかで，可能性のある取組を見つけていくことの繰り返しであるのが実態である。しかも，企業診断のアプローチや方法論の定石があるわけではなく，中小企業診断士が自らの特性を理解し，自らの診断スタイ

ルを試行錯誤しながら構築し，中小企業経営者に対応することが必要になる。その意味では，中小企業診断士個々の数だけ中小企業診断のスタイルがあって然るべきであると考えている。

本章では，中小企業診断の世界で活躍しようとする，中小企業診断士の方々に対しての診断士としての道標となることを主たるねらいとしている。なお，本章の留意点としては，中小企業診断を遂行するにあたって一般的な共通事項についてまとめていることである。

1 求められる多様な経営診断レベル

まず，中小企業診断士としての業務（コンサルティング業務）を考えると，中小企業経営者（顧客）に関する情報は，守秘義務が前提である。それゆえに，プロジェクト関係者以外に対して企業名・業務改善内容やプロジェクト内容に関する情報を，絶対に漏らしてはならない。

それら守秘義務を考慮しつつ，中小企業経営者が中小企業診断士に求める役割や機能を考える。中小企業経営者としての特性であるが，中小企業個々は千差万別であり一般化することは困難であるのが現状である。具体的には，単なる外部環境としての情報収集レベルもあるし，企業経営の実戦における企業の力を維持することや，それを伸ばすためのヒントや，それらを企業業務改善に関わる経営指導のコンサルディングに関わることまでと，中小企業経営者の期待は極めて幅広い内容を含んでいるのが実態である。

ここで，再度確認すると中小企業経営者が共通して求めるものは，中小企業が直面する多様な経営課題に対して「従来の企業経営からの変革を図りたい」との意識が根底にある。それらを考慮すると，中小企業経営者に対して中小企業診断士として，中小企業経営変革への導きとなることを強く意識した対応が求められていると理解している。

2 中小企業経営者が中小企業診断士に支援を求める意味

（1）中小企業の諸課題の解決の支援が期待される

中小企業診断士には，極めて多様な役割が求められており，企業経営を革新させるには，多様で多面的な視点から，中小・零細規模の企業への支援に取組むことである。中小企業の経営を取り巻く内外の経営環境は大変厳しく，常に課題が顕在化している状況であり，それらの諸課題を解決することの方向性と

取り組み案を提示するなどの役割を期待されているのが，中小企業診断士である。

　中小企業診断士は，経営課題を解決するための経営改善の専門家であり，プロフェッショナルとして中小企業経営者の満足度を得る働きをすることで，正当な報酬を得ることを業務としている。中小企業経営者は，現場において様々な問題に直面している中で，現場の実態に合わせて競合他者と比較して優位性を確保することが必要になる。

（2）中小企業の実態に即した経営課題解決策の知恵出しが期待される

　中小企業診断士は中小企業経営者と経営課題解決に向けて，共に悩みながら様々な解決策を絞り出すことが求められる。その解決策は，中小企業の実態に基づくことなく根拠のない思いつきなどでは，全く意味がない解決策の提案になってしまう。

　あくまでも，中小企業診断士に求められるのは，中小企業経営者と共に起業経営の実態を理解し，経営課題解決に共に知恵を出すことであり，中小企業経営者と共に歩む姿勢が重要になる。内容的に立派で模範的な経営計画書を作成しても，実態に依拠しないものは，経営計画書の見本としては重要であるかもしれないが，それら一般的でハウツー的な知識は中小企業経営者にとっての重要性は高くないものである。

（3）中小企業の経営革新を図ることを期待される

　中小企業経営者はあくまでも，「従来の企業経営からの変革を図りたい」ことを考慮すると，中小企業の今後の経営の在り方と，経営的成長の可能性を個々の中小企業の実態を前提に，ユニークで具体的な対応策を提案するが評価される前提になるはずである。それらを実現化するために中小企業診断士に求められるのは，中小企業の実態を公平で客観的に把握する謙虚さを前提とし，如何なる状況においても，その背景を理解するという好奇心を忘れずに，真摯に取り組むことが必要になる。

3　中小企業経営者の信頼を得るうえで不可欠なコミュニケーション対応力

　中小企業診断士として，中小企業経営者の求める「従来の企業経営からの変革を図りたい」との欲求は共通であるにしても，どのレベルでの変革を求めて

いるのかを正しく認識することが必要になる。それには，中小企業経営者との信頼関係を持った，人的コミュニケーションを深めることが重要な前提条件になる。

　中小企業診断士が中小企業経営者から信頼を得るには，企画書や報告・提言のレベルが実態に即し価値のある品質であることは当然のことであるが，中小企業診断士の提案プロセスにおける品質，プロジェクト終了後における責任感や取組姿勢からも影響を受けるとの指摘もある。それらを考慮すると，加藤秀雄氏（2008年3月31日（株）日本総合研究所ホームページ）の指摘は示唆に富んでいるので，一読をお勧めしたい。そのポイントを整理すると，次のものと理解したので記す。中小企業経営者と接する姿勢や，中小企業診断士としての見識・マナーに加え，スキルや専門分野知識が重要になる。さらには，中小企業の経営の実態に向き合い，突き詰めて粘り強く考えること等，自己研鑽努力を当然として，組織としての環境・仕組みの恒常的なブラッシュ・アップの両方が必要になるとの指摘である。

　そこで，中小企業診断士としての価値を高めると共に，正しく情報を取捨選択することが不可欠になる。しかし，情報化社会の今日においては発信される情報量は累乗的に増加しており，2010年と2016年を比較すると，データ通信量が爆発的に増加している（総務省平成29年版『情報通信白書』）。その一方で，個々人の情報処理能力は高まっているが，爆発的に増加する情報量を考えると，殆どが一部の方にしか利用されない状況にあると理解できる。言い換えると，洪水のように溢れる情報の中にいる現代人は，それら溢れる情報の中から企業経営に意味のある情報を取捨選択することで，それら情報を活用して，第三者とのコミュニケーションをとっているのが現状である。

　溢れるような情報量の中から，適切な情報等を基にして，誤解や企業間関係を悪化させることは何としての避けるべきことであり，可能な限り相手との良好なコミュニケーションを確保する必要があるので，以下整理したい。

① 相手の気持ちを動かすには相手の話を理解することを優先すること
　中小企業経営者と円滑で良好なコミュニケーションを確保するには，第1に相手の話に耳を傾け，自分から話したくなっても一呼吸置くことを心がけることが重要になる。議論がヒートアップすると，ついつい熱が入り相手の話を十分理解せずに，自ら話をしがちになるが，円滑なコミュニケーションは困難に

なる。相手から発せられた情報を理解する前に，自らが話をすることは，相手が欲している情報を理解できず，相手と円滑なコミュニケーションが困難になる。

② 相手の「将来像」をイメージし，その根拠を相手の言葉で伝えること

中小企業経営者との良好なコミュニケーションを築くには，相手企業に如何なる将来像を想定しているかを具体的にイメージして伝えることが必要になる。ここで，将来像のイメージを相手の言葉で置き換えて考える場合のポイントとしては，「相手の目線で理由や根拠を考える」ことが不可欠になる。

中小企業経者目線で考える折には，単一的・平面的ではなく，多面的・重層的に相手に伝えることが，相手の同意を得られる前提条件になると言える。それには，将来像を多面的・重層的視点から分析すること，言い換えれば「構造化して考えて，相手に聞く耳を持ってもらう」工夫が必要になる。

③ 構造化した内容の優先順位を明確化すること

中小企業診断士として，中小企業経営者との良好なコミュニケーションを確保するには，伝えたい内容を構造化することの重要性を確認したが，それを前提にして，優先順位を明確化して伝えることが必要になる。それにより，中小企業経営者に，業務の改善や新たな価値の提供を伝えるにあたって，提案内容の価値を構造化した上で優先順位を明確化して伝えることで「中小企業経営者が聞く耳」を持ち易くなるからである。

コミュニケーションの基本は，相手との情報のキャッチボールであり，相手の主張・要望内容や思いを，相手のおかれた状況や立場を理解しながら，その理解度に対して相手が許容可能な情報として投げ返すことが出来れば，相互に向き合うことで可能になり易い。その意味では，円滑なコミュニケーションの構築のためには相互の対話が前提になる。

第2節　中小企業における経営診断

1　中小企業における経営診断実施の価値

中小企業の経営診断を考えると，人間の健康診断と同様であると考えると理

解し易い。中小企業経営における経営状態を定期的に診断することで，企業業績の状況を確認し，業績悪化や赤字経営に転落することを事前に察知することで，事前対応策を推進することがねらいになる。そのねらいは，人間の健康診断と同じであり，病気になってからの治療では本人の負担のみならず，回復までに長い時間を要することになってしまう。中小企業においては，業績が悪化し赤字経営に転落してからの対応になると，中小企業経営者のみならず，従業員への負担が大きくなるばかりか，業績回復そのものが困難になる。それは，赤字経営という問題に適切に対応策を講じないと債務超過に陥り易く，企業として復活が困難という取り返しのつかない状況になってしまうことである。

　これらを考えると，経営診断は中小企業の安定経営を確保するための，有効で価値のあるものである。その意味では，経営診断は，過去・現在・未来の企業経営課題を明らかにするための有効な手段にすることが期待される。

　その意味では，企業経営において経営診断は，事態の悪化を回避するための方策であることに加え，健全な企業経営が継続できている企業においても，次の様な効果が期待できる。まず，企業診断で企業経営における経営上のリスクの芽を見つけることが出来ると，経営上のリスクを回避するために経営改善策の展開で，常に先手を打つことが出来易くなる。そうなれば，経営が困難になった場合の様に，企業経営における多大なる犠牲を伴うこと無く，良好な経営状態を維持することを可能にすることができる。さらに，健全経営の状況であるならば，企業の強みをより高めたり，企業経営のウイークポイントを最小化したり，企業の成長・発展に不可欠な経営改善策を経営的に余裕をもって効果的に展開することが可能になる。

　その意味では，中小企業にとっての企業診断の価値は，企業の安定経営に不可欠な要件であると理解できる。

2　中小企業の経営診断における主要項目

　ここでは，中小企業の経営診断の主たる内容に関して，確認したい。

（1）中小企業診断協会の経営診断実施要領にみる経営診断内容

　ここで確認すべき経営診断内容として，「中小企業の経営診断実施要領報告書」（平成15年 社団法人中小企業診断協会）によると，製造業を前提としたものであるが，「経営戦略」，「販売・営業」，「財務・会計」，「人事・労務」，「情報」，「国

際化・環境」,「製品開発」,「生産・技術」,「資材・購買・外注」の9項目に類型化している。そこでの内容は,各項目における詳細をYes・Noでチェックできるような簡易版として整理しており実践的で有益なものといえる。

これに対して,同協会の三重県支部が「統一簡易企業診断実施マニュアル」(平成21年1月)において,その背景・理由などをも含めて詳細なものを作成しているので,そのポイントを確認したい。

(2) 中小企業診断協会三重県支部にみる経営診断のポイント

中小企業診断士協会三重県支部「統一簡易企業診断実施マニュアル」(平21年1月)の中小企業経営診断報告書のポイントを,整理すると以下のようになる。

① 企業プロフィールとして,一般的な企業概要として,主要な販売先・仕入先,事業範囲,ビジネスパートナー,診断ニーズなど
② 中小企業経営者の思いとして,企業目標・将来像,経営者の考える課題,顧客・市場の認識,競争に関する認識,自社事業の加規格の方向性・考え方,社是・経営方針など
③ 外部環境分析として,業界特性,顧客,仕入先,チャネル,競合企業,新規参入,代替サービスなど
④ 内部環境分析として,経営力,経営組織,人材と教育,情報,サービス力,運営管理,営業力,人事管理,顧客管理,財務管理など

これらのポイントにより,実態を把握することは把握自体が目的ではなく,把握したものを経営改善に活かすことが目的である。その意味では,如何に経営に関わる問題の芽が隠れているかを明らかにすることであるので,以下の様な視覚的なまとめによりその実現化を目指すことの価値は高い。

① レーダーチャートの作成は,財務分析及び内部環境を俯瞰出来易い。
② SWOT分析のフレームで,内部・外部環境分析から事業展開の方向を検討し易い。

(3) 中小企業経営者が経営診断を定期的に受診でき易い簡易型経営診断

中小企業を取り巻く経営環境は厳しさを増していることを考えると,定期的な経営診断の必要性が高い。しかし,中小企業の経営資源の現状を考えると,

経営診断を継続的に受診するには業務推進への影響を考えるとその困難度が高いこともあり，より推進可能性が高い簡易版の経営診断の有効性が高いのが実態と理解している。簡易型の経営診断を前提にして，事業継続性を考慮した経営診断における不可欠な要件として，次の点に集約化した企業診断であれば，短周期での実施の難易度が低くなるものと考えられる。そこで前述の協会及び支部の記述をも前提にして，以下整理する。

① 数ヵ月毎に実施可能にする資金繰り・損益・資産に関する経営診断項目
　第1に，資金繰りに関わる経営診断の重要性が高く，資金繰りに関する経営診断には，「貸借対照表」と「損益計算書」の分析を行うことで，1年程度の資金繰り予定から資金の過不足を確認できる。ここで，資金繰りに余裕があれば投資計画に取組める一方で，余裕がなければ資金調達計画に先手をもって取組むことが可能になる。
　第2に，損益に関わる経営診断の重要性が高く，損益状況に関する経営診断には「損益計算書」の分析を行うことで，企業の成長性・収益性・売上の傾向・利益水準及び経費バランスなどを量的な視点で分析することが可能になる。それらにより，客観的視点から企業の収益力レベルを量的に確認することが可能になる。また，企業診断結果の数値を，業界内や規模別の適正指標等と比較することで，企業としての改善点と改善目標などを量的に明らかにすることが可能になり易い。
　第3に，資産状況に関わる経営診断の重要性が高く，資産状況に関する経営診断には「貸借対照表」の分析を行うことで，企業としての支払能力，自己資本，資本効率，安全性などを分析できる。その分析により，企業の経営状況を量的な視点から判断する基準として利用することが可能になる。

② 数年毎に実施可能にする内部経営診断項目
　企業内部の経営診断を行うには，担当部署の社員に対してインタビュー調査などの方法で企業内の状況を把握することで，内部経営診断をすることが可能になる。そのことで，企業の付加価値の認識や，競争優位性の確保，企業経営における経営者・役職者や社員の能力評価，さらには企業経営体制や経営管理の状況を把握し何らかの対応策を検討することが可能になる。
　簡易企業経営分析により，企業の競争優位性や付加価値が確認できれば，そ

こに経営資源を集中的に投下する判断も可能になり，企業発展を促進させる契機にもなり得る。逆に，経営者や経営に関わる問題が確認できた場合には，それら問題となっている経営課題改善策の計画作成や着手が可能になり得る。

　ここまで，中小企業の経営診断の大枠や簡易型診断に関して確認してきた。それらにより，中小企業として定期的な経営診断受診をする環境を確保することで，中小企業の経営の健全性を維持する前提を確保できる。また，定期的な経営診断の実施は中小企業としての客観性を有し，業界や同程度規模の企業としての社会評価を得ることにもなる。

3　中小企業の経営診断におけるプロセス

（1）中小企業における経営診断プロセス

　中小企業における経営診断プロセスのステップを，社団法人中小企業診断協会三重県支部「診断実践ハンドブック」平成19年1月を参照しながら確認すると図表2—1の様になる。

図表2—1　企業経営診断のプロセス

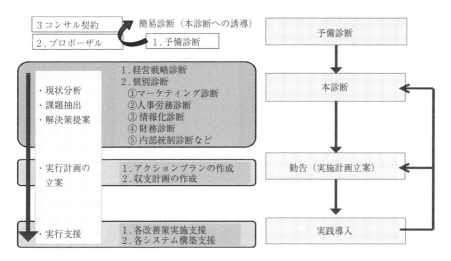

出所：社団法人中小企業診断協会三重県支部「統一簡易企業診断実施マニュアル」（平成19年1月）11頁を一部加筆・修正して作成。

中小企業の経営診断を推進するには，企業診断の如何なる段階の診断の展開なのか，何を目指した診断なのかを明らかにすることが重要になるので，以下各診断プロセスのポイントを整理する。

(2) 中小企業における経営診断プロセス毎のポイント
中小企業における経営診断プロセスを確認したので，次に企業診断プロセス毎のポイントを，以下の様に整理することが可能になる。

① 予備診断
最初の段階では，簡易診断プロセスの推進によって，本診断へと契約を進展する上では重要なステップになる。それゆえに，その段階で企業経営者との信頼関係構築が重要になる。信頼関係には，知識と経験を前提とした経営革新に関する適切な提案と人的な信頼の両面を得ることが重要になる。

② 本診断
本診断では，予備診断を経て本格的な診断プロセスの段階になり，企業経営の実態を多面的に把握することを前提にして，経営課題の抽出と解決策の提案を行うことが本診断の主たるねらいになる。ここでのポイントは，企業における経営実態を把握したうえで，企業経営における実態に対応した経営課題を明確化することにある。それを受けて，経営実態に立脚した企業経営課題に対して，新たな経営革新方策とその推進方策を確定することが，本診断での重要なポイントになる。

③ 勧告（実施計画策定）
勧告の段階では，本経営診断により明確化された経営課題の改善推進計画を具体化する取組として，アクションプランと収支計画の策定が主たるねらいになる。それには，予備診断と本診断での企業経営実態に依拠し，企業にとって実現可能な経営改善推進計画の作成の重要性を強く意識する必要がある。

④ 実践導入
実践導入では，勧告（実施計画策定）で計画されたアクションプランの展開にあたって，企業の経営者や従業員が確実に実行できることを，多面的に支援

することが主たるねらいになる。それらにより，アクションプランが展開出来たら，導入成果に対しての成果を評価することで，次のステップにおけるアクションプランの修正に関する検討が必要になる。

第3節　中小企業の経営診断に必要なマーケティング戦略思考

　ここまで，中小企業の経営診断実施において中小企業診断士に求められる内容と，中小企業であるが故に本格的な経営診断では無くても，経営の実態を把握するうえでの簡易型診断の有効性などを，中小企業の経営診断プロセスの枠組みを確認した。

　本節では，中小企業における経営改善のポイントを，マーケティング戦略の視点から確認したい。

1　経営戦略は経営理念に依拠する

(1) 経営戦略は経営理念を前提に策定・展開されるもの

　経営戦略の父と言われる，経営学の大家であるイゴール・アンゾフは，「経営戦略は組織に従う」と指摘している。ここで，経営戦略を考えると，組織の文化・風土に影響されるものであり，組織の文化・風土は，経営理念によって醸成されるものと理解できる。それは，経営戦略は経営理念に従うものであることを意味しており，経営理念を前提にした経営戦略が，組織に定着することを意味している。しかしながら，経営理念と企業利益には直接的な関係にあることを理解し難いこともあり，「理念で飯が食えるか？」と言う経営者も存在している。

　ここで，経営理念を理解するには，企業の存在意義を言語化したものであり，中小企業では創業者の企業経営で実現する価値を表現したものでもある。大企業であるが，多くの中小企業経営者が信奉している，京セラ（株）の経営理念をみると，「全従業員の物心両面の幸福を追求すると同時に，人類，社会の進歩発展に貢献すること」とシンプルである。しかし内容をみると，企業としての方向性や従業員の行動規範さらには，社風の良質化に加え社会への貢献等を含意するのみならず，企業の成長性も示唆していると理解できる。これらから，企業の存在意義をステイク・ホルダーに理解してもらうには，経営理念に依拠することが有効であると同時に，従業員の行動や各種の判断の指針になるものであると理解できる。

（2）経営戦略は企業組織や風土に根差した経営理念に依拠する

　経営資源に多くの制約がある中小企業が，市場地位の優位性を確保するには，製品や市場におけるそれぞれの差別化戦略の展開が有効になる。

　差別化戦略の源泉は，経営理念に行き着く。経営理念によって，差別化された製品やサービスが具現化されるわけではなく，マーケティグ・リサーチを前提とした市場分析が不可欠な条件になる。そうといっても，調査結果に対応することで一定以上の売上や利益を確保出来ても，経営理念から逸脱した施策では組織の文化や風土を壊し，ひいては企業衰退に繋がることになり易い。中小企業における限られた経営資源を基にした，組織や風土を基に，長期的な視点で組織を維持・発展させるには，経営戦略を経営理念に依拠することが必要になる。その意味では，経営戦略は経営理念に従うことになり，経営理念に基づかない経営戦略は，長期的には組織に定着することはない。

（3）経営理念を社員に浸透させるには経営者の言行一致が不可欠である

　中小企業の経営者は企業理念の社内浸透の重要性を理解していると思われることとして，経営理念を会社内に掲げる，社員手帳に明記し社員に携帯させると同時に，朝礼で唱和し上司が社員に理念を説明する等を実施していることが多い。しかしながら，社員に経営理念が浸透していないとする中小企業経営者の話を聞くことがある。

　ここで考えるべきは，社員は経営者の日頃の言動を見ていることである。例えば「わが社は地域と共に成長する」と理念を掲げていることを考えれば，地域の各種行事に社を挙げて参加する事や，寄付をする等で日頃から積極的に関与している実態を知れば，「地域と共に成長することを目指している」ことを社員は理解する事になる。その意味では，経営者の考えと行動を一致させる行動をすることや，その様な行動に取組む社員を評価すること等を継続することが，経営理念を全社で共有する上で不可欠な要件になる。

2　マーケティング視点での取組み

　中小企業が心血を注いで提供する物財やサービスは，一定以上の評価を得て売上高を確保することが可能であっても，時間経過と共に売上高は少しずつ低下してしまう。それらの変化を前提に，如何に一定以上の売上高を確保し続けるかを検討すべき点を，以下確認する。

（1）マーケティング視点の基本を再確認する

マーケティングは，需給バランスによって定義を変化させているが，（公社）日本マーケティング協会は1990年に「マーケティングとは，企業および他の組織がグローバルな視野に立ち，顧客との相互理解を得ながら，公正な競争を通じて行う市場創造のための総合活動である」と定義している。フィリップ・コトラーは「マーケティングとは，個人や集団が，製品および価値の創造と交換を通じて，そのニーズや欲求を満たす社会的・経営的プロセスである」と定義している。これらを噛み砕いて理解すると「ターゲット顧客に物財・サービスの価値を提供することで，対価として購買して頂く」ということと理解出来るので，具体的に確認していく。

（2）ターゲット顧客へ提供する価値を理解する

ターゲット顧客に対して，価値ある物財・サービスを提供する事は大前提である。では価値ある物財・サービスを提供できれば購買してくれるのかと言うと，否である。何故ならば，ターゲット顧客への価値ある物財・サービスは競合となる他社も提供しており，そこでターゲット顧客が対価を払ってまで購入するのは，相対的に競合他社と比較して，物財・サービスの価値が高いことに加え，ターゲット顧客が納得しているからである。競合商品と自社の物財・サービスを比較して，自社の物財・サービスを選択する折に納得する理由を，ターゲット顧客に理解して頂くことが前提になる。

では，ターゲット顧客は何を評価して対価を払うのかを考えてみる。以前からマーケティンの教科書に記載されているものを例に説明すると，「ドリルを買うのはドリルという器具を買うのではなく，穴をあけることが必要であるからである」。「新たなゴルフクラブを購入するのは，金属の棒が欲しいからではなく，飛距離を伸ばすことで結果的に良いスコアでラウンドすること」が目的と理解できる。言い換えると，ターゲット顧客は企業の提供する物財・サービスそのものに対価を払うのではなく，何らかの課題を解決する手段として有効である物財・サービスに対して，対価を払っているのである。

（3）ターゲット顧客に他者との差異を訴求して理解して頂く

各社が取扱っている物財・サービスは，提供側からすると差異があるとしても，顧客には同じものと理解されているものもあるし，競合する小売業では同一企

業の提供した同じ商品を取り扱っている。そのような中で，競合他社からではなく自社から購入してもらうには，ターゲット顧客が理解できる他の物財・サービスとの違いを提示した上で，納得してもらうことが必要になる。

では，如何にして競合他社に比較して高評価を得ることができるかと言うと，少なくても自社の強みを訴求し，他社との違いを理解してもらうことになる。それには，自社の経営理念に立脚した優位性を明確化することが必要になるものの，多くの中小企業では必ずしも強みが明確になっていないことが多いのが実態である。そこで考えるべきことは，企業には必ず優位性があるので，経営者を筆頭に社員を交えて探し出すことであり，競合他社よりも工夫を重ねて優位性を創造する取組みが重要になる。何故ならば，何れの顧客層に自社の価値を提供すると評価されるのかは，ターゲット顧客によっても異なるし，自社の強みによっても異なってくるので，必ず自社の優位性は明確化できると考えるべきである。それでも明確化が難しければ，ターゲット顧客の視点に立ち，より良くより便利であること，多くの情報提供により選択肢が提供されていること，最新の技術やサービスが提供されていること，ターゲット顧客が満足をする対応をしていること等が，その糸口になると考えられる。

（4）ターゲット顧客に自社の良さを理解して頂く工夫が重要になる

中小企業にのみならず物財・サービス提供者は，日頃から自社の物財・サービスの価値を意識しているものの，利用者である購買者はその価値に関わる情報を十分に理解しているとは言えない。余程の契機が無い限り，その価値を主体的に理解しようとすることは無い。

しかも，提供者側は従来と同様に，製造したり，販売したりサービスを提供している認識でも，一定期間継続する中で従来の手順や提供方法が，利用者から見ると変化していることもある。なかでも，サービスの場合には提供して評価される基準が，人的提供側面が大きいこともあり，担当者の認識や判断などで変質している可能性もある。言い方を変えれば，物財提供やサービスの提供において，継続的に同品質を維持することの難易度が高いことを認識することが必要になる。

（5）ターゲット顧客視点で競合他社の動向を確認する

中小企業の多様な工夫により，物財やサービスが消費者から高い支持を受け

ることが出来たら、当然ながらその支持を持続させることを目指して、物財や提供するサービスの改善などに力点を置くことが必要になる。しかし、時間の経過と共に、好調な売上を見て競合他社が同様な物財サービスを開発・発売し一定の評価を得ていることも良くある事である。

それは消費する側にたてば理解出来ることであるが、購買の決定時には物財やサービスに関して、大なり小なりはあるものの出来るだけ良いものを選択しようと考えている。その意味では、同業他社などの動向を確認しながら、わが社の提供する物財やサービスの提供機能に代替する様な物財やサービスの出現などの動向をチェックする事が必要になる。

(6) ターゲット顧客のニーズ変化を定期的に把握する

上記（5）でも確認したように、ターゲット顧客は、購買時に欲求が高まった、または、日頃から自らが欲しいものであり、同じものであればより良い物財やサービスを求めている。そのために、求める物財やサービスを手に入れた段階で、あるいは消費した段階で、新たな欲求が追加されていくのが実態と理解できる。

例えば、数年前には和テイストの高級アイスクリームや食べるラー油がマスコミでも取り上げられ相当話題になり、コンビニエンス・ストアや食品スーパーで品切れしていた。しかし、現在は安定的に販売されているかというと、品揃えされている店舗もあるが多くは品揃えがない状況である。それらは、その商品自体の価値が低下したと考えられるが、代替できる別の物財やサービスで価値が提供されたから、顧客は別の物財やサービスを主体に選択することになったとも理解出来る。結果的に生産自体もピークから程遠いものになっている。

これらは、自社の提供商品やサービスが、ターゲット顧客の欲求が変化したことで、自社の提供品が従来の様な評価を得られないことになり、それを放置しておくと売上が低下してしまい、取り返しのつかないことになり易い。そこで、取組むべきは環境変化を意識するとともに、基本に立ち返って、Plan（計画）→ Do（実行）→ Check（評価）→ Act（改善）の4段階のマネジメント・サイクルを継続的に繰り返すことで、提供する物財・サービスを継続的に見直して改善し続けることが求められている。

むすびにかえて

　中小企業診断士は，わが国唯一の経営コンサルタントの国家資格であり，その役割は，中小企業経営の改善を行う上での各種支援を担うことである。企業経営の改善は，従来の企業経営を変革して業績を改善させ，企業を成長させることに貢献するには，現在抱える経営に関わる各種の問題点が何なのか，その原因がどこにあるかを明らかにすることが第一歩である。その上で，課題を解決するための各種の施策を検討し，推進することでどの程度，如何なる経営改善が出来たのかを分析することなどが，基本的な役割遂行になる。

　実際の企業経営に関して，如何に経営改善していくかという，経営コンサルティングに関わる最も重要な経営診断の部分は，中小企業診断士資格取得に関して十分に含まれている状況ではないと言える。その意味では，業界や個別企業の現状を分析すること，対応策を展開した結果を確認することが主体では，中小企業診断士として中小企業経営者から評価を高めていく条件を満たしているとは言い難い。その意味では，企業経営コンサルタントとして，企業経営者に評価されるには，中小企業診断士試験に合格したからと言って，即実践に対応できることは難易度が高いのが現実である。

　そこで確認すべきは，業界に関する歴史，特長に加え，優良業績企業の取組などに関しては，企業経営者が求める知識であるとも考えられるので，中小企業診断士として幅広い知識を有していることあるいは，新たに得ることは大変重要な要件になる。その意味では，既述したように企業診断対象企業の経営者は当然として，多様な業務に関わる方々からのヒアリング調査などによる情報収集が不可欠になる。さらには，診断対象企業の，スティークホルダー企業や顧客へのヒアリング調査も行うことが必要になる。そのことにより，診断対象企業へは実態に即した判断や提案を行う条件が整うので，情報収集を前提とした戦略立案が必要になる。ただ，現状では簡単に有益な情報が入ることはほぼ皆無であるし，簡単に手に入った情報は本質的ではなく表層的である可能性が高く，企業経営革新に貢献する度合いは必ずしも高い内容とは言い難い。そこで，企業経営革新に関わる情報を得るには，仮説をもっての聞き取り調査により，面談対象者が回答しやすいように工夫するなどの情報収集の工夫が必要になる。

　多様な方法や工夫により，業界に関わる情報や優良企業の実態を理解したら，

中小企業診断士として企業のコンサルティング業績を確保できるかと言うと，必ずしも十分であるとは言い難い。さらに，今日では ICT 領域での経験やシステム導入に関わる経験も不可欠な要件になる。それらのレベルを高めたら企業経営改善に関わる価値ある提案内容になったとしたら，次にはプレゼン力の重要性が求められる。如何に実態に即した提案内容であっても，分かり易く伝えることが出来なければ相手からの納得を得ることが出来ない。それには，提案すべきコンテンツの内容，コンテンツの説得力を高める情報収集力と整理・分析力を前提とした，プレゼンテーションにおける構成力と論理展開力及び理解し易い説明力などの，異なる多様な能力のレベルを高めることが不可欠になる。

これまで既述した内容は，企業コンサルティングにおいて企業経営者からの評価を得る上で，不可欠なものである。その意味では，企業診断にあたって中小企業診断士の資格取得で，すべてが充足するわけではないことを大前提とする認識が不可欠になる。診断対象企業の実態を謙虚に理解し実態に即してあらゆる情報収集した内容を十分に加味し，成果が得られる提案をするために，常に多面的な能力を高める姿勢を少しでも継続することによって，経営者に信頼される要件を少しでも高めていくことで，少しでも企業経営刷新に貢献できる中小企業診断士になることを祈念する。

参考文献

伊丹敬之・西野和美著（2004）『経営委戦略の論理』日本経済新聞社。
小野理一郎（2017）『「学習する組織」入門』英治出版クレイトン。
M. クリスティンセン，タディホール著（2017）『ジョブ理論イノベーションを予測可能にする消費のメカニズム』ハーパーコリンズ・ノンフィクション。
社団法人中小企業診断士協会（2003）『中小企業の経営診断実施要領報告書』。
社団法人中小企業診断協会三重県支部（2007）『診断実践ハンドブック』。
─────（2009）『続─簡易企業診断実施マニュアル』。
総務省（2017）『情報通信白書 平成 29 年版』PDF 版。
フィリップ・コトラー他著，恩蔵直人監修（2000）『コトラーのマーケティング入門』ピアソンエデュケーション。
高橋慎二（2014）「中小企業・小規模事業者が望むコンサルティングに向けて──"連携"で時代とニーズに応えるために──」全国信用組合中央協会編『しんくみ』第 61 巻第 6 号，4 〜 9 ページ。

深沼光・藤田一郎・分須健介（2015）「経営者の年代別にみた中小企業の実態」『日本政策公庫論集』第 28 号，29 〜 47 ページ。

溝渕新蔵（2012）「コンサルティングイノベーション創出の戦略的発想――中小企業成長戦略を担う多様な経営支援の考察」『マーケティングフロンティアジャーナル』第 3 号北方マーケティング研究会，1 〜 18 ページ。

溝渕新蔵（2013）「ビジネス・コンサルティングイノベーション（2）中小企業の成長革新を担うコンサルタントの戦略的発想」『マーケティングフロンティアジャーナル』第 4 北方マーケティング研究会，1 〜 18 ページ。

安田龍平・平賀均著（2012）『コンサルタントのフレームワーク』同友館。

参考ホームページ

総務省『平成 29 年版情報通信白書』：
　http://www.soumu.go.jp/johotsusintokei/whitepaper/ja/h29/html/nc121210.html
中小企業の成長発展に役立つ経営ノウハウ情報局：http://bcj-co.jp/
一般社団法人中小企業診断士協会ホームページ：http://www.j-smeca.jp/
中小企業診断士研究会（mpa）：
　http://mpa-consul.com/2015/02/communicaiton/
盛和塾（大阪）ホームページ：http://www.seiwa-osaka.gr.jp/guidance/
加藤秀雄「コンサルティングの現場から思う大事なこと」2008 年 3 月 31 日（株）日本総合研究所：https://www.jri.co.jp/page.jsp?id=8205
ストラテジー＆タクティクス株式会社：http://www.sandt.co.jp/kiso.htm

（菊池　宏之）

第3章　経営者論と経営理念
―中小企業診断における経営者と経営理念について―

はじめに

　経営理念とは，言い換えるならばその企業が目指すべき明確な目的であり使命である。目指すべき目的が明確であれば，結果は自ずと明確になる。しかし，目的が曖昧ならば，結果も曖昧にならざるを得ない。何故なら，曖昧な目的からは，曖昧な手段しか生まれず，その結果は曖昧なものにしかならないからである。一方，明確な目的からは，明確な手段が生まれ，その結果は明確なものが期待できるからである。

　これは企業に限ったことではなく，どんな組織にも，また私たち個人にも当てはまる自明の理である。とするならば，中小企業の経営者に取って経営理念とは何であろうか。「自分は何のためにこの事業をしているのか」この問いに明確な答えを出すことが出来る経営者は，事業への明確な目的（使命）が確立出来ている。従って，そこからは明確な手段が生まれ，明確な結果を手にすることが出来るのである。

　一方，この問いに明確に答えられないとするならば，その結果は決して明確なものにはならず，期待する成果を手にすることはできないのである。

　「経営の神様」という代名詞を持ち，今なお多くの経営者が経営の羅針盤として信奉する稀代の経営者・松下幸之助が経営理念を定めたのは，創業（1918（大正7）年）から11年を経た1929（昭和4）年のことである。創業以来，幾多の試練を乗り越え，自らの事業の目的（使命）を明確に掲げたもの，それが経営理念であった。

　幸之助が経営理念を定めた当時，従業員の数は未だ200名に満たない全くの中小企業であった。幸之助は，会社の規模の大小を問わず，経営にとって経営理念が如何に重要な意味を持つのかという点に気付いたのである。

　幸之助は，経営を成功に導く要諦として次の3つを挙げている。

　　一、絶対条件：経営理念を確立すること。
　　　　　　――これができれば，経営は50％成功する――

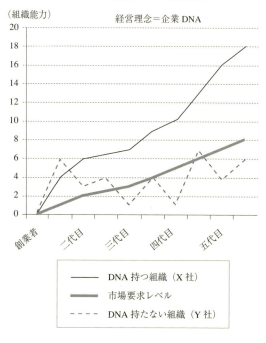

図表3―1　DNA 有無による組織能力シミュレーション

出所：松下政経塾 佐野尚見塾長講演資料より抜粋。

二、必要条件：一人ひとりの能力を最大限に生かす環境をつくること。
　　　　　――これができれば，経営は 80％成功する――
三、付帯条件：戦略戦術を駆使すること。
　　　　　――これができれば，経営は 100％成功する――

　図表3―1に示すグラフ[1]は，米国ハーバード大学が世界の企業を追跡調査し，経営理念（＝企業 DNA）を持つ企業と持たない企業の組織能力の成長度をまとめたものである。
　このグラフから理解出来ることは，経営理念を持たない企業は，組織能力の伸長が極めて不安定であると同時に市場の要求値よりも総じて下振れしていることである。一方，経営理念を持つ企業は，組織能力が市場の要求値よりも大

きく上振れして伸長しているのである。

　この結果からも，組織の経営理念（目的）が明確ならば，構成員がその目的に向けベクトルを合わせて邁進し，期待以上の成果を生み出していく姿が浮かび上がってくるのである。

　中小企業は，大企業と比較して経営者の意思が直接的に経営に影響を与える傾向にある。それは経営者と従業員との距離が近いことの証左でもある。中小企業経営者が事業の目的（経営理念）を明確に示し，その目的に向かって従業員を力強く牽引し，期待する結果を導き出す姿の中にこそ，中小企業経営者が果たさねばならない役割があることを肝に銘じねばならないのである。

　次節以降は，世紀を超えて商売を営み経営を継承させる力の源泉になったものは果たして何であったのか，江戸期まで時代を遡ってひも解いていきたい。

第1節　石門心学と近江商人の考察

　筆者は他著[2]において"近江商人の歴史・理念と人材育成"について論じたが，近江商人の研究が深まるにつれ，近江商人の思想・理念と石田梅岩が提唱した石門心学の間に通底する価値観が多いことを感じ取った。

　また筆者は，松下幸之助が1918（大正7）年に創業した松下電器産業（株）（現パナソニック（株））において35年間の勤務経験を持つが，経営の神様とも称された幸之助が「経営や仕事に行き詰まったら石田梅岩の『都鄙問答』を読みなはれ」と説き，また現代を代表する経営者の1人である稲盛和夫も「石田梅岩が私に与えてくれたものは計り知れない」と述べている。時代を遡れば，明治期を代表する福沢諭吉や渋沢栄一も梅岩に大きく感化された超一級の経済人であった。

　本節では，今日に通じる商売の原点あるいは商人のあり方を透徹した目で洞察し，広く普及を図った梅岩の石門心学に言及し，近江商人の思想・理念との共通性を明らかにしていきたいと思う。

　梅岩（1685～1744）は，1685（貞享2）年に丹波国桑田郡東懸村（現京都府亀岡町）に生まれ，11歳から呉服屋で丁稚奉公するも，呉服屋が傾き15歳で再び故郷に帰村した。

　東懸村で家の農業や林業を手伝いながら独学に励み，23歳の時に再度京都に上り，上京の大きな呉服商「黒柳家」にて粉骨砕身の働きをする。梅岩は，住

み込みで働きながら朝は誰よりも早く起きて本を読み，夜は皆が寝静まってから本を読んで自らを磨き続けた。その一方で，夜寝る場所は，番頭になってからも冬は暖かい場所を人に譲り，夏は若い丁稚たちが掛け布団を跳ねのけていると，そっと掛けてやるなど，人が見ていないところでも善行を積む人物であった。生真面目で勤勉，律儀で正直，倹約を心掛け，目下の者や弱者に優しく接する姿は，主人一家のみならず，取引先からも好感を持たれる存在となった。

呉服商を辞め借家の自宅で無料の私塾を開講し，石門心学を説いて多くの門人を育て始めるのは，梅岩45歳の時であった。

「心学」とは，書いて字の如く「心の学問」であり，「己の本心を見つめ，人間性を磨く修養学」と言えるものである。

石門心学の特徴は，大きく次の3点にある。

第1点は，儒教・仏教・神道を融合するという従来にはない大胆で斬新な発想をしたこと。

第2点は，「道話」(身近な喩え話) で分かり易く説明し，幅広い層に受け入れられたこと。

第3点は，商人の儲け (利益) は，武士の俸禄と同じだと主張し，商人の地位を高めたこと。

当時 (江戸中期)，商人は士農工商という身分制度の最下層に位置付けられていたが，その理由は賤商思想[3]によっている。支配階級の武士は別として，農民は汗水流して米や五穀などの食料を生産し，工人は建物や家具・食器などの生活必需品を生産するのに対し，商人は彼らが作ったものを右から左へ流すだけで利益を得ていると見なされたからである。

商人に対するそうした偏見は不当であると梅岩はきっぱりと否定し，「商人が商売で利益を得ることは，武士の俸禄と同じだ」と主張したのである。商人は，余剰のものを不足しているものと交換し役立たせる，この仲立ちをするのが商人であると説いたのである。この考えは商業活動に後ろめたい感情を抱く商人，あるいは商売のあり方が不明な商人に対して大きな励ましとなった。

また，梅岩は商人というものは顧客を騙したり暴利を貪るのではなく，節度ある誰からも後ろ指を差されない「商人道」に則った正々堂々とした商売を行い，世の中のため，人のために尽くさねばならないと説いた。そして真の商人に必要なこととして，「倹約」の大切さを説いたのである。

近江商人の徳目は「誠実・勤勉・倹約・堅実・忍耐」に代表されるが，それ

は正に梅岩が商人に求める価値観と通底するものであった。

　1つの例を挙げてみたい。後述する矢尾百貨店の理念は「積善積徳」であるが，商人の活動を正当に評価する梅岩の思想はこの理念と大きく共振した。特に当店四代・喜兵衛は梅岩に心酔したのである。

　梅岩が説いた思想に，「余力学文」がある。余裕があれば進んで書物を読んで学問しなさいと教えるもので，教養を高めようとする機運が武士から商人にまで広まって行った時代であった。この梅岩の魅力を全身で受け止めたのが四代・喜兵衛であり，その素地をつくったのが三代・喜兵衛であった。

　三代・喜兵衛は，1843（天保14）年に73歳で店を退くまで，店勢の伸長に心身共に尽くすかたわら，儒教の書物を読み，儒教精神を持って商人道の規範として考え，子孫繁栄の長久を念願し，次のような箴言を残している。

　　一，子孫ヘハ積善積徳ヲ胎スヨリ外ノ術ナシ。積善積徳モ人ヲ憐ミ人ヲ救ヒ人ノ為ヲナスヨリ外ノ術ナシ……

　「積善積徳」が子孫繁栄の全てであり，その思いは「外ノ術ナシ」で見事に言い表され信念へと昇華している。このような例からも，石門心学の思想がいかに近江商人の日々の活学として共振し，受け入れられていたのかという事実を確認できるのである。

第2節　日本の老舗企業を貫く理念について

　企業の平均寿命が約30年と言われる中，筆者は100年また200年と世紀を超えて隆々と今日まで経営を続けてきた老舗企業を訪ね，その営みを可能にした背景を明らかにすることを試みた。

　私が訪ねた老舗企業は，矢尾百貨店（埼玉県秩父市）・岡直三郎商店（群馬県みどり市）・塚喜商事（京都市）の3つの企業であるが，いずれも近江商人として歴史を刻んできた企業である。これからそれぞれの企業について詳述していきたい。

1　矢尾百貨店

　矢尾百貨店は，1749（寛延2）年の創業で今年創業269年目を迎える企業で

ある。初代・矢尾喜兵衛氏が39歳の時,屋号「升屋利兵衛」を掲げて酒造業を始めたのが創業となり,その後質屋・繊維・呉服・食料品・諸雑貨など扱い商品を拡大し,秩父地域の社会に取って欠くことのできない大きな存在に発展していったのである。『矢尾二百五十年史』の冒頭には次のように記されている[4]。

「初代・矢尾喜兵衛の"商い"にかけた夢は,お陰をもちまして250年のこんにちへと結実いたしております。喜兵衛が商いの根底におきました"積善積徳"の信念は,お客様の信頼に磨かれ支えられて大切に引き継がれてきました。祖先の大恩とともに,店の繁栄を共に築いてきた社員の努力,そして,地域に密着した商いを高く評価し育てていただいた秩父のお客様へのありがたさに深く感謝いたしております。(中略)

今回,『矢尾二百五十年史』を発刊するにあたって,"積善積徳"を矢尾のバックボーンとして位置づけ,① お客様第一 ② 社会への貢献 ③ 社員と会社の繁栄と大きくはこの3つの理念が矢尾の"あゆみ"であったことを検証するとともに,来たる21世紀への大きなステップとして考えてまいりたいと思っています。

『お客様第一』は日ごろの商いで,お客様のご満足をいただけるよう社員全員が心掛けている理念です。店は"見世"と書いて,商人のよりどころです。世を見ること,すなわち人を見ることが商いの原点です。"心の時代"といわれるこんにち,お客様が何を望み,どうすれば満足していただけるか,ここを第一においてまいります。

『社会への貢献』は,"商い"を通じて地域の発展に貢献していくという理念です。これは近江商人の徳目である"誠実・勤勉・倹約・堅実・忍耐"と並んで評価されている"陰徳を積んで地域社会に奉仕することを最大の善とする精神"(陰徳善事)の顕現であり,"積善積徳"の実践だと思っています。

『社員と会社の繁栄』は,社員全員が力を合わせ,"和"を大切にして21世紀へ向かっていこうとする理念です。時代に対応してたえず新しさへ挑戦していく発想,そして強力な組織・個人を築いていく精神力をその基盤においていきたいと思っています。さまざまな人がいて,そのおのおのが個性を発揮し,さらに自分の役割をきちんと果たす会社,こういう魅力ある会社にしていきたいと思っています。

これらが,私に課せられた役割でありましょうし,矢尾が250年のなかで

第3章　経営者論と経営理念　　67

積み重ねてきた経営理念であると思います」
　近江商人の理念は「三方よし」という言葉で語られることが多いが，末永（2004）5) はつぎのように述べている。

　「現在，売り手よし・買い手よし・世間よしという商取引においては当事者の売り手と買い手だけでなく，その取引が社会全体の幸福につながるものでなければならないという意味での「三方よし」という言葉は，近江商人の到達した普遍的な経営理念をごく簡略に示すためのシンボル的標語として用いられている」

　前述の『矢尾二百五十年史』冒頭に掲げられた一文は，まさに「三方よし」の精神が250年という信じ難いまでに長い歳月にわたって継承され，愚直に実践されてきたことを雄弁に物語る事実である。
　筆者は，矢尾百貨店八代目当主であり現在は相談役を務める矢尾直秀氏に約2時間に亘りお話を伺った。数々の興味深いお話の中で，特に印象に残ったのは「秩父事件」にまつわるエピソードであった。
　「秩父事件」とは，1884（明治17）年に秩父地方一帯に起こった暴動である。『矢尾二百五十年史』6) には，当時のことが次のように記されている。
　「鉄砲隊，竹槍隊，抜刀隊に編成された参加者は，高利貸しや富豪を襲って打ち壊しを行った。しかし，この事件では矢尾は打ち壊しを免れている。その理由は，矢尾の営業姿勢が秩父困民党に評価されたのである。
　当時の帳元の記録に『秩父暴動事件概略』がある。ここには，矢尾商店を秩父困民党がどう見ていたかが描かれている」
『秩父暴動事件概略』は文語体で記述されているため，ここでは主要な箇所を口語体で記すことにしたい。
　「この度，世を直し，政治を改革するために多数の人民を招集したが，矢尾商店には兵食の炊き出しを頼みたい。矢尾商店は日ごろ高利貸しのような不正な商売をするような商店ではないため，家を壊したり焼き払うようなことは決してしない。高利貸しの家を焼き払ったとしても，矢尾商店には一切の損害を与えないので，安堵して欲しい。（中略）午後9時すぎ炊き出しを終えて，休息しているところへ困民党幹部より，本日はもうこれで兵食も足りたので，矢尾商店は戸を閉めて，老人や子供は休ませ，戸外は我々が警護する

ので心配しないようにと度々言ってくるので,戸締りをして11時頃家内の者は交替で就寝することにした」

1749(寛延2)年創業の矢尾商店は,当秩父事件が勃発した当時,既に創業以来135年という歳月を経ていたが,このエピソードは矢尾商店が秩父地方において,いかに盤石の信用を得ていたかということを如実に示す史実である。

また,インタビューの中で矢尾直秀氏は次のように言葉を継いだ。

「1965(昭和40)年に矢尾家の娘婿として養子となり,第八代目当主を継いだのですが,当時当社は既に創業以来200年を超える老舗であり,さぞかしその積年の資産は膨大なものであろうと予測していました。しかし実際に矢尾家を継いでみると,持っている資産はここにあった店舗と土地だけ。その事実に私は愕然としました。しかし一方で,矢尾家に対する地域の信用は絶大なものがありました。どこに行っても誰からも,"矢尾さん,矢尾さん"と敬慕の念で声を掛けられ,なるほどこれが200年を超えて商売を続けてこられた最大の資産だったのかと思い知らされたのです。

一方,高利で貸して取り立てるような商売をしていた店は,一時的には羽振りが良くても,結局は商売が長く続かず全てが店を閉めていきました。

矢尾家は「積善積徳」を理念として商売を続けてきましたが,その理念が決して間違っていなかったということをこうした事実が雄弁に物語ってくれているように思います」

矢尾百貨店のこうした歴史やエピソードをひも解く時,当社が世紀を超え長く歴史を刻むことを可能にした経営の要諦が,4つほど見えてくるのである。

① まず,「積善積徳」という矢尾家の理念に対し,忠実で愚直な経営が継承されてきたこと。② その姿勢が結果として,目先の利益を求めず,長期的な視点に立った経営として結実していること。③ 顧客との絶大なる信頼関係の上に「矢尾商店・矢尾百貨店」という企業ブランドが構築されていること。④「三方よし」の精神に則り,お客様・社会・社員という人の上に大きな価値を置いた経営を貫いていること,の4つである。

こうした4つの要諦が,これから述べる企業にも備えられているものなのかどうか,こうした点に留意しながら記述を進めていきたい。

2　岡直三郎商店

次に訪れたのは,岡直三郎商店である。1787(天明7)年の創業で昨年創業

230年を迎えた老舗企業である。

近江商人岡忠兵衛が，足尾銅山から江戸へ銅を運ぶ街道の要衝として栄えた大間々（現群馬県みどり市大間々）の地に，「河内屋」の屋号を掲げ醤油醸造業を営んだのが始まりである。現在では，「日本一醤油」というブランドを掲げ広く醤油醸造業を展開している他に，食品卸販売業・飲食業貸しビル業へと事業展開を図っている。既述した矢尾百貨店とは親戚関係に当たる企業でもある。話を伺ったのは，2000（平成12）年から八代目当主を継ぐ岡資治氏である。

まず岡社長に伺ったことは，当社が230年の歴史を重ることが出来た原点はどこにあったのか，という問いである。この問いに対し，次のような話を始められた[7]。

「私たちは，昔から"商売は牛のよだれ"と教えられてきました。それは細く長く続く堅実で手堅い商いをせよ，ということの喩えです。一攫千金を狙った商いではなく，薄利を積み重ねる日々の繰り返しに「飽きない」のが「商い」だとも教えられてきました。それは「目先の利益よりも100年後の信用を大切にせよ」という信念でもあります。また当家では，その日に決められた仕事を終えれば，早く帰ることが許される"やりきりじまい"と呼ばれる制度がありました。従業員も仕事に熱が入り，一人一人が工夫を惜しまず，労働生産性を大きく向上させる仕組みです。また，勤勉倹約を心掛けよく勤めた者には賞与金が与えられる，今でいうボーナスの仕組みも既にありました。

商人の教えには，実に理にかなった内容が多く，従業員に合理的な思考を身に付けさせる知恵が随所に散りばめられていたように思います」

このような近江商人が今に栄える本質ともいえる教えや理念を伺う中，さらに岡社長は当社に伝わる「大火災顛末書」（図表3—2）という古文書を手に，そこに記された内容を次のように紹介されたのである。

「明治28（1895）年4月26日に，この大間々の町で町を燃やし尽くすほどの大火災がありました。数日間の好天で空気は乾燥し，北西からの風が強い日だったようです。空き家から発した火は見る間に近隣に延焼し，倍加する火勢の前に水源が乏しく，各消防隊も次第に力尽きて機能しなくなっていきました。水源も遂に枯れて到底鎮火する見込みもない中，当店にもその大火はいよいよ迫ってきました。

この危難の中，まさに水源も尽きようとする時，当店は蔵にある醤油を水

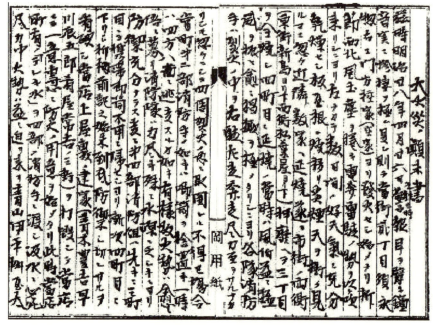

図表3—2　大火災顛末書

出所：岡直三郎商店蔵書。

源とすることを決意し，消防団と協力してこの大火を鎮火させることに成功します。使った醤油の量は 85 石，一升瓶にして 8,500 本分だったと言われています。消失家屋 255 戸，役場・小学校・警察署も悉く消失する大火でしたが，当店の醤油を使うことで，少しでも世間のお役に立てたことは，目先の利益よりも百年後の信用を大切にせよという信念に適う判断と行動だったと今も誇りに思うのです」[8]

正に，当社が今も発展するその所以を如実に物語る一大事であった。このエピソードは，近年まで代々言い伝えで伝承されてきたのであるが，2012 年に醤油蔵の大改修を行った際に本顛末書が発見され，言い伝えのエピソードが紛れもない真実であったことに，岡社長も感慨一入であったと，しみじみと語ってくれたのである。

第3章　経営者論と経営理念　71

当社では，今も朝夕に仏壇に線香をあげ，手を合わせることを欠かさない。
　また，1日と15日には神棚の榊と御神酒を変えることを忘れないのである。こうした信心の深さは当社に限らず，今回の執筆に当たり取材に訪れた企業に共通する特質であった。商売やビジネスの前に，まずは人間としてのぶれない立ち位置や価値観があってこそ，本物の商売が可能になるのだということを如実に示す事実を確認出来たのである。
　筆者は，前述の矢尾百貨店の例から，① 経営理念に立脚した経営の実践　② 長期的な視点に立った経営　③ 確固とした企業ブランドの構築　④ 人に大きな価値を置いた経営，という経営の4つの要諦を見出したが，岡直三郎商店においても同様に4つの要諦を明確に見出すことができ，それが長期の経営を可能にする価値を有していることを改めて確認したのである。

3　塚喜商事株式会社

　次いで訪れたのは，京都に本社を構える塚喜商事㈱である。当社の創業は1867（慶応3）年であり，昨年創業150年の節目を迎えた老舗企業である。
　初代～2代目塚本喜左衛門は，近江国五箇荘において半農半商で農業の傍ら麻織物の仲介業を営んでいたが，3代目塚本喜左衛門が染め呉服問屋として塚本喜左衛門商店を京都に興し，これを創業として現在では西陣織・加賀友禅の製造と卸・宝飾・毛皮・ウェディング貸衣裳・補正下着・不動産リーシング等，経営を時代に合わせ多角化に成功してきた企業である。
　塚喜商事は，創業以来近江商人の「売り手よし　買い手よし　世間よし」という「三方よし」の理念を掲げ，愚直な実践を積み重ねてきた企業である。
　同社では，「三方よし」をさらに具体的で平易な言葉に置きかえて次のように発信している[9]。
　「売り手よしは「商いにおいて採算をキチンと合わせ，他者への依存（借金）をせず，節度ある経営哲学で自己を律する。これが企業永続を果たす自己責任の有り様と考えます」
　買い手よしは「今，お客様に本当に喜んでいただき，何十年先にも太い信頼関係で結ばれていること。これは，お客様に対するもっとも大切な責任だと思います」
　世間よしは「仕事を通じて世の中にお役に立つことですが，代金をいただいて仕事をする以上，これは至極当たり前の責務とすると，仕事を一歩踏み

越えて社会貢献を果たすことが企業の社会的責任と考えます」

そして150年にわたり時代の波に飲まれることなく成長を続けて来られたのは,「三方よし」の理念が私たちの中にしっかりと根付いているからに他ならないと結んでいる。

筆者は,塚喜商事六代目当主で現社長である塚本喜左衛門氏に昼食も交えて約2時間に亘りお話を伺った。塚本氏はまた,「三方よし」の語り部として幅広い活動を展開し,その理念を世界に向けて発信している方でもあった。

塚本氏はまず筆者に,応接間に掛けられた『長者三代鑑(ちょうじゃさんだいかがみ)』という掛軸(図表3―3)を示された。この掛軸は,当家に代々伝えられてきた戒めが端的に表現されているものであった。

『長者三代鑑』には,掛軸の下から上へと順に創業者,二代目,三代目が描かれているのであるが,その掛軸に対する塚本氏のエピソードが興味深い。

「昔私が学校から帰って来てまずやるべきことは,祖母の針仕事場での「ただいま帰りました」という膝をついての挨拶でした。しかし時々そのままでは済まないことがありました。この掛軸を前にしてのお説教です。

「今日は,お前によう言うて聞かせることがある」床の間の掛軸を指差しながら,「ええか!一番下の絵は真っ黒になって夫婦で大汗かいて働いている創業者の図や。真ん中のは,仕事もせんと自分の愉しみにうつつを抜かしている二代目の姿。一番上にある絵は,ええか,ようお聞きや。三代目が乞食になって赤犬に吠え立てられてる図や。いま怠けてると赤犬に吠え立てられ,お前がこの三代目みたいに乞食することになるぞ!」10)

えらい剣幕で始まった話はこれで終わるのですが,耳の奥に今も残るこの教えは今も私の日々の規範になっています」

塚本氏は,『長者三代鑑』を前にした祖母の戒めを確と受け止め,毎朝三時半に起床して社業に励むことを日常としているのである。

この応接間には,もう1つ『積善之家必有余慶』という扁額(図表3―4)が掛けられている。この言葉は,中国の古典『易経』の中の一文であるが,「善い行いを続ければ,必ず思いがけない喜びごとが訪れる」という意味である。

「陰徳善事」という近江商人の教えと同様に,自己顕示や見返りを期待せず人知れず世のため人のために善いことを積むことこそが,長久の繁栄につながる

第3章 経営者論と経営理念　73

図表3−3　「長者三代鑑」掛軸
出所：『三方よしツカキのいまむかし』
　　　（どりむ社編）

図表3−4　「積善之家必有余慶」扁額
出所：『三方よしツカキのいまむかし』
　　　（どりむ社編）

という近江商人の価値観・宗教観を表すものであり，その精神は今回足を運んだ近江商人の系譜企業に今も色褪せることなく，ビジネスに凛とした精神性と倫理性を持たせている。そうした側面を失った現代だからこそ，一層輝きを放つ価値観であることを改めて実感したのである。

　矢尾百貨店・岡直三郎商店の例に漏れず，当社においてもやはり経営の4つの要諦を確実に認識することができたのである。

第3節　理念経営に徹する現代の中小企業について

　前節では，世紀を超えて今なお力強い経営を進める近江商人の系譜企業を取材し，そこに長期の経営を可能にした経営の4つの要諦を見出し，そうした企業が色褪せることなく今なお発展し続けている姿を確認した。

　本節では，経営理念を確立し，経営理念に即した「理念経営」を推し進める2つの中小企業にスポットを当て，その姿に迫っていきたい。

1　徳武産業株式会社

　まず筆者が訪ねたのは徳武産業株式会社。当社は，介護シューズのトップブランド「あゆみ」を育てた企業である。

　迎えてくださったのは，十河孝男取締役会長と奥様の十河ヒロ子副会長である。昨年創業60周年を迎えた当社は，香川県さぬき市に本社を置き従業員68名を雇用する会社で，高齢者用シューズ・ルームシューズ・トラベルスリッパを製造販売している。

　当社はこれまでに，「第2回 日本で一番大切にしたい会社大賞」（後援：経済産業省・厚生労働省・中小企業庁・中小企業基盤整備機構等）において審査委員会特別賞を受賞し，また「グッドカンパニー大賞」など数々の賞を獲得している会社でもある。

　当社の経営理念は，「真心と感謝の経営」である。どんな時でも，心の底からお客様を思いやる真心を持つ。そして，そのことを可能にしてくれる会社の仲間たち，お取引先・地域社会に対して，心の底から感謝する経営である。しかし，この経営理念が生まれた背景には，十河会長の次のような辛苦の歳月があったのである[11]。

　「徳武産業創業者の義父から突然会社を継いで欲しいとの要請があり，親・兄弟との熟慮の末，引き受けることにしました。しかし，何とその1ヵ月後に，元気だった義父が心筋梗塞で倒れ，59歳の若さで亡くなったのです。正に晴天の霹靂でした。葬儀の日，親族会議で私が社長になることが決まったのですが，当時私は37歳でした。そうしたプレッシャーを跳ね返すためにも自らを奮い立たせ，早く先代社長を越えたい，売上も利益も追い越したい，その力を早く見せてやろうと思ったのです。

　しかし，経営は思うに任せず，先代子飼いの社員とトラブルが続き，加えて義母との間にも軋轢が生じ，とても前に進める状況ではなくなってきました。私はすっかり自信を失い，途方に暮れてしまったのです。

　そんな中，先代社長の3回忌の法要があり，その席で私は住職さんに悩みを打ち明けました。すると住職さんはこう教えてくれました。

　「なあ，社長，何でそんなに気張ってお義父さんと張り合うんや。先代はあんたに会社を託し，命と引き替えにさっと経営から身を引いたんや。有難い

ことやろ。感謝の気持ちを忘れたらあかん」

　私は，住職さんの言葉に胸が詰まり涙が止まりませんでした。義父の突然の死で何の引き継ぎもなく社長になり，しかも私を若造扱いする年上の社員と仕事をしなければならない毎日を正直，恨んでいました。そのため，良い成績をあげて，義父を追い抜き自分の力を社員に認めさせようと，必死になっている自分に気付きました。

　それ以来，毎朝，先代社長のご仏前に座り，日々のご加護に対するお礼と会社であったことを報告して出勤するようになりました。自分を支えてくれる周囲の人たちに感謝する気持ちを持って接するようになったからでしょうか，不思議なことにそれ以来，あれほど低迷していた会社の業績が改善し，社員や義母とのゴタゴタがなくなり，会社が善循環へと回り始めたのです。この経験を経て，社員やお取引先，そして地域の人たちの支えと励ましがあって，初めて会社は上手くいくということを心の底から感じました。周りの人たちに感謝することがいかに大切であるかということに気付いたのです」

　当社では，「真心と感謝の経営」という理念を実践するために，次の3つの取組みを実践している[12]。
　1つ目は，業界初の左右別々のサイズの靴を組み合わせて販売するシステム。しかも価格は通常価格に据え置いたままである。さらには，片方のみ半額販売である。十河氏は，靴業界の多くの専門家から「そんなことをすれば，必ず会社が潰れるぞ！」と異口同音に極めて厳しい指摘を受けたのである。しかし，福祉や介護施設の現場でお年寄りや障がい者の苦労を知り尽くす十河氏は，その必要性を信じ信念を貫いたのである。
　2つ目は，パーツオーダーシステム。左右の足の長さが違う場合の靴底の高さ補正，足のはれ・むくみの状態に合わせたベルトの長さ・靴幅の調整，特大・特小サイズの提供，さらには豊富な靴幅を定番化することによる利便性向上と共にお客様満足度をも大きく向上させているのである。
　3つ目は，お年寄りへの心のサービス。施設に入居したお年寄りが必ず味わう悲哀は，次第に減少する身内・知人の訪問回数である。当社の全ての商品には社員手書きの真心ハガキが同梱されており，お年寄りの心を癒す働きをしている。毎日，多くのお年寄りから社員宛ての礼状が届く。アンケートはがきを送り返してくれた方には，2年間誕生日プレゼントと社員手書きのメッセージ

図表3—5　全国から寄せられた礼状ファイル
（徳武産業（株）にて筆者撮影）

カードが届けられる。

　これまでに，お年寄りやその家族から当社へ届けられた礼状の数は2万通を超える。奥様の十河ヒロ子副会長が，礼状が納められた何冊ものファイル（図表3—5）を，まるでご自分の宝物を扱うように丁寧に広げられた。奥様は，全ての礼状に目を通したくさんの付箋が付けられている。一枚一枚に詰まる思いを懐かしむように披露され，当社が掲げる理念「真心と感謝の経営」がどれほど深く徹底し実践されているかという事実を目の当たりに確認することが出来るのである。

　「真心と感謝の経営」という経営理念に即した「理念経営」の実践が企業にどれほど大きな力をもたらすものなのか，こうした事例からも真摯に学ばねばならないと感じるのである。

　既述したように筆者は，3つの近江商人の系譜企業から長期の経営を可能にした4つの要諦を見出した。それは，① 経営理念に立脚した経営の実践　② 長期的な視点に立った経営　③ 確固とした企業ブランドの構築　④ 人に大きな価値を置いた経営，の4つであった。

　徳武産業（株）は，近江商人の系譜企業ではなく，老舗企業でもない。しかし，当社の経営を具に理解し現場でその実態を確認するほど，当社においても近江商人の系譜企業で見出した4つの経営の要諦が，日々の経営の中で着実に実践されていることを確認できるのである。

2　伊那食品工業株式式会社

伊那食品工業（株）（売上高：191億円（2016／12）・社員数：449名（2017／1））は，寒天メーカーという斜陽産業に身を置きながら1958（昭和33）年の創業以来，48年間連続増収増益という驚異の記録を打ち立てた会社である。当社はまた，国内市場の80％，世界では15％のシェアを誇る寒天メーカーのトップを走る企業でもある。

当社が掲げる社是は，「いい会社をつくりましょう〜たくましく　そして　やさしく〜」である。加えて"いい会社"について，次のように語っている。

　「"いい会社"とは，単に経営上の数字が良いというだけでなく，会社を取り巻くすべての人々が，日常会話の中で「いい会社だね」と言ってくださるような会社のことです。"いい会社"は自分たちを含め，すべての人々をハッピーにします。そこに"いい会社"を作る真の意味があるのです」[13]

当社はまた，企業の"本来あるべき姿"として次の一文を掲げている。

　「経営にとって"本来あるべき姿"とは"社員が幸せになるような会社をつくり，それを通じて社会に貢献する"ことだと思います。そして売上も利益もそれを実現するための手段に過ぎないのです」[14]

筆者は，これまでに当社に5度足を運んできた。それほど魅力的であり，心が癒され，学びの多い会社なのである。そうした訪問の中でのエピソードをいくつかご紹介したい。

当社は，広大な赤松林の中に本社や工場・研究棟・売店・レストランなどがレイアウトされている。しかし，いつ訪れてもゴミ1つ見つけることができない。清掃は，外部業者には一切委託せず，赤松林も含め全て社員の手によって徹底的に掃除されている。その徹底ぶりは，トイレに貼られた次の注意書きによって明らかである。「このトイレはキレイに掃除ができています。便器は汚い物ではありません。ズボンがつくまで前に出てはいかがでしょうか？」

またある時，当社に学ぶことを目的に筆者が勤務する会社の若手社員8名を連れて当社を訪問したことがあった。既述したように，広い構内のどこを歩い

てもゴミ一つ落ちていないことに驚きながら歩いて行くと，遠くから我々一行を目に止めた当社社員の方が大きな声で「こんにちは！ いらっしゃいませ！」と挨拶してくれるのである。

その後，筆者一行は本社の応接室に案内され，対応してくださった当社役員に弊社若手社員の1人が，次のことを質問した。それは筆者を含め同行した誰もが想起する疑問であった。「この応接室に案内されるまで，何処にもセキュリティー設備がありませんでしたが，どうしてでしょうか？」という問いである。

その問いに対し，役員から逆に「この本社ビルに着くまでにゴミは落ちていましたか？」と問われ，「いいえ，どこにもゴミは落ちていませんでした」と返答すると，「それでは，本社に着いてこの部屋に入るまで廊下には何がありましたか？」と再度問われ，「プランターに美しい花が植えられていました」と返すと，「皆さんはそうした環境の中で何か悪いことをしようと思いますか？」と本質を射抜いた質問を受け，当社が目指す企業の姿を一瞬にして腑に落とすことができたのである。

当社の現会長である塚越寛氏は，48年間連続の増収増益について次のように語っている。

「増収増益を目標に掲げて経営しているわけではなく，それは結果でしかありません。むしろ48年間，社員を雇い社員の給料とボーナスを上げ続けてきたことを誇りにしたいと思います」15)

「小社はこれまでも，またこれからも社員のリストラはやりません。なぜなら小社にとって，人件費はコストではないからです。人件費は目的である社員の幸福を実現するための生活費だからです」

当社はまた，至る所に「100年カレンダー」というものを掲示している。

これは当社が，100年先においても価値ある企業として隆々と発展し，さらに輝きを増していることを想定し，そこに向けて経営の舵取りと決断をしていくことを社員全員とベクトルを合わせるためである。

加えて，塚越氏が大切にする座右の銘は，二宮尊徳翁の次の言葉である。

「遠くをはかる者は富み　近くをはかる者は貧す　それ遠くをはかる者は百年のために杉苗を植う　まして春蒔きて秋実る物においてをや。故に富有なり。

近くをはかる者は　春植えて秋実る物をも尚遠しとして植えず　唯眼前の利

に迷うて蒔かずして取り 植えずして刈り取ることのみ眼につく 故に貧窮す」

こうした事例からも，当社が短期的な視点ではなく，長期的な視点に立って経営を推し進めていることを目の当たりに認識できるのである。

以上のように，伊那食品工業（株）においても徳武産業㈱と同じく，近江商人の系譜企業で見出した4つの経営の要諦が，長年の経営を通して着実に実践されていることを十二分に確認できるのである。

第4節　不祥事を起こす企業の病理について

これまで見てきた近江商人の老舗企業と理念経営に徹する現代企業の共通点を再度整理すると，それは次の4点であった。
① 自社が目指すべき明確な公の目的（使命）を確立し，それに立脚した経営を実践していること。
② 短期的ではなく長期的な視点に立って経営をしていること。
③ 確固とした企業ブランドを構築していること。
④ 人材を重視し人に大きな価値を置いた経営を推進していること。

一方，止まることを知らない企業不祥事。もちろん，企業不祥事の背景には多くの複雑な要因が絡み合っていると思われる。しかし，上記4つの共通点を，企業が長く継続するための条件と考えるならば，不祥事を引き起こした企業には4つの共通点のうちの何が欠落しているのであろうか。まず，上記の ① ② について検証してみたい。

① 自社が目指すべき明確な公の目的（使命）を確立し，それに立脚した経営を実践していること。
② 短期的ではなく長期的な視点に立って経営をしていること。

度重なる不祥事により，未だ再建の道半ばにある（株）東芝が掲げる経営理念は次の通りである。

「人間尊重を基本として，豊かな価値を創造し，世界の人々の生活・文化に貢献する企業集団を目指します。
1. 人を大切にします：東芝グループは，健全な事業活動を通じて，顧客，株

主,従業員をはじめ,すべての人を大切にします。
2．豊かな価値を創造します：東芝グループは,エレクトロニクスとエネルギーの分野を中心に技術革新をすすめ,豊かな価値を創造します。
3．社会に貢献します：東芝グループは,より良い地球環境の実現に努め,良き企業市民として,社会の発展に貢献します」

また現在,不祥事の発覚から激流の真っ只中に喘ぐ㈱神戸製鋼所の経営理念は以下の通りである。

「企業理念：当社グループは,下記の企業理念のもと,株主・投資家,顧客や取引先,従業員,地域社会など,あらゆるステークホルダーの皆様に対して,企業としての社会的責任を全うできるよう努力を続けることにより,持続的な企業価値の向上を目指して参ります。
3つの約束：① 信頼される技術,製品,サービスを提供します
　　　　　　② 社員一人ひとりを活かし,グループの和を尊びます
　　　　　　③ たゆまぬ変革により,新たな価値を創造します
6つの誓い：① 高い倫理観とプロ意識の徹底
　　　　　　② 優れた製品・サービスの提供
　　　　　　③ 働きやすい職場環境の実現
　　　　　　④ 地域社会との共生
　　　　　　⑤ 環境への貢献
　　　　　　⑥ ステークホルダーの尊重

どちらの経営理念を見ても非の打ち所のない内容であり,両社ともに公の明確な目標(使命)が確立できているのである。であるならば,次に言及すべきは,この理念に立脚した経営ができているかどうかである。

現在の企業業績の評価は,四半期毎の評価という極めて短期的な視点で判断されている。従って,ともすれば短絡的に株主利益や株価の最大化が自己目的化される弊に陥り,企業経営者はこの数値の向上に血眼になる傾向にある。

筆者は,決して利益の最大化を否定するものではないが,そのために,長期的な経営の視点まで見失ってはならないと強調したいのである。

何故ならば,上記の経営理念に掲げられた内容を吟味するほど,どの項目を

見ても一朝一夕に実現できる類はなく，長い年月を要し弛まぬ努力を積み重ねて初めて日の目を見るものばかりだからである。

極めて短期の業績評価と実現に長期を要する企業目的（経営理念）は相矛盾する関係にあるが，両社はこの相反する命題から逃げることなく，正面から向き合いその解を懸命に追い求めてきたのであろうか。短期での業績改善を求める余り，達成手段を選ばず，財務諸表や計測数値の改ざんに手を染めるという，あってはならない愚挙に出た姿の中には，経営理念に立脚し，長期的な視点に立って経営を進めて行く姿はどこにも見当たらないのである。

次に，③（確固とした企業ブランドを構築していること）について検証してみたい。

両社ともに，電気業界と鉄鋼業界のそれぞれにおいて日本を代表する企業ブランドを確立し，確固たる地位を築いてきた企業である。しかし，度重なる不祥事によりそのブランドは深く傷を負い，再びそのブランド価値を取り戻せるか否か，大きな岐路に立たされている現状である。

最後に，④（人材を重視し人に大きな価値を置いた経営を推進していること）について検証する。

既述したように，経営理念の実現のためには，長期的な視点に立った経営が欠かせない。そのためには，適材を適所に配することを可能にする人材のダムが不可欠である。

しかし，短期的な業績改善を図らんと株主利益や株価の最大化を自己目的化してしまった企業は，時に瞬時に効果を発揮する劇薬を必要とする。こうした場合，最も甚大な損害を被るのが人材である。人材を人件費というコストで評価した場合，リストラは人件費の大幅な削減につながり，損益計算書上の数値を一時的に改善する麻薬となる。㈱東芝においても，これまでに家電部門やパソコン部門・半導体部門などにおいて幾度となくリストラが重ねられてきた。

（株）神戸製鋼所においても，今後の業績如何によりリストラを余儀なくされる大きなリスクを抱えているのである。そこにはもはや，人材を重視し人に大きな価値を置く経営など望むべくもないのである。

当節では，近江商人の老舗企業と理念経営に徹する現代企業が併せ持つ4つの共通点を，（株）東芝と（株）神戸製鋼所の2社に照らして考察してきた。

その結果，短期的な業績改善を追い求める余り，長期的な経営視点を見失いそれが経営理念の形骸化をもたらし，ブランドの存続を危うくし，人材のリス

トラを余儀なくされるという負のスパイラルに陥っているのである。

こうした事態は，中小企業の立場から見ても決して他人事として片付けてしまってはならず，他山の石として自らの経営に照合せねばならないのである。何故なら，中小企業の多くが上記2社のような大手企業の下請としての地位に甘んじ，大手企業の余波を直接的に被る立場にあるからである。加えて大手企業が持つような経営資源に乏しい中小企業に取ってそれは時に命取りとなる。

しかし，近江商人の老舗企業と理念経営に徹する現代企業が併せ持つ4つの共通点は，そうした「負のスパイラル」を回避する妙薬になり得るのである。何故なら，4つの共通点の1つである「確固たる企業ブランドを構築すること」は大手企業の下請という立場を脱し，自らが切り拓くフィールドで勝負することを可能にする。また，中小企業の経営者が，企業不祥事を他山の石として真摯に謙虚に学ぶならば，4つの共通点のうち残る下記3点の重要性を理解し，自らの経営に反映し根付かせていかねばならないのである。

① 明確な公の目的（使命）を確立し，それに立脚した経営を実践すること。
② 短期的ではなく長期的な視点に立って経営を行うこと。
③ 人材を重視し人に大きな価値を置いた経営を推進すること。

本書第8章では「中小企業の財務戦略」，第9章では「中小企業の人事・労務戦略」が記述されているが，第8章では，金融機関が中小企業に融資する際に企業評価項目の中で，上記①に関する内容に大きな重みを置いていることを述べている。また第9章では，上記③が中小企業の持続的な成長・発展のために不可分な役割を果たしていることを明らかにしており，こうした点もぜひ参考にしていただきたいのである。

稀代の経営者・松下幸之助は，企業が発展する要因として「目に見える要因」と「目に見えない要因」を挙げた。前者は，製品・技術・生産方法・販売方法・数字（売上高・利益等）・工場・組織・制度などを含み，後者は経営者の使命感・経営理念・文化・従業員の一体感・顧客との信頼関係などを含むのであるが，幸之助は，前者に4割・後者に6割の比重を置いて経営を進めている。何故なら，前者は模倣が容易で後者は模倣が難しいことを知り，後者にこそ企業に永続的な発展をもたらす真の競争力の源泉が存在することを知り抜いていたからである。

本章のテーマである「経営理念」は，後者に含まれる極めて重要な要素であるが，本章の冒頭でも既述したように，幸之助が「経営理念」を次のように語っていることからもそれは明らかである。

一、絶対条件：経営理念を確立すること。
　　　　　──これができれば，経営は50％成功する──

不祥事を生んだ企業が陥った「負のスパイラル」（短期的な業績改善の過度な追求→長期的経営視点の喪失→経営理念の形骸化→ブランド価値の失墜→人材のリストラ）を脱却し，企業としての真の輝きを永続的に維持・発展させていくためには，多くの企業が迷走する今だからこそ，中小企業においても近江商人の老舗企業と理念経営に徹する現代企業が有する4つの共通点を経営に反映し，「黄金のスパイラル」（「経営理念」の確立→長期視点に立った経営→人材に重きを置く経営→自社ブランドの構築）を構築していく努力が求められるのである。そのためには，何より中小企業経営者の覚悟が問われる。一朝一夕に結果が出ないが故に，一層覚悟の度合いが試されるのである。

ま と め

本章は，「経営者論と経営理念」をテーマに置いて持論を展開してきた。繰り返すならば，「経営理念」とは，経営者が自らの事業に抱く目的であり，使命であり，志であった。すなわち，「経営理念」は「経営者」の内的願望そのものであり「経営理念」の達成こそが「経営者」の自己実現の姿なのである。

筆者は，「全ての成功は，心の内面から始まる」と確信し信念としている。従って，中小企業経営者の心に明確な「経営理念」が掲げられているならば，その中小企業の成功の姿は，経営者の心の中に既に存在しているのである。残すは，「経営理念」の実現に向け「黄金のスパイラル」を倦まず弛まず実践し続けることである。

1918（大正7）年にわずか3人から起業し，一代にして世界に冠たる企業を築き上げた松下幸之助は，正に「経営理念」を高く掲げ，その実現に向けて「黄金のスパイラル」を94年の生涯を掛けて実践し続けてきた経営者であった。幸之助は，ある講演会[17]で次のように語っている。

「私はよく，中小企業は弱いということを聞くのであります。しかし私は中

小企業ほど生きがいのあるものはないと思うのであります。
　自分が全身全霊を打ち込んで、それで仕事をすれば、10人なり20人の従業員は全部自分と同じようにみな活動してくれる。だから100の力を持っている人を300に使うことができる。これが中小企業の本質であります。大企業になるとそうはいきません。幸い素質のいい社員を集めても、その働きはみな70％ぐらいしか働かん。これは働かそうと思ってもそうは出来ん。組織とか何とかそういうものを作って、どうすることも出来んのです。大きな会社ほどそういう傾向になってきます。
　しかし、中小企業自身はそう思っていない。中小企業の人は、大企業の方が強くていいなとこう思うのであります。それは無理もないと思うのでありますが、私は中小企業ほど働きがいのある立場はなかろうと思うのであります。
　私が何故そう言うかというと、私も中小企業の過程を通って参りました。100人前後使っている時に、1万人も使っている同業者もありました。競争ですわ、これは。私はその時に「必ずうちは勝つ」と従業員に言いました。「何でですか」と言うから、「うちがこれをこうしようと考えたら、明日からでもすぐに製造出来るやろ。私が言うたら、きみも「よっしゃ」と言うて製造するやろ。しかし大会社は、社長がそう言うても製造するのは半年も先の話や。うちは即決でやれるやないか。それだけでもうちは勝つからきみ安心せえ」と言うたら、「そらそうですな」と言うんです。実際その通りになってきました。
　しかし、今は会社が大きくなってそうはいきません。だから、本当に人生を味わい、喜びを味わい、生きがいを味わうのは、中小企業の間にこそそれが味わえるのだと思います。それをそう思わないという人は、タイの刺身を食べていながら味を知らないという人と一緒やと私は考えるのであります」

　中小企業経営者が、幸之助のこうした思いに共感し、幸之助自らも実践してきた「黄金のスパイラル」を回す覚悟を持つならば、道は自ずと開けてくると思うのである。筆者も零細企業を経営する一人として、「黄金のスパイラル」を回し続けていくことを改めて決意し、己が目指す理念を必ず成就させることを強く願いつつ、この章を終えることとしたい。

注

1）松下政経塾佐野尚見塾長（当時）講演資料より抜粋（2006年2月26日受講）。
2）古望髙芳「第6章 商店街における小型専門店のあり方」小川雅人編著（2017）
3）賤商思想：商業（金銭）を賤しむという武士中心の価値観。
4）『矢尾二百五十年史』（1998）3～6ページ。
5）末永國紀（2004）10ページ。
6）『矢尾二百五十年史』（1998）126～128ページ。
7）『喜氣如醸』（2017）15～17ページ。
8）『喜氣如醸』（2017）23ページ。
9）塚喜商事（株）HP https://www.tsukaki.com/about/philosophy.html（2018/1/28現在）
10）塚本喜左衛門（2016）『近江商人の里の子どもたち わたしの五個荘むかし話』12～13ページ。
11）『盛和塾』9月号通巻115号（2012）72～74ページ。
12）『盛和塾』9月号通巻115号（2012）75～76ページ。
13）伊那食品工業（株）http://www.kantenpp.co.jp/corpinfo/rinen/index.html（2018/1/28現在）
14）伊那食品工業（株）HP http://www.kantenpp.co.jp/corpinfo/rinen/04.html（2018/1/28現在）
15）坂本光司（2008）80ページ。
16）坂本光司（2008）84ページ。
17）1962（昭和37）年12月6日大分県庁における中小企業特別講演会。PHP研究所（1980）31～32ページ。

参考文献

岡直三郎商店230年史編纂班（2017）『喜氣如醸』エーアイ出版。
小川雅人他（2007）『増補・現代の中小企業』創風社。
小川雅人編著（2017）『商店街機能とまちづくり――地域社会の持続ある発展に向けて――』創風社。
小池和夫（2015）『なぜ日本企業は強みを捨てるのか』日本経済新聞出版社。
坂本光司（2008）『日本でいちばん大切にしたい会社』あさ出版。
城島明彦（2016）『石田梅岩『都鄙問答』』致知出版社。
末永國紀（2004）『近江商人学入門』サンライズ出版。

盛和塾（2012）『盛和塾』9月号通巻115号。
塚本喜左衛門（2016）『近江商人の里の子どもたち わたしの五個荘むかし話』どりむ社。
どりむ社編（2016）『三方よしツカキのいまむかし』どりむ社。
PHP研究所（1980）『松下幸之助の経営百話（上巻）』。
『矢尾二百五十年史』編纂委員会（1998）『矢尾二百五十年史』。
ローレンス・E・ミッチェル（2005）『なぜ企業不祥事は起こるのか』麗澤大学出版会。

（古望　髙芳）

第4章　中小企業における経営戦略
　　　——中小企業の強みを活かした戦略——

は じ め に

　本章の目的は，経営戦略のこれまでの歴史等を踏まえ，中小企業の強みを活かしたランチェスター戦略の「弱者の戦略」とブルー・オーシャン戦略の2つの分析ツールによる中小企業の事例分析を踏まえて，中小企業における経営戦略の重要性について述べる。

　本章の構成は以下の通りである。第1節では，経営戦略の定義と歴史について述べる。経営戦略の定義は，これまで様々な学者等が定義しているが，現在においてもその問いに対する十分な合意があるわけではない。また，経営戦略の歴史は古く中国春秋時代の孫子の兵法から始まる。それが米国において経営学の一分野として扱われたのが1960年前半であり，歴史の浅い発展途上の学問であることについて述べる。第2節では，中小企業の戦略として，「ランチェスター戦略（弱者の戦略と強者の戦略）」について紹介する。一般的に弱者である中小企業が強者の大手企業と戦う場合には，ヒト，モノ，カネ，情報等の経営資源を分散させず，特定の市場や顧客に集中させることで1対1の戦いや局地戦に持ち込むことの重要性について述べる。続く第3節では，中小企業の強みである顧客との近接等を活かすことで，大手ライバル企業と差別化することに成功し，高粗利益率経営を実践している「でんかのヤマグチ」を事例として紹介する。また，前節で紹介した分析ツール「戦略キャンバス」「4つのアクション」を基にでんかのヤマグチの成功要因について探るとともに，同社の強みと経営戦略について併せて述べる。

第1節　経営戦略の定義と歴史

　今日において企業が長期的に存続し繁栄していくためには，「経営戦略」を立案し遂行する必要がある。かつては，経営戦略の必要性を認識していない企業が多かったが，1991年のバブル崩壊以降，グローバル経営がスタンダートとな

る中で，多様なステークホルダー（利害関係者）との関わりが世界中に広がったことで，経営戦略を策定することへの必要性（必然性）が高まったと言える。

1 経営戦略の定義

経営戦略の定義は，これまでに国内外の様々な学者等が以下のように定義しており，その基本的な問いに対する答えは，現在でも十分な合意があるわけではなく，具体的な見解になると見解が分かれているのが実情である。バーニー（2003）は，「戦略について書かれた本の数だけ戦略の定義は存在するといっても過言ではない」（28頁）と述べており，沼上（2009）もまた，「環境の機会と脅威に対応して，自社の強みと弱みを，時間展開の中でマッチングさせていくパターン」というような抽象的な言葉のレベルでは，強調点の相違がある程度存在するにせよ，それほど議論が分かれることはない。しかし，具体的なレベルに下りようとすると，（中略）見解が多岐に分かれていく」（3頁）と述べている。ミンツバーグは自身の著書『戦略サファリ』（1998）の中で戦略論を10学派（スクール）に分類[1]していることからも，その定義や解釈が多種多様であるということが伺える。

さて，本節では，多数の中小企業の経営者等と直接接してきた筆者のこれまでの経験を踏まえ，経営戦略を「自社を取り巻く外部環境に応じて，事業を通じて培った自社固有の強み（コア・コンピタンス）[2]を生かせる市場の中で積極的に発揮し，中長期的に競争優位を維持していくこと」と定義[3]する。

松尾芭蕉の『奥の細道』の旅の中で残したとされる思想を「不易流行」と言う。「不易」とは時代や環境の変化によって変えてはならないことであり，「流行」とは時代や環境の変化によって変えていかなければならないことである。企業経営にとって，時代や環境の変化によって変えてはならない「不易」とは，まさに経営の主軸となる「経営理念」や「ビジョン」である。その主軸を基に時代や環境の変化によって変えていかなければならない「流行」とはまさに「戦略」や「戦術」であり，外部環境の変化に応じて柔軟に適応していく必要がある。

経営戦略の定義
- 「環境適応のパターン（企業と環境のかかわり方）を将来志向的に示す構想であり，企業内の人々の意思決定の指針となるもの」（石井他，1996，6頁）
- 「市場の中の組織としての活動の長期的な基本設計図」（伊丹，2003，2頁）

・「自分が将来達成したいと思っている「あるべき姿」を描き，その「あるべき姿」を達成するために自分の持っている経営資源（能力）と自分が適応すべき経営環境（周りの）環境とを関係付けた地図と計画（シナリオ）のようなもの」（沼上，2008，3頁）
・「企業の基本的な長期目標・目的の決定，とるべき行動方向の採択，これらの目標遂行に必要な資源の配分」（チャンドラー，1962，29頁）
・「〈何をやり，何をやらないのか〉を選択すること」（ポーター，1996）
・「戦略とは，組織全体の目標に向かってそのメンバーの活動を整合化させるプラン（シナリオ）である」（アンゾフ，1965）
・「いかに競争に成功するか，ということに関して一企業が持つ理論」（バーニー，2003，28頁）

2　経営戦略の歴史

　さて，経営戦略の起源は，古く紀元前500年頃に中国春秋時代の軍事思想家である孫武等がまとめた全13編からなる兵法書『孫子』[4]と言われており，それ以前までは戦の勝敗はいわゆる天運に左右されるという考え方が強かった。また，戦略の語源とは，もともとギリシャ語の「将軍（strategos）」に由来する軍事用語であり，戦を勝利に導くための計画や方策であったと言われている。その後1900年頃に"経営学の父"テイラーの「科学的管理法」や，ファヨールの「管理過程論」によって経営学が誕生した。1960年前半に戦略という概念を初めて経営学の分野に持ち込み，経営戦略論の誕生に大きく貢献したのが経営学者のチャンドラー[5]である[6]。このように，経営学は，100年程度の歴史しか持たない学問であり，特に経営戦略論は1960年代に入ってから誕生した学問であることから，現在においても発展途上の学問であると言える。また，経営戦略は「きわめて実践志向の強い研究領域」（沼上，2009，1頁）であるとともに，「学問的な関心に先立ってスタートしたというよりも，実務的・社会的重要性から生まれた研究分野」（沼上，2009，1頁）であるため，その黎明期は，経営計画に直接携わってきた経営コンサルタント等が経営戦略論の発展に重要な役割を果たしている。例えば，ロッキード社の経営計画の策定に携わったアンゾフ，ボストン・コンサルティング・グループ（BCG），ゼネラル・エレクトリック（GE）社といった巨大企業本社の経営企画スタッフ等が，経営戦略論の発展に大きく貢献している。

第2節　中小企業における経営戦略

1　ランチェスター戦略（弱者の戦略と強者の戦略）

　中小企業は，大企業に比べて経営資源（ヒト，モノ，カネ，情報）に差があるのが一般的である。しかしながら，そういった不平等な状況の中で競争しなければならないのが現実であり，また巷で多く出回っている書籍においても，主に大手企業を対象とした戦略について書かれていることが多く，それをそのまま中小企業が真似をしても効果的な戦略を実行することは困難である。
　そこで，本節では，戦力で勝る強者[7]と戦力で劣る弱者とでそれぞれ区別し，強者に対する弱者が取るべき戦略「ランチェスター戦略」について紹介する。
　ランチェスター戦略とは，1916年の第1次大戦中に英国のフレデリック・ウイリアム・ランチェスター（Frederick W. Lanchester）が武器と兵力数が，戦闘力と敵に与えるダメージの量を決定づけるという2つの法則を発見したことに始まる。現在ではこの法則は軍事的な作戦だけではなく，広くビジネスにおける経営戦略としても応用[8]されている。例えば，エイチ・アイ・エスの創業者の澤田秀雄氏や，ソフトバンク創業者の孫正義氏も創業当初この戦略を実行することで，競争の激しいそれぞれの市場の中で会社を大きく発展させている。エイチ・アイ・エスの澤田氏は，創業当初大手は，幅広い客層に様々な商品を提供しており，それは「強者の戦略」と分かっていたため，自社の商品を海外格安航空券に，客層を学生や個人旅行客に絞ることで，海外旅行分野で一番になることに集中した。また，ソフトバンクの孫正義氏も創業当初は，大手企業の多くが軽視する程の市場規模が小さかったパソコン向けソフトの卸売業のみに集中させることで卸売りシェアを8割にも達成させている。ランチェスターが導き出したこの2つの法則を簡略化して述べると，以下の通りである。
　まず，第1法則とは，1対1で戦う一騎討ち戦，狭い範囲で戦う局地戦，敵に近づいて戦うといった接近戦の場合は，「戦闘力＝武器効率[9]×兵力数」，すなわち，同じ兵力数なら武器効率の高いほうが勝利し，同じ武器効率なら兵力数の多いほうが勝利するということである。すなわち，敵に勝利するには敵を上回る武器か，兵力数を用意すれば良いということである。これを一騎打ちの第1法則という。

次に，第2法則とは，集団が同時に複数の敵に攻撃をすることのできる近代兵器（確率兵器という）を使って戦う戦闘方法を確率戦という。この法則が適用される戦闘は確率戦であり，広範囲での広域戦や，敵と離れて戦う様な遠隔戦の場合では，「戦闘力＝武器効率×兵力数の2乗」であり，第1法則と違う点は兵力数が2乗となる点である。すなわち，兵力が多いほうが圧倒的に有利であり，兵力の少ない軍は第2法則が適用する戦いでは勝つことは極めて困難であることが言える。これを確率戦闘の第2法則という。これら2つの法則から言えることは，中小企業（弱者）が大手企業（強者）と戦う場合には，その両社には経営資源（兵力）に差があるため，中小企業は第1法則を利用したほうが良いということである。すなわち，ヒト，モノ，カネ，情報といった経営資源を分散させず，自らが得意とする市場や顧客に経営資源を集中させることで1対1の戦いに持ち込むことが重要である。かつての澤田氏や孫氏が取った戦略の様に市場や客層等を絞り込むことで，特定の領域での戦いに持ち込む方が有利ということである。一方で，大手企業（業界シェア1位企業）が中小企業（業界シェア2位以下の企業）と戦う場合には，第2法則を適用することが有利であり，1対多の戦闘に持ち込むことで，自らに有利な状況を作り出すことができる。すなわち，多様な人たちが利用できるような製品やサービスを幅広く展開し，競合他社の追随を許さないようないわゆる「模倣戦略」を取ることが有効と考えられる（図表4－1）。

　ここで，かつてソフトバンクが携帯電話キャリア事業に新規参入した際に，既に業界トップに君臨していたNTTドコモを相手に挑んだ際の「低価格戦略」について紹介する。

図表4－1　弱者の戦略と強者の戦略の違い

弱者の戦略 （業界や地域等でシェア2位以下の企業）	強者の戦略 （業界や地域等でシェア1位の企業）
ニッチ市場	大きな市場規模
ライバルの少ない特定の市場や地域等	幅広い製品や商品・地域等
最終顧客との接近	様々な媒体による広告宣伝を行う
差別化，一点集中	シェア2位以下の企業を模倣

出所：栢野（2016）52～57頁を基に筆者が一部加筆修正。

ソフトバンクは，携帯電話事業に参入する際に，強者であるNTTドコモに対抗するためマーケティングとして，モバイル事業では他社にはない「低価格」を武器に，参入後に「通話0円，メール0円」「端末全機種0円」と訴求する広告を新聞等で展開した。それにより，消費者やユーザーに対してソフトバンクは「低価格」というブランドイメージを植え付けることに成功した。その後，学生向けサービスの強化やiPhoneを他社に先駆けて導入することで，ライバル企業との差別化を図っていった。それにより，2014年にはNTTドコモを抜き国内携帯電話市場で首位に躍り出た。

次に「ブルー・オーシャン戦略」を事例を踏まえながら，上述した中小企業が取るべき「弱者の戦略」を実現するために役立つと考えられる，同戦略の分析ツール「戦略キャンバス」「4つのアクション」について紹介する。

2　ブルー・オーシャン戦略

ブルー・オーシャン戦略とは，熾烈な競争の中で血で血を洗う既存市場（レッド・オーシャン）での競争から抜け出し，まだ競争自体のない未開拓市場（ブルー・オーシャン）を切り開くための戦略であり，フランスのINSEAD（欧州経営大学院）教授のW・チャン・キムとレネ・モボルニュによって提唱された。マイケル・ポーターの競争戦略では，企業が成功するためには低価格（コストリーダーシップ）戦略か差別化（高付加価値）戦略のいずれかを選択する必要（トレー

図表4－2　バリュー・イノベーション：ブルー・オーシャン戦略の土台

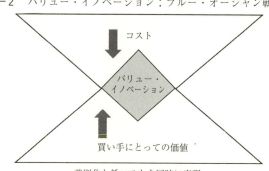

出所：W・チャン・キム（2015）62頁から引用。

ドオフの関係）があるとされているが，低コストかつ高付加価値を実現すること（バリュー・イノベーション）ができるのが，ブルー・オーシャン戦略の特長である（図表4—2）。

日本においても既存の枠組みや常識を変え，ブルー・オーシャンを切り開いた企業を以下に一部紹介する（W・チャン・キム（2015））。

（1）スタディサプリ（旧受験サプリ）（リクルートマーケティングパートナーズ）

リクルートマーケティングパートナーズが運営しているスタディサプリ（旧受験サプリ）は，大手予備校でトップクラスの人気講師の授業を月額980円の低価格かつ見放題というサービスを提供し，高校生向けサービスの有料会員数が23.7万人[10]までに成長している。受験勉強は予備校の教室で講師から直接学ぶものという従来の常識を覆すとともに，これまで家庭の経済的な事情や地理的な条件で予備校に通えなかった受験生を取り込むことに成功している。

（2）俺のイタリアン（俺の株式会社）

俺のイタリアンやフレンチ等の飲食店を経営する俺の株式会社は，一流の料理人による一流の食材を使った料理を，低価格で提供している。食材の原価率は，60％を超える一方で，立食スタイルで客の回転率を高めることで，圧倒的な低価格を実現している。それにより一流の料理人による一流の料理を低価格で気軽に食べられることもあり，様々な客層を取り込むことに成功している。

（3）ライフネット生命保険

ライフネット生命保険は，外交員による営業活動が当たり前という生保業界において，販売チャネルをインターネットのみに絞り込むことでネット生保という新たな市場を切り開いた。営業費用（人件費）がかからないため，保険料を低価格にでき保険に未加入であった若年夫婦等の需要を掘り起こしている。

以上の事例以外にも，日本の理髪業界においてブルー・オーシャン市場を創造した「QBハウス」を以下に事例として取り上げ，「戦略キャンバス」と「4つのアクション」の2つの分析ツールに基づいて分析する。

① 分析ツール1：戦略キャンバス

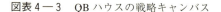

図表4－3　QBハウスの戦略キャンバス

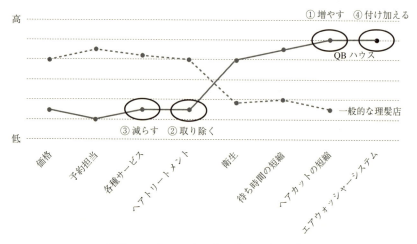

出所：W・チャン・キム（2015）128頁から引用。

　戦略キャンバスとは，横軸に既存の業界内の競合他社が重要視する商品やサービス等の要素を並べ，一方の縦軸に買い手（顧客）にとっての価値（メリット）の大小を示している。戦略キャンバス上に，それら数字化した各要因を線で結ぶことで，既存業界における競合の戦略の特徴を示す曲線が描かれる。これを「価値曲線」と言い，差別化のポイントを明確に示す（視覚化する）ことができる。すなわち，戦略キャンバスを描くことで，ブルー・オーシャン戦略のコンセプトを明確に示すことができる。

　例えば，2016年現在で515店舗を国内で展開し，約1,600万人が利用しているQBハウス（図表4－3，実線）は，従来の一般的な理髪店（図表4－3，点線）では約1時間かかっていたヘアカットを10分へと短縮（① 増やす）し，低価格なサービスを実現している。担当者の予約，顔剃り，洗髪やヘアトリートメント等をやめて（② 取り除く），マッサージやお茶といった感性志向の各種サービスを思い切って減らし（③ 減らす），そのかわりにエアウォッシャーシステムで切った髪を吸い取る方式を取っている（④ 付け加える）。

　② 分析ツール2：4つのアクション

図表4―4　4つのアクション

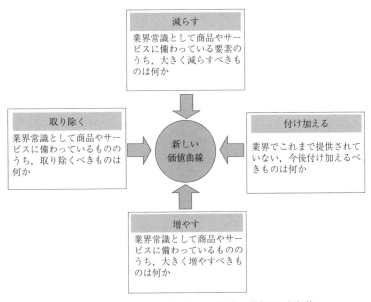

出所：W・チャン・キム（2015）78頁を基に筆者が一部加筆。

　差別化と低コストを同時に満たす（バリュー・イノベーション）ために自社が属する業界に対して，何かを「取り除く」「減らす」「増やす」「付け加える」の4つのアクションを行ってみることである。業界のこれまで当たり前と思われてきたような常識や慣習等を疑うことで，新たな価値曲線を創造することができる。

　これら4つのアクションの中で，特に重要なものは「取り除く」と「付け加える」であり，戦略キャンバスの価値曲線に特徴づけるのに役立つ（図表4―4）。

　ただし，この4つのアクションの課題は，顧客に提供する要素として（戦略キャンバスにおける横軸上に）どういった要素を「付け加える」べきかである。

　経験豊富で優秀な人材が揃う大手企業のマーケッターであれば何ら問題はないが，これを中小企業がそのまま応用するにはややハードルが高い。

　そこで，先ほど紹介した中小企業（弱者の戦略）の強みを改めて見ると，顧客との距離が近い（近接）という特徴がある。すなわち，企業と顧客との距離

が近い（近接）という強みを活かすことで，顧客の真の課題や不満を観察できる。顧客が購入した商品やサービスを使って既に課題や不満を解決できているのであれば，そこには新たな市場は生まれない。しかしながら，そこで顧客が何らかの不満を抱いているのであれば，大手企業には気がつかない（あるいは気づいてもあえて入らない・入れない）新たな市場が創り出される可能性がある。

　この有効性を初めて指摘したのが，現ハーバード・ビジネス・スクール教授のクリステンセンである。彼は初の著書『イノベーションのジレンマ』において，「過剰満足」について指摘している。企業がある商品やサービスを提供し成功した場合，その機能を主に強化することで業界内での地位やシェアを安定化しようとする。その一方で，ライバル企業も同様に商品やサービスの開発に注力し互いに競争が続いていく。当初は顧客も商品やサービスの機能向上によって顧客の課題解決が容易になることから，この商品開発を歓迎する。しかしながら，機能がある一定程度まで向上してしまうと，顧客はそれ以上の機能向上には興味を示さなくなるが，企業はライバル企業に市場シェアを奪われることをおそれ，その競争を止めることができなくなってしまう，いわゆるチキンレースと化してしまう。ここに顧客の期待以上の過剰な機能が提供され続けてしまう現象が生じてしまい「過剰満足」といった問題が生じる。例えば，テレビやパソコンといった電化製品は様々（時に高度）な機能を付け加えることで，それを本来必要としていない顧客にも余分なコストを払わせ不満が生じる。その不満を注意深く観察し解消することで，ブルー・オーシャン市場の可能性が開けてくる。それを実現した企業として，専門知識のない元ミュージシャンの創業者がたった1人でゼロからスタートし，競争の激しい家電業界の中でブルー・オーシャン市場の開拓に成功したバルミューダを紹介する。大手家電メーカーにとっては陳腐化してしまった製品を次々とヒットを飛ばしているバルミューダであるが，その存在を知られるきっかけとなったのが，2010年に発売し，その後DCモーター型の高級扇風機の先駆けとなった「GreenFan」である。扇風機では3,000〜5,000円が一般的な価格帯の中で，心地よい風を送り出す高級扇風機としてその約10倍の35,000円であったため，当初は誰もが売れると思っていなかった。当初6,000台の販売台数を目標としていたが，結果的にその2倍の12,000台も販売された。その大ヒットの成功の裏には，大手家電メーカーが様々な機能を中心に争う一方で，それ以外の顧客が使いやすいシンプルな操作性やスタイリッシュなデザイン等に着目し，それを使うことの楽しさを提供した（付け加えた）

ことである。その後販売する炊飯器やトースターといった製品も同様に機能以外の点に着目し，大手家電メーカーとの差別化に成功している。

第3節　中小企業における経営戦略の事例

　本節では，第1節で筆者が定義した経営戦略を踏まえるとともに，中小企業（弱者）の強みを活かすことで，競争の激しい家電小売業界の中で大手家電量販店（強者）と差別化することに成功し，高い粗利益率経営を実践している企業の事例について紹介する。また，前節で紹介した分析ツール「戦略キャンバス」「4つのアクション」を基にその成功要因を探る。

1　事例紹介

　東京都町田市にある街の家電店「でんかのヤマグチ」（以下，ヤマグチ）について紹介する。東京のベットタウンである町田市は，ヤマダ電機やヨドバシカメラ等の大手家電量販店の激戦地である。その激戦地の中で，家電量販店に比べて品揃えや価格も劣る街の家電店のヤマグチは，粗利率が40％と業界平均の25％を大きく超えている。また，近隣の高齢者世帯の間では「遠くの家族よりも，近くのヤマグチ」との評判も立ち，2012年度には，経済産業省の「おもてなし経営企業」にも選ばれている。

　ヤマグチは，現在の社長で創業者でもある山口勉氏（以下，山口氏）が，1964年に開催した東京オリンピックの翌年に松下通信工業を脱サラして始めた。高度成長期の波に乗り順調に業績を拡大し，1996年のピーク時には売上げは約16億円に達していた。しかしその後，町田市周辺には，ヤマダ電機，コジマ，ヨドバシカメラ等の大手家電量販店が徐々に進出し，熾烈な価格競争に巻き込まれ徐々に売上げが減っていった。大手家電量販店と同じ土俵(安売り競争)で戦ってしまっては，価格や品揃えの劣る街の家電店は潰れてしまうと山口氏が思い，新たに決断したのは，大手家電量販店のような安売りではなく，その逆の「高売り」をすることだった。それは単に商品価格を高くするという事ではなく，いかにして粗利益率を上げるかということを考えた。そこで粗利を業界平均の25％から35％に高めると社員に伝え，社員の評価や給与も一人一人が売った商品の粗利で査定することにした。そのために，社員の電卓の「5」と「6」にマジックで印をつけ，お客に最終的な価格を提示する場合に，仕入ネッ

トを「65％」で割るように指示した．その結果，ピーク時の1996年には16億円の売上げで粗利率が25.6％から，現在では売上げが10億円弱でピーク時から6億円以上減っているものの，粗利率は40％と改善したことで粗利はほとんど減っていない．このために取った秘策は，思い切った「顧客削減」である．すなわち，高売りでも応じてくれる顧客だけを対象とした．ヤマグチはこれまで店売りの他に年配の顧客を中心にじっくりと時間をかけて説明し，必要とされる商品やサービスを提供するというきめ細かいサービス，いわゆる「御用聞き」を提供し続けてきた[11]．粗利を更に高めようとすると，これまで以上のきめ細かいサービス（御用聞き）が必要になるため，最近の購買履歴や，買上げ金額の多寡に基づいて顧客リストを改めて選別し，同社が対象とする顧客を約30,000世帯から約13,000世帯にまで思い切って削減した．具体的には，直近5年間の累計購買額を基に，100万円以上の顧客をAグループ，30万円以上100万円未満をBグループ，30万円未満をCグループとし，また，1年未満に購入した顧客を1, 1年以上3年未満を2, 3年以上5年以内は3と設定した．この9つの分類に基づいて同社が提供するサービスのレベルを決定し，例えば，「A―1」「B―1」のグループへの訪問は月1回，DM手配り配布月1回，「A―2」「B―2」「C―1」には2ヵ月に1回，DM手配り配布2ヵ月に1回といった様にサービスレベルに差をつけた．その中でもヤマグチが特に重視しているのが，「A―1」の顧客層であり，顧客全体の約2割を占めており，同社の高粗利益経営を支えている．一般的に地域の家電店では1～2年の短期間での購買履歴で顧客をランク付けするが，ヤマグチでは5年という長い期間で顧客をランク付けすることで潜在能力の高い顧客もカバーすることにしている．顧客ランクをきめ細かく分類することで，営業する社員が優先順位をつけて顧客訪問できるため，顧客満足度の高いサービスを提供することが可能になる．また，購入金額や購入時期が低い顧客を高い顧客へと「アップグレード」させるための手法にもなっている．

　ヤマグチは37年前から店舗で毎週末に「北海道じゃがいもまつり」や「さんままつり」等のイベントを開催し，来場者に無料で提供している．その主な狙いは，顧客や地域との密接なきずなづくりである．それ以外にも，「両替OK」「駐車場の開放」「誰でもトイレサービス」「店内のコーヒーサービス」「雨の日の傘貸出し」等の顧客が喜ぶサービスを提供している．

　一方で，修理サービスについては，「ミスターコンセント」という修理サービ

ス専門会社[12]のFCに加盟し、そこで対応を行っている。その理由は、かつてヤマグチでもサービス履歴を管理し、それを販促に生かそうとしたものの直接的な売上げ増には結びつかなかったためである。

現在でも山口氏は、平日は外出することが多いため、来店客の多い週末を中心に店頭に立ち、顧客が気持ちよく買い物ができているかを確認したり、挨拶しながら困り事がないかをさり気なく聞き出している。それは言い換えれば、顧客の気持ちを先回りし、「かゆくなる前にかいてあげる」気配りの力や感性を日々磨いているのである。

2 事例分析

以上を踏まえて、第2節で紹介したブルー・オーシャン戦略の分析ツール「戦略キャンバス」「4つのアクション」を基にヤマグチの成功要因を探り、同社の強みを分析するとともに、同社の経営戦略について述べる。

ヤマグチ（図表4―5、実線）は、大手家電量販店（図表4―5、点線）と比べて扱っている商品の価格は高い。修理サービスは自社では行わず（①取り除く）、修理サービス専門会社ミスターコンセントで対応を行っている。大手家

図表4―5　ヤマグチの戦略キャンバス

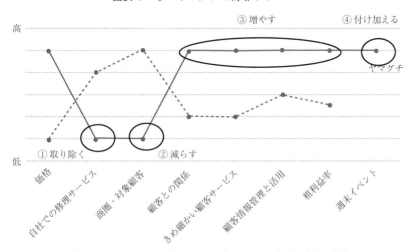

出所：W・チャン・キム（2015）の戦略キャンバスを基に筆者が作成。

電量販店は，駅前や幹線道路に隣接し，様々な年代の顧客を相手にする一方で，同社の商圏は町田市内及び隣接する相模原市の一部の在住者であり，かつその対象顧客は価格が高くても納得して買ってくれる年配の顧客とその親族等である（② 減らす）。一方で，自宅を何度も訪問してじっくり時間をかけて説明するきめ細かい顧客サービスを提供するとともに，それを実現するために購買履歴と購買金額に基づいて顧客をランク付けし，サービスレベルに差をつけることで，顧客と密接な関係強化にもつながっている。その結果，約40％もの高い粗利益率を実現している（以上，③ 増やす）。週末には，「北海道じゃがいもまつり」や「さんままつり」等のイベントを開催（④ 付け加える）し，顧客や地域との強いきずなづくりにもつなげている。

3　ヤマグチの強みと経営戦略

ヤマグチの強みは，弱者の強みと一致する特徴が多い。

その1つ目の特徴は，「局地戦」である。先に述べた様に大手家電量販店が狙う様な様々な年代の顧客ではなく，町田市内及び相模原市の一部の在住者である。2つ目の特徴として，「一点集中」である。ヤマグチの主なターゲットは，高売りでもじっくり時間をかけて納得すれば買ってくれる高齢者とその親族等である。3つめの特徴は，「最終顧客との接近」である。ヤマグチは創業以来顧客にきめ細かい「御用聞きサービス」を実施している。直接自宅を訪問し，じっくり時間をかけて説明し納得してもらった後に商品を購入してもらい，購入後も使用方法が分からなくなってしまった場合には何度も伺って説明する等の顧客フォローも行っている。また，毎週末に「北海道じゃがいもまつり」等，各

図表4－6　マグチと大手家電量販店の違い

	ヤマグチ	大手家電量販店
商圏	町田市及び相模原市の一部	広域
対象顧客	高齢者及びその親族	幅広い年齢層
顧客対応	御用聞きサービス，週末イベント	－
顧客との関係	深い	浅い
粗利益率	高	低（中）

出所：筆者作成。

種イベントを長年開催し，顧客や地域の人たちに無料で提供することで大変喜ばれている（図表4－6）。

また，ヤマグチの経営戦略を整理すると，「町田市及び相模原市の高齢者とその親族を主なターゲットに，創業以来蓄積してきた顧客情報とそれを基にしたきめ細かい『御用聞き』サービス（コア・コンピタンス）を通じて競合他社（大手家電量販店）と差別化することで，中長期的な競争優位を実現」と言うことができる。

おわりに

本章では経営戦略の定義と歴史から始まり，中小企業は，長年蓄積した自社の強みを発揮できる市場と顧客を見つけ，経営資源（ヒト，モノ，カネ，情報等）をその1点に集中することの重要性と，その経営資源を有効に活用するために，ブルー・オーシャン戦略の「戦略キャンバス」「4つのアクション」の活用とその有効性について述べた。

今回は紙幅の関係から小売業のヤマグチのみを事例として取り上げ，中小企業（弱者）の強みを分析・検証するとともに，同社の経営戦略についても述べたところであるが，今後製造業等の他業種についても事例として取り上げ，その有効性を分析・検証していきたいと考える。

注

1）経営戦略を，①デザイン・スクール，②プランニング・スクール，③ポジショニング・スクール，④アントレプレナー・スクール，⑤コグニティブ・スクール，⑥ラーニング・スクール，⑦パワー・スクール，⑧カルチャー・スクール，⑨エンバイロメント・スクール，⑩コンフィギュレーション・スクールの10学派（スクール）に分類。なお，詳細は著書を参照
2）コア・コンピタンスとは，「顧客に対して，他社にはまねのできない自社ならではの価値を提供する，企業の中核的な力」である。例えば，ホンダのエンジン技術，ソニーの小型化技術，シャープの液晶技術などが挙げられる。
3）本定義と次節を踏まえて，第3節の中小企業における経営戦略の事例について述べる。
4）謀攻編の「彼を知りて己を知れば，百戦して殆うからず」は有名な故事である。

5) チャンドラーは，1962年に著書『組織は戦略に従う（Strategy and Structure）』の中で，デュポン，ゼネラルモーター（GM），シュージャージー・スタンダード（現エクソン・モービル），シアーズ・ローバックの4社の歴史を中心に，米国大企業の約70社の歴史を分析し，企業の戦略と組織形態との関連を調査。
6) 「戦略経営の父（The Father of Strategic Management」と称される，アンゾフもチャンドラーと同じく経営戦略論に貢献した一人と言われている。
7) マーケットシェア1位の企業
8) ランチェスター戦略の創設者である田岡信夫（1927～1984）は，ランチェスター理論を応用し，販売戦略として体系化したマーケティング・コンサルタントである。その革新的な販売戦略は，松下電器（現パナソニック），花王石鹸（現花王），イトーヨーカ堂，大塚製薬をはじめ，数多くの企業で絶大な成果をあげている（日本経営合理化協会 http://www.jmca.jp/prod/teacher/1670. 終閲覧日：2017年12月20日）。
9) 敵味方の武器性能を比率化したもの。
10) 2017年3月期現在。
11) 同社経営理念には，「ヤマグチは当店を利用していただく大切なお客様のためにある」とあり，また，それを実現するためのモットーには，①「お客様に呼ばれたらすぐトンデ行くこと」，②「お客様のかゆいところに手が届くこと」，③「お客様に喜んでもらうこと」，④「お客様によい商品で満足してもらうこと」とある。また，顔見知りのお客に対しては，病院の付き添いや，録画代行，留守番，犬の散歩や庭の植物の水やり等の「裏サービス」も行っている。
12) 家電量販店の「株式会社サンキューグループ」の新事業として96年4月に独立した家電とパソコンの修理サービス専門会社。

参考文献

石井淳三・加護野忠雄・奥村昭博・野中郁次郎（1996）『経営戦略論（新版）』有斐閣。
伊丹敬之（2003）『経営戦略の論理（第3版）』日本経済新聞社。
伊丹敬之・加護野忠男（2003）『ゼミナール経営学入門（第3版）』日本経済新聞社。
柏野克己（2016）『小さな会社の稼ぐ技術竹田式ランチェスター経営「弱者の戦略」の徹底活用法』日経BP社。
月刊『技術営業』編集部（2008）『ヤマダ電機に負けない「弱者の戦い方」』株式会社リック。
鈴木博毅（2014）『古代から現代まで2時間で学ぶ戦略の教室生き抜くための勝利の全法則』ダイヤモンド社。
沼上幹（2008）『わかりやすいマーケティング戦略（新版）』有斐閣アルマ。
沼上幹（2009）『経営戦略の思考法時間展開・相互作用・ダイナミクス』日本経済新聞

出版社。

Barney, J. B.（2002）"Gaining and Sustaining Competitive Advantage, Second Edition", PRENTIC HALL, INC（邦訳：ジェイ・バーニー（2003）『企業戦略論——競争優位の構築と持続——』岡田正大訳，ダイヤモンド社）.

Mintzberg, H, Ahlstrand, B. W. & Lampel, J.（1998）. Strategy safari: A guided tour through the wilds of strategic management. New York, Free Press（邦訳：ヘンリー・ミンツバーグ，ブルース・アルストランド，ジョセフ・ランペル（1999）『戦略サファリ——戦略マネジメント・ガイドブック』齋藤嘉則監訳，木村充，奥澤朋美，山口あけも訳．東洋経済新報社）.

（三浦　達）

第5章　中小卸売業の業態化戦略
——中小卸売業の卸機能の現状と経営展開に向けて——

は じ め に

　経済活動の生産・流通・消費の各段階の中で，流通を担うのが商業である。商業の役割とは，高度な社会的分業が進んだことで生産と消費の間に生まれた懸隔を架橋することである。商業の主な担い手は卸売業と小売業であり，この懸隔を架橋することが卸売業の本質的な役割である。

　卸売業は流通機構の中で，生産者と小売業者の中間で活動する。かつて日本の流通機構の中で卸売業が生産段階・消費段階に対して大きな影響力を持ち，流通を牽引していた。そんな時代があったことが伺える慣用句として「そうは問屋が卸さない」といった言葉が残っている。それだけ卸売業者が小売業者に対して交渉力，存在力を高く保っていた時代があった証左である。しかし現在，日本の卸売業を取り巻く状況は大きく変化している。

　卸売業界は，メーカー主導型や流通業主導型の垂直的流通システムに対応した卸売業者による上位集中化が進んでいる。上位に位置する卸売業者は，EOS[1]やEDI[2]といった企業間で情報共有を図るためのシステムや大手小売業者が保有するPOSシステム[3]と情報共有を図ることで情報武装化し，品揃え管理・在庫管理に役立てることで，業務の効率化を実現している。さらに，小売業者の品揃えの要求に対応できるフルラインの品揃え形成を実現するために，従来の業種の垣根を越えた統合や系列化を図り，規模の拡大と品揃え強化を行っている。このような情報武装化とフルライン対応した総合卸売業者は，ごく一部に限られる。一方，多くの中小卸売業者は，取扱う商品の品種が限定された卸売業者であり，従業員数も上位層の総合卸売業者からみればごく少数の人数で運営を行っている。また，中小規模の卸売業者の顧客は，中小小売業者が中心である。1990年代以降の流通構造変化の中で，中小小売業者が減少していったことで，中小卸売業者は顧客を失い，経営状況が悪化していくケースが多い。本章では，こうした苦境に立たされている小規模な卸売業者が経営を継続していくために必要な戦略について考察していく。

本章で扱う卸売業とは，卸売業者や小売業者，飲食店等の事業者に対して，商品の販売を行う業者である。一般に，卸売が行う取引1回の販売量は小売りと比較して大きくなるが，本章では取引量の大小は基本的要件としない。また，本章第3節で触れる酒類業界において，飲食店に対する酒類の販売は酒類販売小売免許を持って行われるが，本章においては，飲食店等に対する販売は卸売業として捉えている。このように，本章では，日本標準産業分類上の卸売業者ではなく，その取引相手に着目して卸売業を捉えている。

近年，流通懸隔を架橋するための新たな取組みを実践することで，厳しい競争環境に適応する中小卸売業者が現れた。その取組みは，卸売機能の中で自社が得意とし，流通懸隔の架橋に強く寄与できる機能に特化していくことで実現される。自社が特化する卸売機能を取捨選択した結果，厳密な意味での卸売業者とは呼べない業態を取ることもある。

本章の構成は次の通りである。第1節では，卸売業を取り巻く現在の状況について整理を行う。また，個別の論点として情報化と物流業者による機能代替について確認する。第2節では，卸売業の本質的な役割について考察し，卸売業者が果たすべき役割と機能の整理を行う。第3節では，中小規模の卸売業者が，生き残るための方向性について考察する。また，中小卸売業者が機能特化を行い業態化することによって，環境適応を果たした事例をまとめた。

小規模でありながらも自社の強みに特化していくことで業態化した卸売事業者の事例を示すことによって，より多くの中小卸売業者で実際に活動している経営者や実務家，中小企業診断士を目指す方々の参考としていただければ幸いである。

第1節　卸売業の状況と課題

1　日本の流通機構の変化

日本の流通機構は，高度成長期以前は未発達であった。小規模な生産者と小規模な小売業者の中間で流通を担う卸売業者に求められる役割は多く，流通機構を牽引する役割を担っていた。高度経済成長期を迎えると，大規模生産者が出現し，流通の系列化が進められた。しかし卸売業者にとっての顧客である小売業の増加や消費市場の拡大が続いたため，卸売業者はその恩恵を受けること

ができた。

　1989年から1990年にかけて開かれた日米構造協議における合意は日本の流通に大きな転換をもたらした。それ以前の日本の流通構造は，流通系列化や取引慣行によって，現在と比較すると価格低下圧力は少ない状況であり，小売業者も卸売業者もマージンを確保することができていた。しかし，日米構造協議においてアメリカは，日本市場の閉鎖性や取引慣行といった諸制度が非関税障壁となっていることを指摘し，その改善を求めた。また，1989年には，『90年代の流通ビジョン（産業構造審議会・中小企業政策審議会合同会議中間報告）』において，大店法規制緩和の方針が示され，以降徐々に規制緩和がなされていった。その結果，中小小売業者は1990年以降，事業所数の減少傾向が続いた。顧客となる小売業者の減少に伴い，卸売業者も減少していった。

　第3節において事例にあげる酒類業界もまた規制緩和の対象となった。具体的には酒類小売免許は，人口基準並びに距離基準からなる需給調整要件が廃止となり，原則自由な競争が行われることになった。酒類小売免許は，1事業所毎に取得されるものである。コンビニエンスストア等業態化した小売業者の出現によって，酒類小売免許を取得している事業所は増加している。一方で，以前より酒店経営を行っていた業種小売業者にとっては厳しい競争環境となっている。

　規制緩和に伴う流通構造の変化により，中小小売業は厳しい競争環境を受けて，商店数を減らしていくこととなった。2016年度版中小企業白書によると，小売業の事業所数は1991年には159.1万店だったが，以降一貫して減少を続け，2014年には77.5万店にまでその数を減少させている。顧客である小売業者の減少が続く卸売業者の事業所数は，1991年には47.6万店であったが，2014年には26.3万店に減少している。卸売業は，99％以上が従業員数100名未満の中小規模の事業者によって構成されていることを鑑みると，閉鎖されたほとんどの卸売業者が中小規模の卸売業者であったことが窺える。一方，大手卸売業者は，情報武装化や物流センターに対する設備投資をいち早く進めて効率化を図り，流通構造変化に対応してきた。さらに，地方卸の買収や統合を行うことで，全国にネットワークを持つ卸売業者としてその影響力を強めた。

　現在の卸売業者の競争環境は，同業者間での競争にはとどまらない。西村は卸売流通段階の競争を，卸売段階での水平的競争，卸売流通機能の奪い合いと生産段階・小売段階との流通チャネル上の垂直的競争，製造業者や小売業者と

の組織化によるチャネル・システム間の競争の3段階がある[4]、と指摘している。水平的競争とは，主に大規模小売業への対応を図り，取扱い商品の拡大によるフルライン化と全国的なニーズをも対象にした総合卸売業者への転換を図る競争と言える。垂直的競争とは，サード・パーティー・ロジスティクス（以下3PL）等の卸売機能を代替する事業者との競争や製造業・小売業による卸売段階の内部化との競争を指す。チャネル・システム間の競争とは，流通経路において，製造業者をチャネルリーダーとしたサプライ・チェーン・マネジメント（以下，SCM）や小売業者をチャネルリーダーとしたデマンド・チェーン・マネジメント（以下，DCM）への対応とチェーン間での競争だと言える。

このように，卸売業の経営環境は，流通構造の変化の狭間で大きく変化している。

2 情報化の進展

情報化の進展は，メーカー主導によるSCM並びに小売業主導のDCMを有効に機能させるために対応が求められる。SCMはEDIシステムやEOSシステムを利用して，企業間の受発注情報，在庫情報や配送に関する情報まで同一チェーン上の企業・部門間で共有することで，原材料調達から消費者のもとへ商品を届けるまでのリードタイムの短縮と在庫量の削減を行うことを目的とする。つまり，自社が既に参加している又は参加を希望しているSCMのシステムに対応していなければ，取引に参加できないことを意味する。

DCMは，POSシステム等を使った小売段階で収集される消費者の情報をチェーンで共有し，正確な需要予測，小口多頻度の発注と配送を行い，適正在庫と売り逃し・売れ残りの回避を行う。また，客層分析や売れ筋・死に筋管理を行って得られた情報を商品企画・品揃えに活かす。小売段階が正確な需要予測を行い，EDIシステム等を介して受発注が行われるため，小売段階から行われるDCMに対応するにも，情報化への対応が必須となる。また，小口多頻度での配送が要求されるため，高効率な物流体制の構築も必要となり，対応を進めている。このように大手卸売業は情報化を基礎としてSCMの最適化やリテールサポート機能を高め，経営力を強化することに力を入れている。

食品や日用雑貨品の業界は情報ネットワーク化に一歩先んじている状況が見られるが，情報化対応が遅れている業界もある。本章で事例として触れる酒類業界はその情報化対応の遅れが指摘されている。

情報化に付帯したトピックとして，現在は消費者を取引相手としたEC（電子商取引）市場も市場規模を拡大させており，卸売・小売の機能を代替している。特に，インターネット上にECサイトを開設・運営する事業者は，生産者や出品者と消費者のマッチングを担い，直接は商流・物流には関わらず手数料で利益を得るブローカーとしての役割を果たし，その存在感を高めている。さらに近年では，ECサイトの運営のみならず，自ら商品の販売を始めた大手IT事業者も存在しており，IT企業が卸売業・小売業の競争相手となっている。

3　物流効率化の要求と専門業者の台頭

生産者や大規模小売業による物流効率化の要求は，流通コスト削減要求という形で卸売業に設備投資を伴う物流機能強化を迫った。大手卸売業者は，先にあげた情報化に加え，物流センターへの投資を行い，物流機能の高度化を図っている。物流機能の高度化の表れは，小口多頻度配送の実現や一括納品などの仕組み整備につながった。こうしたサービスを実現することによって，サプライ・チェーン全体の物流効率の改善の担い手としてその存在感を高めることが，大手卸売業が目指す方向性である。

物流業務は，大規模小売業者への対応，業務の効率化といった観点から重要である。しかし，輸送業者や倉庫業者が3PLとして物流業務に競合として参入するなど，競争が激化している。物流業務の委託は，相見積もりやコンペを通じて行われ，向山・渡辺は，卸売段階が担う物流業務の低付加価値化を促進する傾向にある[5]と指摘する。

ここまで整理を行ってきた通り，卸売業の競争環境は大きく変わってきている。ここであげた卸売業の環境変化に対応していくことは，事業継続に重要な要素であると言える。しかしながら，大規模卸売業と比較して，ヒト・モノ・カネ・情報といった経営資源が乏しい中小卸売業者が，情報化・物流効率改善など必要な機能強化に大手卸売業と同水準で対応していくことは現実的には難しいと言える。

本書第4章で触れたように，中小企業の経営戦略を念頭に置けば，経営資源の選択と集中が求められる。例えば，物流に関わる業務は，規模の経済性が強く働くので，3PLに代替させ，自社は得意なサービスに特化する，といったことが考えられる。どの分野に特化していくのかという取捨選択を行うためには，そもそも卸売業の存在意義や流通機構の中で果たしている役割，機能を把握し

ていなければ,判断を誤る可能性が高い。そこで次節では,商業者としての卸売業者の本来の役割と卸売業の機能について詳しくみていく。

第2節 卸売業の機能

1 商業の役割

卸売業者の機能について整理する前に,小売業者も含めた商業の役割の整理を行う。商業の役割とは,端的に言えば流通懸隔を,卸売業者・小売業者を中心として様々な機能を発揮して架橋することである。流通懸隔は,図表5—1に示す。流通懸隔は,要素的懸隔とシステム的懸隔に分けられる。

要素的懸隔は,所有懸隔,空間懸隔,時間懸隔によって構成されている。

所有懸隔は,商品を所有する主体と商品を消費する主体が異なる,ということを意味する。また,商品の所有権を消費者へ移転することで架橋される。所有懸隔は,社会的分業が進んだことによって,生産者と消費者が別の主体となったために生まれる。伝統的な流通チャネルにおいて,生産者と消費者の間に卸売業者と小売業者が介在し,所有権を消費者へ移転していく役割を担った。近年では,通信販売の普及によって,生産者から消費者へ直に所有権が移転さ

図表5—1 流通懸隔

出所:鈴木他(1980)『商業論』43～44頁より作成。

れる流通チャネルも増加している。また，所有懸隔の架橋について田村は，「所有懸隔の架橋は，価値懸隔の架橋が前提にある」[6]と指摘している。

空間懸隔とは，商品が生産される場所と消費される場所が異なる，ということを意味する。空間懸隔は，商品を生産地から消費地へ輸送することによって架橋される。

時間懸隔とは，生産される時期と消費される時期が異なる，ということを意味する。時間懸隔は，輸送時間や生産リードタイムなど生産や流通に要する時間によって生まれる。この懸隔は，商品を消費者がニーズを感じて商品を購入するまで保管することによって架橋される。

所有懸隔，空間懸隔，時間懸隔からなる要素的懸隔は，所有権を移転していくいわゆる商流と，商品を必要とされる場所へ必要とされる時期に届ける物流が機能することで架橋される。

システム的懸隔は，情報懸隔と価値懸隔で構成される。情報懸隔とは，生産者と消費者が持つ情報が異なる，ということを意味する。生産者は，消費者のニーズを確実に把握して商品を企画・開発・生産を行っている訳ではない。一方，消費者は，あらゆる生産者が生産するそれぞれの商品特性や機能，効果を正確に把握し，自身が持つニーズを最も満たす商品を比較購買するわけではなく，限定された情報探索能力をもって見つけた商品の中からより好ましいと思われる商品を選択して，消費を行う。こうしたニーズや商品等に関する情報のズレを情報懸隔という。

情報懸隔は，双方向のコミュニケーションによって架橋される。コミュニケーションは，生産者に対するものと，消費者に対するものがある。消費者に対しては商業者が，市場の状況や商品機能・特性・魅力を消費者により正確に伝達し，消費者に商品の価値を認識させることで架橋してきた。また，生産者に対しては，消費者のニーズに関する情報や売れ筋・死に筋情報の提供，商品開発の提案・助言などを行い，架橋してきた。価値懸隔とは，生産者が期待する商品価格と消費者が妥当だと感じる商品価格の間に生じるズレである。

価値懸隔は，特定の活動によって架橋される懸隔ではなく，流通過程における品揃え，輸送・保管，コミュニケーションといったあらゆるサービスの結果によって架橋される。生産者が商業者に対して商品を販売する下代（＝卸価格）に，ここまで記述した流通過程における様々な活動の対価を上乗せした上代（＝小売価格）をもって消費者に販売を行う。下代と上代の差は，流通段階が行っ

たサービスの対価である。消費者が商品の価値が上代と同等かそれ以上の価値を有していると主観的に判断すれば，価値懸隔が架橋される。その後，所有権の移転が行われ，所有懸隔の架橋が完了する。流通段階のサービスの対価は，無制限に許容されるわけではない。許容される対価を高めるため，単なる品揃え形成を超えて，商品を消費者にとって意味のある組合せ，すなわちアソートメントを形成したり，流通内加工を施したりすることで，消費者が感じる価値を高めることで商業者の利益を高めることにつながる。

それでは，本章のテーマである卸売業はどのような機能を発揮して，商業の本質的な役割を果たしてきたのであろうか。大きく分類すると需給調整機能，生産関連機能，リテールサポート機能の3つの機能によって果たしてきた。この3つの機能を次項で整理を行う。

2　卸売業の機能

商業者の本質的な役割が流通懸隔の架橋であることは前項で確認してきた。それでは流通機構の中で卸売業はどのような機能を発揮することによって流通懸隔架橋に貢献しているのかについて本項で整理を行っていく。卸売業の活動は，輸送，保管，企画開発，小売店指導，流通金融など数多くあげられる。どの活動も流通懸隔を架橋し，円滑な流通を実現するために重要な活動である。小川（1999）は卸売業の活動を，生産段階に向けて発揮される機能，卸売固有の機能，小売段階に向けて発揮される機能，という視点で分類を行っている。本項でも，この生産段階に向けた機能，卸売固有の機能，小売段階に向けた機能の視点を取り入れて機能の整理を行う（図表5—2）。

図表5—2　卸売の機能

出所：小川（1999）98頁を筆者一部加工。

（1）需給調整機能

　需給調整機能は，要素的懸隔を架橋するために，生産者と小売業者両方に対して発揮される機能である。需給調整機能に該当する活動は，品揃え，輸送，保管，流通金融などが挙げられる。

　品揃えとは，流通段階において，小売業が期待する品揃えを形成することである。小売業が卸売業に期待する品揃えとは，消費者が小売業に期待する品揃えを反映したものである。卸売業者は，小売業者よりも生産者や商品に関するより多くの情報を有しているため，効率的に商品探索を行い，小売業者の期待に応えることができる。

　輸送と保管は，必要な時に，必要な場所へ，必要な量の商品を届けるという活動である。卸売業者が提供する機能の中で代表的な機能と考えられ，一般には輸送と保管を合わせて物流と呼ぶ。

　流通金融機能とは，資金の融通や貸借を指す。卸売業が生産者から商品を購入することによって，生産者は消費者への販売が実現するより以前に資金を回収することができる。また，小売業に対しては，掛売や手形での支払いを通じて信用供与を行う。信用で取引が可能になった小売業は商品の仕入に必要な運転資金の削減できる。

　こうした活動で構成される需給調整機能は，卸売業者が伝統的に担ってきた機能である。しかし，生産段階，小売段階の変化によって大きくその有り様が問われている機能でもあり，生産者・小売業者からの厳しい要求に応えることができる業者の選別が行われる。需給調整機能を強化していくことが，中小卸売業者にとって採るべき戦略の方向性なのかについて考察する。

　品揃えについては，小売業者は消費者のニーズに応えるために多様な品揃えを自店舗に課し，卸売業にもその対応を求めるようになった。このような小売業者の代表的な例として挙げられるのは，スーパーマーケット業態である。スーパーマーケット業態は，消費者ニーズに応えるために店舗の大型化が進んだ。その店舗では，伝統的な業種別小売業者とは異なり，生鮮品から日用品まで多種多様な品揃えをしている。こうした総合的な品揃えを志向する小売業者に対応するために，卸売業者もまた大規模化していく必要がある。そのため，大規模卸によって地方卸や中小卸が吸収合併・異業種間問屋の合併・統合が進展した。現時点から，中小卸売業者がフルラインの品揃え対応を図り，大手小売業者と取引していくことは現実的には難しいと考えられる。

輸送と保管については，物流効率に関する要求が高まっている。特にコンビニエンスストア業態からは，多頻度小口配送の要求への対応が期待される。窓口問屋として長期的な取引関係を築き，物流センターを建設して一手に地域の物流を引受ける卸売業者が出現した。さらに，輸送と保管は，前述の通り3PLが代替として参入しており，輸送・保管を利益の中心にした競争は激化していくことが予想される。今から機能を特化して，長期的な利益獲得の柱とするのは特殊な商品の取扱いが求められる業界や強い規制がある業界を除いては難しいと考えられる。

以上の通り整理を行うと，中小卸売業者が需給調整機能の強化に特化していくことを，今後の経営戦略として採用することは難しいと考えられる。

(2) 生産関連機能

生産関連機能は，システム的懸隔を架橋するために卸売業者からみて仕入側，つまり生産者側に対して発揮される機能である。生産関連機能は，企画開発，生産助成，情報伝達といった活動によって構成される。

企画開発は，小売側から得た顧客のニーズや地域特性，商品需要状況といった情報を基に，商品開発を助成する活動である。また，卸売業者自身がプライベートブランド商品を開発し，流通していくこともある。本章第3節で事例としてあげるA商店は，まさに企画開発に特化していくことで新たな価値を産み出した中小卸売業者である。

生産助成とは，生産に必要な材料等の手配やコーディネートを実施する機能である。小川（1999）は，かつての問屋について「製造に携わる職人に対して材料を支給し，企画から製造，販売まで，さらには生活まで一手に面倒をみていた」としている。また，流通内加工を施して，商品として完成させる，又は商品の価値をより高めるといった活動も，生産助成である。

情報伝達とは，小売段階から得た消費者や市場に関する情報を生産者に伝達する機能である。卸売業者のもとには，いくつもの小売店や地域からの情報が集まり，集約される。こうして集まった情報を生産者に適切に伝達し，消費者のニーズを満たす商品を生産することができれば，在庫のリスク等を低く抑えた生産活動が可能になる。

生産関連機能の発揮は，今後の中小卸売業者が特化していくべき機能である。生産者に対して，消費者ニーズを適切に伝え，企画開発と生産の助成を行って

いく。更に，自社が持つ販売先の中から，生産された商品のターゲットに届く経路をコーディネートする。こうした活動が今後，生産関連機能を特化させていく中小卸売業者に求められる。

（3）リテールサポート機能

リテールサポート機能は，卸売業者からみて販売側，つまり小売業者側に対して発揮される機能である。この機能には，販売促進，経営指導，情報伝達，といった活動をあげることができる。リテールサポート機能は卸売業者にとっては，特に強化を図っていく必要がある機能である。顧客である小売店の経営が安定的であることが，自社の経営の安定化につながるからである。

リテールサポート機能は，顧客である小売店のマーケティング活動をサポートする，総合的なコンサルティング活動である。中小卸売業者の顧客である小売店は中小規模の小売店である場合が多く，経営戦略の構築やマーケティング力が大企業と比較して未熟であることが多いためである。そのため，経営指導を行う卸売業者は，自社の人材育成を図ることによって，経営指導や販売促進に関するアドバイスを適切に実施していく体制を構築することが重要となる。

また，販売促進や経営指導を適切に行っていくためには，顧客情報の収集が欠かせない。そのためには顧客である小売業者の情報化推進を後押しし，POSシステム等の導入を進めることも重要な活動となる。更に，効果的なマーケティングプランを提案するためには，顧客小売店の商圏範囲にいる消費者情報・地域情報等についても収集していくことが求められる。

第1節で述べた通り，日本の小売店は減少傾向にある。卸売業にとって顧客である小売店の減少は，自社の存立に大きく関わる問題である。そのため，卸売業者が経営を持続させていくためには，リテールサポート機能を強化していくことは避けられない。本章第3節で事例として挙げるB社は，酒類業界におけるリテールサポート機能強化，特に情報化支援に特化していった事業者である。

3　卸売業の分類

卸売業とは，その活動の在り方は実にさまざまである。卸売業界に関する知識や経験が乏しい者にとって，理解しにくいと言われる要因の1つであると考える。ここでは，田村の定義[9]に従って卸売業にはどのような分類があるのか

図表5—3　卸売業業態

完全機能卸	すべての卸売機能を遂行する卸売業者。
限定機能卸	卸売機能の一部しか遂行しない卸売業者。
製造卸	卸売機能だけでなく，種々な加工活動も同時に遂行する卸売業者。
系列卸	生産者による流通系列化によって，その傘下に組込まれた卸売業者。
統合卸	生産者又は小売業の事業所。

出所：田村（2001）より筆者一部加筆修正。

整理を行う（図表5—3）。

完全機能卸とは，卸売業者の機能として挙げた需給接合機能，生産関連機能，リテールサポート機能のすべてを行う事業者である。

限定機能卸とは，卸売業の機能の中で特定の機能のみを発揮する卸売業者を指す。具体的には直送卸やブローカーなどが挙げられる。直送卸とは，生産者から顧客に対して商品を直接輸送する業態である。そのため，輸送機能と保管機能を保有していない。ブローカーは，自らは売買の主体とならず，生産者と顧客に対して情報提供のみを担当する業態である。ブローカーは，取引主体にならないため，収益源泉は手数料となる。

製造卸とは，生産の一部を担う卸売業者である。本章で事例として扱う，A商店も製造卸と言える。米は生産者のもとから輸送される際には，玄米の状態で輸送されることも多い。玄米に対して，精米という加工を行うことで，白米として流通される。こうした流通で加工を担う業界は，繊維や食品に多い。この段階で行われる加工業務は一般に流通加工と呼ばれる。田村は，製造卸は伝統的な卸売商が存続するための新しい方向であるとして注目されているとしながらも，純粋な意味での卸売商ではない[10]，と指摘している。

統合卸とは，生産者又は小売業による卸売段階の内部化によって形成された卸売業態のことを指す。統合の程度によって完全統合卸と部分統合卸に区別される。完全統合卸とは完全機能卸売が遂行するすべての卸売機能を垂直統合している業態を指し，部分統合卸は一部の卸売機能を統合している場合を指す。生産者が設立した販社やスーパーマーケットの本部などが統合卸に該当する。

系列卸とは，大規模生産者の流通系列化の参加に組込まれた卸売企業を指す。統合卸と異なる点は，経営が独立したひとつの経営主体である点にある。系列

卸は，取引慣行を遵守が求められることに加えて，品揃え形成の自由がない。系列卸には，総合商社や大手卸売商の系列下の系列卸も含まれる。

第3節　業態化した卸売業者の事例

1　目指すべき方向性

　ここまで，卸売業の機能について整理を行ってきた。本書第4章で触れているように，大企業と比較して経営資源が乏しい中小企業は，自社が提供する商品やサービスを取捨選択し，新しい価値を産み出すことによって経営を持続することができる。中小卸売企業については本章第2節で展開した卸売業の機能のなかで，自社が得意とする機能や，業界として要求が高い機能に特化していくことが重要になる。

　さらに，機能を特化していくにつれて，限定された経営資源を有効活用するために，すべての機能を備えた完全機能卸ではなく，限定機能卸へ転換していくことも必要になると考えられる。特に輸送や保管といった物流については，3PLを活用し，自社は生産関連機能やリテールサポート機能の強化に集中することも検討していくことが求められる。

　本節では，機能を特化させることによって，業態化していった中小卸売業者についてみていく。生産関連機能に特化していった米穀卸売業者A商店の取組みと，リテールサポート機能に特化することで特定不況業界に指定された酒類業界の活性化を目指すB社の取組みについてみていく。

2　生産関連機能強化

　明治38年に現在の墨田区で米穀店として創業したA商店は，関東大震災などを経験しながらも，100年以上同地で営業を続けている。現在の代表取締役は6代目の経営者であり，日本米穀小売商業組合連合会認定の5つ星お米マイスターの資格を有し，お米の品質の見極めや鮮度を保つ保管方法から美味しいごはんの炊き方まで，お米に関する知識と専門経験を持っている。

　米穀店として，同地で長らく経営を営んできたA商店であるが，米穀はその商品の特性上，差別化することが難しく，価格競争となり易い商品であった。更に1990年代中頃から価格低下圧力が高まったことを受けて，経営方針の転換

を行った。自社の強みは，お米マイスターとしての知識を活かしたブレンド技術と独自の精米方法にあると考え，他社との差別化を行うために，自社商品の開発を行っていった。

お米のブレンドは，顧客のニーズに合った味を実現できる土壌や水質，環境に合ったお米の中からさらに厳選し，毎年ブレンドに使用する米を変える。「お米は，特徴のある良いお米をブレンドすることで，口に入れて食べる時のおいしさや香りが増加する」と経営者は語る。

現在，地域の米穀卸売店としての事業に加えて，オリジナルブレンド技術と古式精米製法という特殊な精米方法を用いた商品を最高級日本米として商品化し，アメリカ西海岸の東南アジアンコミュニティースーパーへ輸出・販売している。

A商店の取組で特徴的な点は，米という差別化が難しいと考えられていた商材を，自社に蓄積したノウハウを活用して新たな価値を見出し，消費者に対して訴求力のある商品づくりをしたことである。商品に使われている米は，品種をあげれば「コシヒカリ」「ひとめぼれ」といった既に流通している品種である。こうした既存の品種を独自のノウハウを持ってブレンド（＝組合せ）を行い，消費者にとってより価値がある商品として提供したことである。消費者の真のニーズは，おいしいお米を食べることであり，品種は1つの判断材料に過ぎないことを的確に捉えた活動である。

3　リテールサポート機能強化

B社は，酒類販売業界の規制緩和の流れや国際化の進展を背景とした価格競争の激化や物流コスト上昇といった変化に中小酒類販売業者が対応することを目的として，酒類卸売組合と酒類小売組合が共同で創業した。中小の酒類流通業者の在庫情報等のデータベース化や酒類業界に特化したPOSシステムの開発とPOSレジ関連機器の提案など，酒類小売業者の経営力強化を中心として事業展開している。中小酒類小売業者の経営が成り立たなければ，中小酒類卸売業者もまた経営が成り立たなくなることが明白であるためだ。

酒類販売業界の流通構造は，酒税や免許制度が要因となり一般的な消費財と比較して，需給調整機能の最適化が難しい業界であり，情報化や効率化の遅れが指摘されてきた業界である。最適化を難しくしている要因に免許制度等による規制がある。酒類販売業免許の区分は細かな規定がされているが，ここでは

現行の免許区分について簡単に触れておく。

　酒類卸売業免許は，酒類小売業者に対して，酒類の販売を許可された業者であり，一般消費者や飲食店に対する販売はできない。また，酒類小売業免許は，一般消費者や飲食店に対して酒類を販売することはできるが，酒類小売業者間で商品をやり取りすることはできない。また，インターネット等で酒類を一般消費者等に対して販売する場合には，通信販売酒類小売業免許の取得が必要になっている。

　規制に関しても簡単に触れておくと，販売地域の人口に応じて免許枠が規定される人口基準や既存の酒販店と基準距離よりも離れていることを求める距離基準が存在していた。酒類小売免許は規制緩和が進み，2001年に距離基準廃止，2003年には人口基準廃止，2006年には緊急調整区域が撤廃され，原則自由化となった。一方，卸売免許については，需給調整要件がまだ規定されており，自由な競争環境とはなっていない。

　また，制度上の区分や規制に加えて，販売業者は酒類受払台帳の具備や酒類販売数量等報告書の税務署への提出などが求められ，帳票等も通常の消費財を取扱う業者よりも管理すべき書類が多いことが特徴である。

　以上のような特徴を持つ酒類業界に特化したPOSシステムを作り上げるには，酒類業界の規制や区分，税制を熟知していなければならない。B社は，専門家や国税庁からも直接指導を受けながら，高いノウハウを蓄積し，酒類業界に最適化したPOSシステムを構築し，酒類小売店の情報化を支援している。

　B社は，リテールサポート機能に特化しており，純粋な意味での卸売業ではない。しかし，卸売業者が，顧客である小売業者さらには酒類販売業界全体の情報化の促進を目指して，情報化支援に特化した流通サービス業者を作り出したと捉えることができる。

お わ り に

　本章では，卸売業者の本質的な役割と役割を果たすための機能を中心にまとめた。経営診断や経営判断を行う際に，商業者としての本質的な役割と卸売業者として期待される機能について理解が十分でなければ，大きな方向性を描くことができないと考えたためだ。

　卸売業者の機能の中でも，需給調整機能に該当する輸送や保管といった3PL

に代替される恐れがある機能は，中小卸売業者が単独で特化していく機能とは言えないだろう。

　中小卸売業者が特化していくべきは，生産関連機能かリテールサポート機能である。自社の強みを活かして商品開発を行ったA商店の事例や業界特性を踏まえてリテールサポート機能に特化したB社の事例は，実際に卸売業者として事業を行っている経営者の方々に参考にしていただきたいと考えている。

　本書を執筆する中で，卸売業者の本質は，生産と小売を繋ぐことで消費（社会）の幸福に寄与することだと思い当たった。これは，本書第3章でも触れた経営理念の中で，近江商人の「売り手よし，買い手よし，世間よし」の三方よしの精神そのものである。この精神を中心に考えるならば，輸送や保管を中心とした需給調整機能の強化に特化していくことは選択できない。卸売業者の努力によって物流費を圧縮しても，生産者か小売業者の利益源になるだけで消費者の利益につながらないことが多いためである。であるならば，物流については3PLに積極的に任せても良いと考え，より本質的な消費者のニーズに応える商品や商品の組合せの提案や，中小小売店支援を徹底して行うことによって持続可能な地域社会を作り上げることこそが，これからの卸売業者に求められる役割である。

注

1）EOS（Electronic Ordering System）：電子受発注システムを指す。オンラインで受発注情報を交換するシステムのこと。
2）EDI（Electronic Data Interchange）：電子データ交換システムを指す。企業間の商取引情報の交換が可能となるシステムで，各種伝票帳票発行が不要になる効果が期待できる。
3）POS（Point Of Sales）システム：販売時点情報管理システムを指す。単品単位の商品管理や販売管理をするためのシステムである。
4）西村順二（2009）203～205ページ。
5）向山・渡辺（2002）205ページ。
6）田村正紀（2001）7ページ。
7）小川雅人（1999）92～102ページ。
8）小川雅人（1999）98ページ。
9）田村正紀（2001）147～151ページ。

10) 田村正紀（2001）151 ページ。

参考文献

相田利雄・小川雅人（1999）『現代の中小企業』創風社。
相田利雄・小川雅人・毒島龍一・川名和美（2007）『増補・現代の中小企業』創風社。
石原武政・矢作敏行編（2004）『日本の流通100年』有斐閣。
石原武政・忽那憲治編（2013）『商学への招待』有斐閣。
今泉文男・上原征彦・菊池宏之（2010）『中間流通のダイナミックス』創風社。
岩永忠康・佐々木保幸編著（2008）『流通と消費者』慶應義塾大学出版会。
尾田寛仁（2016）『卸売業の経営戦略課題』三恵社。
木綿良行・三村優美子編著（2003）『日本的流通の再生』中央経済社。
久保村隆祐（2016）『商学通論〔9訂版〕』同文舘出版。
鈴木安昭・田村正紀（1980）『商業論』有斐閣新書。
住谷宏（2013）『流通論の基礎（第2版）』中央経済社。
田村正紀（2001）『流通原理』千倉書房。
中田信哉（2007）『流通論の講義』白桃書房。
西村順二（2009）『卸売流通動態論――中間流通における仕入と販売の取引連動性――』千倉書房。
原田英生・向山雅夫・渡辺達朗（2002）『ベーシック 流通と商業――現実から学ぶ理論と仕組み』有斐閣アルマ。
宮澤永光監修（2007）『基本流通用語辞典〔改訂版〕』白桃書房。
宮下正房（1992）『日本の商業流通』中央経済社。
宮下正房（2010）『卸売業復権への条件――卸危機の実像とリテールサポート戦略への挑戦――』商業界。

（池田　智史）

第6章　中小企業の物流戦略
――物流を正しく認識して経営を改善する――

は じ め に

　自社の物流コストを正しく認識している企業は少なく，トラック運賃，宅配費用や倉庫費用，梱包資材等，費用請求を受けて社外へ支払うものを物流コストとして捉えている企業が多いのが実情である。これらの費用は「支払物流費」と呼ばれ，物流コストの一部を構成しているだけである。支払物流費だけをコスト削減の対象にした場合，自社や顧客へ提供されるサービスレベルの低下が避けられないのは当然である。物流コストの管理を，売上向上，生産性向上に次ぐ第3の利潤源[1]として自社の戦略とするためには，支払物流費を圧縮するだけではなく，自社が消費した「自家物流費」の存在を認識したうえで明確化する必要がある。中小企業庁，旧運輸省，旧通商産業省が物流コスト算定マニュアルを発表して久しい。これらは支払物流費と自家物流費を正しく認識することで，物流が単なる生産・販売活動の付属物ではないことの認識，また無料サービスとして捉えられていた物流に対してサービス水準に見合う物流コストの明確化を目的（通商産業省産業政策局流通産業課1992）として整備されたが，有効活用されていない。筆者は売上増加が容易に期待できない今こそ，物流が経営改善を可能にする戦略に成り得ると考えている。

　本章では，物流コストがブラックボックスとなっている中小企業や小規模事業者（以下，中小企業とする）の経営者の方々に対して，「支払物流費」と「自家物流費」が経営改善への重要なキーワードとなることに気づき，これらを正しく認識し管理することを経営戦略の1つとして位置付けて頂くことを目的としている。更に，現在の商習慣での価格は貿易取引条件[2]で例えるとCIF（運賃・保険料込み条件）価格であり，EX WORK（出荷工場渡し条件）価格は設定していない。輸送力確保やコスト低減のために共同運送を開始した大手企業が，やがて自社輸送網によるミルクラン[3]方式で商品を集荷し，取引条件をEX WORKに変更しなければならない日が来ることが予見される。自家物流費を明確にしなければ，取引企業が試算した輸送コストに相当する減価要求を受ける

ことになる。

　今までの前提が崩れるような大きな変化が訪れる前に，みなし物流[4]を含めた本当の物流を認識し，物流コスト管理を早急に実施されることを期待する。

第1節　「物流」とは流通の物理的側面を管理する機能である

　物流とはモノを動かすことだけではなく，経済活動に於いて出現する空間的・時間的・社会的なラグ（隔たり）を解消する「流通の物理的側面を管理する機能」である。語源としては新しい。1956年に日本生産性本部がアメリカに派遣した流通視察専門団の報告書に記載された Physical Distribution が「物的流通」と訳されたことに由来する。その後，日本独自の考え方や理論が取り入れられると同時に，その呼称を「物流」とした[5]。

1　流通の物理的側面

　通常の経済活動ではモノが生産された矢先に消費されることは少なく，生産から消費までの間には，距離のラグ・時間のラグ・社会的ラグ（隔たり）が存在する（図表6−1）。

図表6−1　経済と流通の関係

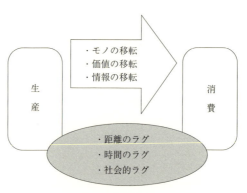

出所：筆者作成。

（1）3つのラグ
① 距離のラグ：生産と異なる場所で消費される。
② 時間のラグ：生産された時とは別の日（時間）に消費される。
③ 社会的ラグ：製造（メーカー），卸，小売，消費者へと流れて行く過程。

　商品が生産者（供給者）から消費者の手に届く流れを考えると，メーカーが製造した商品は販売用に個装し，次に輸送に適した輸送用梱包（工業梱包）後にメーカーの倉庫や卸の倉庫に輸送される。そして，小売店に輸送され陳列された商品を消費者が手にする。生産された商品は多段階の経路（社会的ラグ）を経て消費者の手に届くのであるが，これらの社会的ラグと共に距離と時間のラグが発生しているのである。

（2）物的流通費
　物流には販売に伴う物資輸送をイメージするが，原材料や部品，完成品の調達，また返品・廃棄品，空箱の回収も物流である。個人の所有品，土産などの宅配業者による物流や給食を輸送する物流もあるが，これらは流通の物理的側面と言うよりは，単なる「物の流れ」と解釈される。しかし，いずれの場合にもこれら3つのラグが存在しているため，ここに物的流通費[6]が発生しているのである。

2　3つのラグを補完することで付加価値を生む物流

　距離，時間，社会の3つのラグを補完する機能は，梱包，保管，荷役，流通加工，輸送，情報であり，これらの機能を統合したものが「物流」である。物流の各機能は経済活動により発生したラグを解消して円滑に物資や商品を消費者に届ける物理的側面を支えているだけに止まらず，付加価値をも生み出していることを見逃してはならない。富士山の裾野を流れる水はタダでも頂上に運ばれると貴重品になり，冬場の氷は一文にもならないが夏まで保存されれば貴重品となる（西澤1970）のである。
　ラグを解消することで商品価値を高めているのであるが，ラグが大きければ大きい程に物的流通費は大きくなる。例えば，社会的ラグに関しては「卸」を中抜きにすることでコストを大きく削減することが可能である。しかし，「流通に於ける卸の重要性」は明白であり，本件に関しては第5章を参照頂きたい。

第2節　物流フローと企業単独の物流コスト

　物流とは単にモノを動かすことではなく，経済活動で発生するラグを補完する機能であることは前節で説明した。当節では日本ロジスティクス協会の物流フローを参考に物流コストを具体的に見て行く。

1　上流から下流への物流フローから見る物流コスト

　製造（メーカー），卸，小売，消費者へと流れて行く過程を図表化したものが図表6―2である。左下の製造（メーカー）から右上の消費者への物流フローと各段階でのコストを示している。留意点は，「出荷」だけではなく「リバース」（返品・返送，回収，リサイクル，等）という「利益を生まないフローで消費する費用」も抽出し，物流コストとして加算するのを忘れないことである（図表6―2）。

（1）メーカーの物流コスト
　原材料・部品メーカーからの調達輸送（A），原材料・部品倉庫の保管・荷役（E），工場への社内輸送（B），工場倉庫への社内輸送（B），工場倉庫の保管・荷役（F），メーカー配達センターへの社内輸送（B），メーカー配達センターの保管・流通加工・荷役（F），卸配達センターへの販売輸送（C）の合計が物流コストとなる。工場倉庫から卸配送センターへ直送する場合は，メーカー配達センターでのコストは発生せず，販売輸送費（C）だけになる。返送・回収等のリバースが発生する場合は，これらのコストも加算する。

（2）卸の物流コスト
　メーカー配送センターからの調達輸送，卸配送センターの保管・流通加工，荷役，小売配送センターへの販売輸送とリバースの合計が物流コストとなる。

（3）小売りの物流コスト
　卸配達センターからの調達輸送，小売配送センターの保管・流通加工・荷役，店舗への社内輸送，消費者への販売輸送とリバースの合計が物流コストとなる。

図表6－2　物流費と物流フローの標準モデル

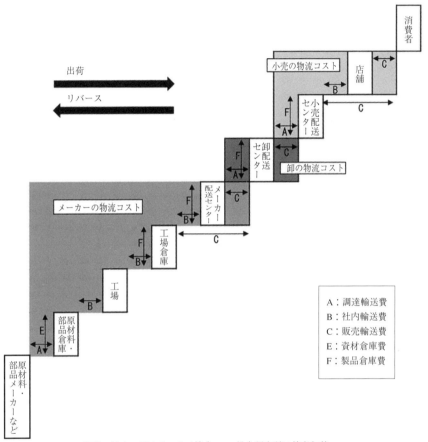

出所：日本ロジスティクス協会JILS総合研究所に筆者加筆。

2　企業の物流コストを捉える

　前項では製造（メーカー），卸，小売，消費者へと流れて行く社会的ラグを解消する物流フローから物流コストを見たが，中小企業診断士として経営診断に

携わる場合は一企業の活動を分析することが多い。本項ではフローを分解して一企業の財務諸表から物流コストを見て行く。財務諸表は企業の経営状態を数値化した健康診断書のようなものであり，経営診断の際には必ず提出いただいている重要な書類である。一企業の分析ではあるが，ステークホルダーとの関係性も重要であり，調達先や販売先，更に最終ユーザーとの関係についても確認することが必要である。

（1）損益計算書

車両不足やドライバー不足による物流コストの上昇によりリターナブル容器商品の値上げを発表したアサヒビールの損益計算書（図表6－3）を確認するが，そこには物流コストの項目は無い。

①販売費及び一般管理費

財務諸表等規則第85条に「販売管理費及び一般管理費は，適当と認められる費目に分類し，当該費用を示す名称を付した科目をもって掲記しなければならない」と明記されている。大多数の企業が財務諸表に採用している経団連モデルでは同条の「ただし，販売費の科目若しくは一般管理費の科目又は販売費及

図表6－3　損益計算書（連結損益計算書）

（単位：百万円）

	注記	前年度 （自2015年1月1日 至2015年12月31日）	当年度 （自2016年1月1日 至2016年12月31日）
売上収益		1,689,527	1,706,901
売上原価		△1,101,839	△1,098,173
売上総利益		586,688	608,728
販売費及び一般管理費	25	△445,996	△460,241
その他の営業収益		3,514	8,004
その他の営業費用		△47,580	△19,600
営業利益		96,626	136,889

出所：アサヒグループホールディングス（株）第93期有価証券74頁より一部抜粋。

図表6－4　注記25　販売費及び一般管理費

販売費及び一般管理費の内訳は以下のとおりであります。　　（単位：百万円）

	前事業年度 （自2015年1月1日 至2015年12月31日）	当事業年度 （自2016年1月1日 至2016年12月31日）
販売手数料	96,052	106,991
広告宣伝費	50,549	48,092
運搬費	61,355	59,621
従業員給付費用	1,18,286	117,039
減価償却費及び償却費	30,548	31,836
研究開発費	10,399	9,550
その他	78,803	87,110
	445,996	460,241

出所：アサヒグループホールディングス㈱第93期有価証券報告書116頁。

び一般管理費の科目に一括して掲記し，主要な費目及びその金額を注記することを妨げない」に準じている。そのため，販売費及び一般管理費の内訳を確認するためには注記25（図表6－4）を確認する必要があり，ここに「運搬費」という項目を見ることが出来る。しかしながら，この運搬費の全てが物流コストになるのではなく，物流以外のものも含まれていることが考えられるため内容を精査・確認する必要がある。

②製造原価明細書

原材料や外注加工品の調達にも物流が発生する。これを確認するためには製造原価明細書をチェックする必要がある。図表6－5の製造原価明細書では，原材料費については「調達物流」，労務費については「社内物流」，経費については減価償却費と電力料を減じた部分に含まれる「社内物流」を各々調査・確認する必要がある。

③貸借対照表

損益計算書や製造原価明細書だけではなく，貸借対照表の棚卸資産，土地，

図表6―5　製造原価明細書

区　分	注記番号	前事業年度 （自　平成23年1月1日 至　平成23年12月31日）		当事業年度 （自　平成24年1月1日 至　平成24年12月31日）	
		金額（百万円）	構成比（%）	金額（百万円）	構成比（%）
Ⅰ　原材料費		61,024	69.0	-	-
Ⅱ　労務費		5,148	5.8	-	-
Ⅲ　経費	※	22,234	25.2	-	-
当期総製造費用		88,408	100.0	-	-
半製品期首棚卸高		7,325		-	
合計		95,733		-	
会社分割による減少高		10,435		-	
半製品期末棚卸高		-		-	
当期製品製造原価		85,297		-	

	前事業年度	当事業年度
※経費のうち主なものは次のとおりです。		
減価償却費	13,195 百万円	-
電力料	797 百万円	-

出所：アサヒグループホールディングス（株）第89期有価証券報告書143頁。

建物，機械装置，車両運搬具，リース資産，前払費用，未払費用等，についても物流コストとして把握しなければならないものが含まれている。従って，各費目の内容を調査・確認しなければならない。更に，設備に投資した費用，及び棚卸資産（商品）に対する金利（物流としての社内金利）の設定が必要となる。

（2）物流氷山説[7]

物流コストを「海の上に顔を出した部分だけで氷山の全貌を判断すれば，タイタニックの悲劇を招く」（西澤 2004）という指摘の通り，損益計算書に記載さ

図表6―6　物流氷山説（ロジスティクス氷山説）

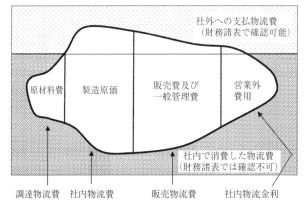

出所：ロジスティクス・コスト（西澤脩）より一部加筆。

れている支払運賃や保管料という「社外への支払物流費」だけを捉えていると経営難に陥るリスクが生じる。物流コストを正しく認識するためには「社内で消費した物流コスト」も明確にする必要がある。図表6―6の物流コストを氷山に見立てた例を見ると，海中に沈んでいる部分（社内で消費した物流費）は原材料費の中に「調達物流費」，製造原価の中に「社内物流費」，販売費及び一般管理費の中に「販売物流費」，営業外費用の中に「社内物流金利[8]」が含まれているため各費用の分析と抽出が必要である。つまり，企業の健康状態を知るための財務会計では社内で消費した物流コストがブラックボックス化しており，物流コストを正しく評価することが不可能なのである。

（3）財務会計と物流コスト管理の関係

ブラックボックス化した「社内で消費した物流コスト」を管理するためには財務会計で形態別に分けられた項目から物流コスト管理に必要な数字を抽出する必要がある（図表6―7）。領域別に抽出したものは機能別に分け，更に主体別・変固別に管理することで物流コスト管理を第3の利潤源とする経営戦略として位置付けることが可能となる。

図表6－7　物流コストの分類と体系

対象企業	財務会計 (形態別)	物流コスト管理			
		領域別	機能別	主体別	変固別
製造業 販売業 流通業	売上原価	調達物流費	輸送費	自家物流費	変動物流費
	販売費 一般管理費 営業外費用	販売物流費(広義) 社内物流費	保管費		
		販売物流費	梱包費		
		返品物流費	流通加工費	支払物流費	固定物流費
		回収物流費	情報処理費		
		廃棄物流費	情報管理費		

出所：物流コスト算定活用マニュアルを筆者加筆。

第3節　物流コストの計算方法

物流コストを計算するために，中小企業庁マニュアル，運輸省マニュアル，通商産業省マニュアル，新中小企業庁マニュアルと各省庁が算定マニュアルを発表している。本節では旧通産省の『物流コスト算定活用マニュアル』に準拠した日本ロジスティクスシステム協会（以下JILS）の物流コスト調査報告書を見て行く。

1　JILSのコスト調査票

日本の物流コストに関する総合データを蓄積することを目的に，学識経験者や各業界関係者で構成された委員会を設置して毎年調査を行ない，調査結果を報告書にまとめている。図表6－8は2107年度の回答票を見やすくしたものである。

物流費の項目を輸送，保管，包装，荷役，物流管理とし，支払物流費と自家物流費に分けて集計する。支払物流費は物流業者に支払った金額で確認が可能である。みなし物流費は，調達物流において，輸送費が仕入代金に含まれて不明な場合に，自社が引き取る際に要すると思われる費用で算定する。人件費については物流に従事した金額を役員からパートに至るまで給与・手当は勿論のこと賞与・付加給付金も加算して，施設費については物流に使用している固定資産の運用・維持に要する金額を算定する必要がある。在庫費用については，

図表6—8　2017年度物流コスト回答票

	支払物流費		みなし物流費	自家物流費				物流コスト合計
	物流業者支払費	うち物流子会社		物流人件費	物流施設費	減価償却費	在庫費用	
物流コスト合計								
輸　送								
調達								
社内								
販売								
保　管								
資材								
製品								
包　装								
荷　役								
物流管理								

出所：JILS 記入要領。

期末在庫額×概算率で算出する。概算率とは，在庫に係る租税・保険料・陳腐化損・荷役費・金利等を包括した費用率であり，JILS の調査票では10％としている。更に，リバース（返品・返送，回収，リサイクル，廃棄）のコストも合わせて算定しなければならない。

このように毎年回収したデータを集計した売上高物流コスト比率の推移表が図表6—9である。1996年をピークに物流コストが圧縮されて4.8％から4.7％台で推移していたが，2016年は過去20年で最大の対前年の上昇となった（矢印部分）。

我が国の物流コストのトレンドが見て取れる貴重なデータであるが，2016年度の有効回答数は221件である。アンケートの発送数は不明であるが発送数が発表されている2011年度の調査では730社に発送して214社が回答しているため，物流管理の重要性を感じて実行に移している企業が少しずつ増加しているように感じる。発送件数も膨大では無く回答数も少ないことに驚くが，有価証券報告書の作成義務のある会社でさえも本当の物流コストを算定していないと

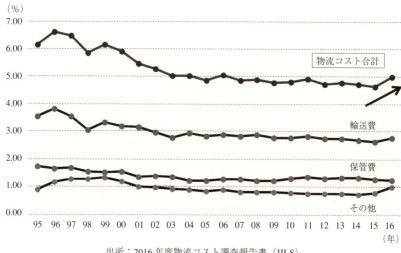

図表6−9　売上高物流コスト比率の推移（全業種）

出所：2016年度物流コスト調査報告書（JILS）。

いう事実が，この回答数には表れている。JILSが調査票を送付する会社は物流を管理していると思われる，それなりに大きな会社であることは容易に想像される。数字を入れるだけの回答書（エクセルに計算式が入っている）をメール添付で返送できるにも関わらず回答数が少ない理由として，① 氷山のように財務会計では見えない物流費があることを知らない，② 物流をコストセンター[9]として捉え，プロフィットセンター[10]と成り得ることを認知していない，③ 各々の数字を算定する方法が複雑でどうして良いのか分からない，④ 管理する必要性を感じていない，の4つがあると考える。

　我々が経営診断を行う中小企業の実態は，物流を管理する担当者が不在又は兼任しているため日本郵便や宅配便を含む運送業者や倉庫業者から送られてきた請求書を積算し，販売管理及び一般管理費に合算して掲記するだけに止まっているのが実情である。

　JILSのこれらのデータは業種小分類毎に整理されているため，自社の目標値として活用することは大いに意味がある。これらのデータを意識しながら自社の物流コストを正しく認識したうえでKPIとして経営戦略に役立てることは大

いに有効であると考える。

2　中小企業における物流コストの算定方法（簡易方法）

　物流コストを算定するためには自家物流費をキチンと算定する必要がある。しかし，費目を明確にして管理出来ている大企業でなければ算定できないのだろうか。専任の管理者を置けない中小企業であっても物流コストを正しく認識する必要性から，中小企業庁が平成8年1月に「わかりやすい物流コストの算定マニュアル」を公表した。本項では当該算定マニュアルで簡便に物流コストの大枠を算定する方法を見て行く。

（1）ステップ1（物流フロー図／図表6—10）

　物流フローを作成する。自社から下流への流れだけでなく，メーカーからの

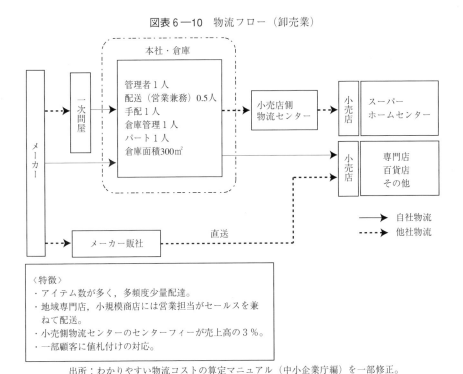

出所：わかりやすい物流コストの算定マニュアル（中小企業庁編）を一部修正。

図表6—11　物流コスト人件費表

	人件費 （千円／月）	物流人員 （人）	その他 （人）	合計 （人）	備　考
管理者	493	1	1	2	
主　任	347	1.5	2.5	4	営業担当の配送業務
係　員	216	1	3	4	
パート	90	1	0	1	
合　計	1,146	4.5	6.5	11	

出所：わかりやすい物流コストの算定マニュアル（中小企業庁）を一部修正。

図表6—12　物流コスト配送費その他表

項　目	費　目	診断企業の運営実態	物流コスト計算基礎
配送費	支払運賃	チャーター便	支払運賃実績
	センターフィー	納品金額の3％	支払実績
	車両費	1トンワゴン車2台	償却費　40千円／台月
	車両維持費	燃料・修理，高速，等	支払実績
保管費	支払保管料	なし	ゼロ
	支払作業料	なし	ゼロ
	梱包材料費	梱包材料，シール，値札，等	購入実績
	自家倉庫費	300m^2	1.2千円／m^2月（推定）
	倉庫内機器費	中量棚	20千円／月（リース料相当）
	在庫金利	棚卸資産合計 56,042千円 材料　18千円 製品・商品 56,015千円 貯蔵品　　　9千円	棚卸資産×0.417％（月利） *年利5％／12ヵ月＝0.417％
情報処理費	情報機器費	機器投資額　2,000千円	リース料（2％）×利用率50％
	消耗品費	伝票，トナー，等	支払実績×50％
	通信費	電話代，インターネット通信費	支払実績×50％
その他	事務所費	物流関連面積　20m^2	その他事務所

出所：わかりやすい物流コストの算定マニュアル（中小企業庁）を一部修正。

流れもフローに反映し，業務上の特徴も付記する。

（2）ステップ2（物流コスト人件費表／図表6－11）
帳票，伝票から人件費，配送費，保管料等，物流に関わる経費を集計する。倉庫や配送の現場だけではなく，営業担当が商品の配送業務も実施している場合は，その割合を推定して当該割合分を物流人員に加算（図表の備考を参照）して作成する。

（3）ステップ3（物流コスト配送費その他表／図表6－12）
診断企業の物流フロー図で確認した運営実態に照らし合わせて，配送費，保管費，情報処理費，その他の費用を把握する。

（4）ステップ4（トータル物流コスト表／図表6－13）
ステップ2，3で作成したコスト表を基にトータル物流コストを算出する。更に，売上・出荷・粗利の各金額とトータル物流コストの割合を算出し「対売上高比率」「対出荷金額比率」「対粗利金額比率」として管理指標とする。

（5）算出のポイント
支払物流費は実績でつかむことが可能であるが，自家物流費は「推定」で計算することがポイントである。兼任の物流担当者数は，兼任者の物流活動関連作業時間を総労働時間で除した数値を物流活動係数とし，車両費や情報処理費用も同様に物流活動係数で算出する。また，什器等はリース料相当で，自家倉庫や事務所の家賃は当該地域の相場で算出することが可能である。

（6）管理指標の活用
トータル物流コストと売上高，出荷金額，粗利金額との比率を算出し，毎月の管理指標とする。JILSが毎年発表する物流コスト調査報告書（概要版）の業種別物流コスト比率も参考になるが，毎月の管理を行うことで自社の管理指標の変化要因を探ることが最も重要である。人件費の増加は返品が多かったのか，クレーム対応に時間が掛かったのか，緊急配送が増えたのか，商品・資材の保管場所の導線が悪いのか，営業担当が配送する回数が増えたのか，等の原因をチェックすることで品質向上や業務効率化を推進することが可能となる。

図表6―13　物流コスト表（簡易版）

項目	費目	支払自家別	計算方法	計算基礎（千／円）	数量		金額（千円）	物流コスト構成比
人件費	管理者	自家	推定	493	1	人	493	
	主任	〃	〃	347	1.5	人	521	
	係員	〃	〃	216	1	人	216	
	パート	〃	実績	90	1	人	90	
	小計						1,320	47.0%
配達費	支払運賃	支払	実績			台	264	
	センターフィー	〃	〃				250	
	車両費	自家	推定	40	2	台	80	
	車両維持費	自家	実績				95	
	小計						689	24.5%
保管費（流通加工費含む）	支払保管料	支払	実績			m²	0	
	支払作業料	〃	〃				0	
	梱包材料費	自家	〃				22	
	自家倉庫費	〃	推定	1.2	300	m²	360	
	倉庫内機器費	〃	〃			台	20	
	在庫金利	〃	〃	56,042千円×0.417%			234	
	小計						636	22.7%
情報処理費	情報機器費	自家	推定	40千円×50%			20	
	消耗品費	〃	〃	60千円×50%			30	
	通信費	〃	〃	105千円×50%			53	
	小計						103	3.7%
その他	事務所費	自家	推定	3	20 m²		60	2.1%
合計（トータル物流コスト）							2,808	100%
管理指導	売上高	実績					33,352	
	出荷金額						30,017	
	粗利金額						6,670	
	物流コスト費	対売上高比率					8.4%	
		対出荷金額比率					9.4%	
		対粗利金額比率					42.1%	

出所：わかりやすい物流コストの算定マニュアル（中小企業庁）を一部修正。

更に，自社の標準的な管理指標を持つことで，売上が増加しても管理指標が下がったのは何故か，昨年より物量が減っているのに忙しいのはなぜか等々，経営改善や収益向上に向けた施策のヒントを見つけることが可能となる。

物流の現場担当だけでは十分な改善が期待できない。顧客との接点を持つ営業担当や店舗販売員，また製造業の場合は製造担当者を巻き込んで，製造・仕入れから配達まで全社一丸となった取組みが必要である。営業担当のA氏の配送指示は「午前中配達」ばかりだが，全てのお客様が本当に商品を必要とするのはいつなのか。配送トラックが指定時間に到着しても2時間待たされるのは何故なのか。パレットに載せたままの配達は出来ないのか。商品のピッキング・ミスが起こるのは倉庫担当だけの問題なのか。納期に間に合わせるために緊急配送が多いのは製造工程管理には問題は無いのか。顧客情報や製造工程管理にまで踏み込み，これらの責任者と協働することで生産性と収益性の向上を実現することが可能となるのである。

物流は「コストセンター」という認識を持たれているのが一般的であるが，利益を出すために人員削減や残業時間の無理な圧縮，また運送業者への無理な値下げ要求，等のコストカットを断行することは良策とは言えない。適正な料金を支払うことで適正な物流サービスの提供を受けることができ，また顧客に対して適正なサービスが提供できるのである。自家物流まで捉えて物流コストを管理・分析することで，過剰なサービスを提供していないのか，業務の重複が無いのか，人材も含めた資産の効率的な運用が出来ているのか等，自社の全体最適を実現する業務プロセスの改革を実行することが可能であると言っても過言では無い。物流を正しく認識することで，物流が「プロフィットセンター」として売上向上や生産性向上に次ぐ第3の利益源と成るのである。

第4節 アウトソーシング[11]による経営資源の集中

事業の拡大や消費者ニーズの多様化に従って，物流も拡大し複雑化してくる。物流管理に多くの資源を割けない場合や新たな機能が必要となる場合は，物流のアウトソーシングも選択の1つとなり得る。業務委託や外注として業務プロセスの一部を外部に委託すること自体は以前より行われている。自社のコアコンピタンス[12]に経営資源を集中させるために外部経営資源を積極的に活用することは，自社の成長のためには欠かせない経営戦略の1つとして採用する企業

は多い。

アウトソーシングを取り入れることでコアコンピタンスに経営資源を集中することが可能となり，経営資源の有効活用とスリム化，そして資金の流動性確保が期待される。但し，アウトソーシングが有効な経営戦略であるのかを判断するためには，業務フローと自家物流を明確にした上で物流コスト全体を把握することが必要であり，これは本章での重要なテーマである。

1 アウトソーシングの実施

アウトソーシングは外部組織との機能分担戦略であり，外部組織選定のためには仕様書作りが必要である。具体的には，①貨物の特性，②物量，③物流圏，④輸配送・納入条件，⑤情報システム要件，⑥サービスレベル，⑦物流コスト，⑧導入後の目標，等を明確にした上で協力関係が築ける企業を選定しなければならない。選定の際の最も重要な留意点は，自社の経営戦略方針と合致した協力関係を築くことが出来るかという点である。

2 アウトソーシングのメリット

物流管理の施設とノウハウを高い専門性を持つ外部に求めることで，自社で開発・運用する場合と比較してより高いレベルで業務の効率化と高品質化を手にすることが可能となる。また，工場施設，倉庫，車両，情報システムや関連要員に関わる固定費の圧縮が見込まれる。つまり，顧客満足の面では外部環境や小ロット・多頻度，等の顧客の要望にフィットした物流サービスの提供が可能となり，財務面では固定費を流動費化することにより資本のスリム化と資金の流動性確保が期待できる。更に，管理対象とする物流範囲や機能を明確にすることで，業務効率化とコスト削減の効果を可視化することが可能となる。

3 アウトソーシングのデメリット

従来社内で実施していた業務が外部化されるため，自社のノウハウや機密が漏洩するリスクが懸念される。また，高度な技術や効率性の便益を享受出来る反面，それを理解できる人材が社内に不在となるためにアウトソーシング部分がブラックボックス化してしまい，アウトソーシング企業を抜きにして顧客満足度の高いサービスの提供が困難となってしまう。更に，当該部門のスタッフが他部門に移動することによるモラルの低下も懸念される。

第5節　製造業M社の事例

　製造業M社の診断要望は不良率の低減と生産性の向上であった。これらの要望を踏まえて現場を訪れると，搬出入口付近にはモノが置かれて狭くなっており，倉庫の借り増しを検討しているとの説明があった。生産ラインは24時間の生産体制で稼動し，パートが出来上がった製品を集めて箱詰めしていた。予定ロットの終了時の段取り換えや微調整，試運転，本運転は数名の社員が各ラインを定期的に周回して行っているが，慣れたパートは自分で段取り換えを行っているということであった。各ラインのクセを共有しないため，不良品率が下がらないと考えられた。しかし，筆者は，原材料・器材置場，生産ライン周りの資材・廃棄物，納期遅れの発生，非稼動の生産ライン，倉庫の借り増し，という状況を見た瞬間に，原材料の管理，完成品・仕掛品・器材の保管や一時保管，配送という物流の実態を把握することが急務であると感じた。

　段取り替えを行う社員の行動をチェックすると，本運転前の試運転に使用する資材（本製品同等品の余りを保管している）を探すために，試運転用資材置場に向かい，寸法（高さ）でザッと見当をつけてそれらしいものを一つ一つチェックして該当品を探し出していた。サイズが手掛かりであればサイズ毎に分けて保管すると探す時間の短縮が期待されるが，成り行きで資材置き場の端から置いて通路も確保されていない状態であった。やっと探し出した試運転用の資材は，次に使用する時には保管場所が変わってしまうのである。フリーロケーション[13]であれば保管スペースの削減が可能であるが，ロケーション管理を実施していない状況では段取り替えに要する計画外の時間がリードタイム[14]を伸ばしていることは容易に推測された。次に営業部へのインタビュー時に納期について質問したときに「納期遅れが発生しても我々が顧客と話しをしてなんとかしている」と営業責任者の言葉を聴いたときに，これらのムダな動きが認知されないままに納期を決定していることが明らかになった（写真6—1）。

　納期遅れは製造部の工程管理が機能不全であるだけではなく，営業部の受注情報が製造部の工程管理に反映されていないことにも問題があった。当初の説明では受注データは入力されて製造部の工程管理とリンクしているとの事であったが，製造部に渡される指示書の半分以上が手書きとなっていた。更に，試運転用の資材に関する製品情報は記載されているが，保管場所が空欄になって

写真6—1　保管場所，生産ライン（イメージ）※筆者撮影

いるために前段で説明したように「勘と経験」で探している状況であった。また，製造部には製造指示書が来るのが遅くて工程管理が出来ないとの不満があり（紙ベースで管理しているため），タイトなスケジュールでの機械のセッティングや試運転時のチェックが不十分なままで本運転に入るために不良品が出ていると推測できた。このような事が常態化しているなかで，顧客と納期を再調整する営業部が製造部の管理不足をリカバリーして会社の看板を守っているという思いが見て取れた。

　社内で惹起している問題を「物流という切り口」で分析・仮説検証することで，業務プロセスの中に真の問題が見えてくる。但し，「営業部門だけ」または「製造部門だけ」の部分最適な取組みでは全体最適は望めず成り行きで無駄な取組みに終わってしまうため，経営者がリーダーとなって全社的な取組みをする必要がある。

　つまり，「頑張っているのに納期に間に合わず謝ってばかり」「忙しいのに利益が出ない」という，努力に成果が伴わない現状への打開策を講じることが出来ないのである。数字として現れない動きや流れ（自家物流）を物流コストとして数字で可視化することで，具体的な改善目標を設定することが可能となる。この具体的な改善目標を全社で共有することによって，業務プロセスの改善が可能となる。

　M社の段取り替えや調整・試運転・本運転を担当している社員に対し，各自の動きを費用に置き換えることで改善目標の設定と管理が可能になる。業務にムダがなくなることで必要なエラーチェックが可能となり，不良品率の低減が

実現する。更に，数値化された改善目標の達成度を人事評価と結びつけることで，作業現場のモチベーション向上と更なる品質向上，適正な費用の管理が可能となる。同時に，営業部と顧客の納期に関する詳細（朝一，午後一，当日中，等）を共有することで，製造工程上の優先度付け，人員の投入順序の管理が可能となる。現場に物流コスト管理を導入することで業務プロセス改善と品質・顧客満足度・業績の向上という好循環が期待できる。

お わ り に

　少子高齢化による将来の労働力人口の減少が産業活動の担い手不足の原因となり，日本の経済成長を阻害することが懸念されている。物流業界では道路貨物運送業の平成28年就業者数は過去10年で最も多いが，20代と30代の割合が減少し40代の割合が増加してきている[15]。これは中高年層への依存度が高くなっている傾向を示しており，将来に向けて深刻な人手不足が懸念される。
　その矢先，2017年10月4日にアサヒビールが10年ぶりにビールの値上を発表[16]したことがマスコミで大きく報じられた。値上げの大きな理由として「車両不足やドライバー不足による物流費の上昇」が挙げられていることが目を引く。
　対象は「リターナブル容器商品」とあり，瓶ビールや飲食店向けの樽詰めビールである。一般消費者が通常購入する缶製品はワンウエイ（One Way）容器であるが，瓶や樽は容器の回収・洗浄・保管が必要となるため，これらのコスト上昇が値上げを決意した理由である。物流には商品を販売するために輸配送する「動脈物流」と容器やパレット，返品やダメージ品等を回収する「静脈物流」がある。アサヒビールの値上げ発表は「静脈物流」の存在とそのコストを正しく認識し，物流を経営戦略として位置付けていることの表れである。会社の大小に関わらず静脈物流やみなし物流は存在しているが，その存在を正しく認識しているのは一部の大企業に限られているのが実情である。専任を置けない中小企業には，ここに紹介した物流コスト表（簡易版）を活用して過剰サービスの見直しを含めた経営改善に取り組んで頂きたい。更に，みなし物流に対する明確なコスト意識を持つことで，「来るべき商習慣の変革」への対応や「無料で持って来てもらえる」という意識[17]を改めることが可能になると考える。

注

1) 西澤脩（1970）4ページ。
2) 貿易取引条件の解釈に関する国際規則（インコタームズ），1936年に国際商業会議所（ICC）が制定し世界中で使用されている。
3) メーカーが必要とする原材料や部品を，各工場を巡回して集荷する方法。部品などに含まれる個別の輸送コストを明らかにし，計画的・効率的な調達物流が可能となる。
4) 仕入価格に含まれる不明な運賃（自社が引き取る際に要すると思われる輸送費で算出）。
5) 山崎（2007）149ページ。
6) 輸送費等の流通費。
7) 流通設計21（2004年5月号）22～25ページ。
8) 総資本コストを社内金利率とし在庫と物流固定資産に乗じる。西澤（1999）では10％。
9) 利益を生み出さず費用が集計される部門。提供するサービスのレベルと費用について責任を持つ。
10) 利益に責任をもつ部門。収益と費用の両方が集計され利益の極大化に責任を持つ。
11) 自社の業務を外部の専門業者に委託すること。
12) 企業が存在するための中核機能（本来業務）。
13) 保管場所を商品毎に決めていない在庫管理方法。
14) 発注から納品までの所要時間，または工程に着手してから完成するまでの所要時間。
15) 全日本トラック協会（2017）15ページ。
16) アサヒビール㈱ニュースリリース
   www.asahibeer.co.jp/news/2017/1004_1.html 2017.10.08.
17) 浜崎（2017）98～99ページ。

参考文献

河西健次（2003）『すぐ使える 実践物流コスト計算』成山堂書店。
西澤脩（1970）『流通費 知られざる"第3の利潤源"』光文社。
西澤脩（1999）『ロジスティクス・コスト』白桃書房。
西澤脩（2003）『物流活動の会計と管理』白桃書房。
西澤脩（2004）『流通設計21』5月号 輸送経済新聞社。
中小企業庁（1993）『わかりやすい物流コスト算定マニュアル』中小企業庁。

通商産業省産業政策局流通産業課（1992）『流通コスト算定活用マニュアル』通商産業調査会。
浜崎章洋（2017）『日本の物流費が安い理由』日経ビジネス No. 1886, 04.10.
矢澤秀雄（1997）『管理会計』税務経理協会。
山崎美千代（2007）『ロジスティクス概論の考察』現代社会文化研究 No. 40, 2007 年 12 月。

（青木　靖喜）

第7章　事業継承と後継者
―― 中小企業の経営転機対応 ――

は じ め に

　本章のタイトルである「事業継承」という言葉は，対外的に「事業承継」と表現される事が一般的である。「継承」と「承継」には，どちらにも「思想や地位，精神を受け継ぐ」意味がある。但し，「継承」という言葉は，「承継」にくらべると，多面的で重みのある表現と考える。

　十数年，企業調査の仕事に従事した経験から思い見ると，地域で成長発展していく「事業」の姿は，創業してから長い年月にわたり存続維持してきたものを受け継ぎ，成長発展の為に様々な地域資源を取り入れて変化している形が多い。高校時代に，歴史研究を専門とする恩師から，「歴史とは昔の人々の考え方と想いを理解する学問である」と教えて頂いた。長く存続維持してきた「事業」そして「経営（体）」は，地域の歴史つまり「人々の考え方と想い」を，受け継ぎながら，地域に貢献してきた。

　地方創生の根幹は，地域の事業を活性化させる事である。地域の活性化に必要な「事業」とは何か。それは「地域社会の変化に対応し，地域社会の課題を解決していく仕事」と捉えている。事業を通じて，地域の雇用機会の創出，域外から人材が流入するサイクルを生み出し，地域は元気になっていく。

　現在，地域の活性化に際し，域内外で様々な人材が交流し，多様なネットワークが形成され，新しいアイデア・ノウハウが活用されてきている。しかし地域には，古くからの文化や考え方を受け継ぎながら，地域に貢献してきた仕事（事業）が多く残っている。これらの存在を再認識し，地域社会の変化への対応，地域社会の課題解決に活かし，成長発展を考える事は，地域の活性化を更に進めていく上で重要だろう。

　本章では，経営の引き継ぎの問題について考察する。ここでは「事業」，そして「経営（体）」の本質に着眼し，あえて財務的・法律的な観点は割愛する。経営を引き継ぐ上では「地域の文化や考え方」を重用すべきと考えており，本章では「事業継承」という表現で統一する。第1節では，中小企業の事業継承

を取り巻く現状を,中小企業庁の統計データから分析し,経済的,社会的な観点から,事業継承の重要性を考察する。第2節では,事業継承を円滑に進めるために,経営の転機となる局面でどのように意思決定するべきか,どのように事業存続の判断をするのか,意思決定後にどのような戦略をとっていくべきかを考察する。第3節では,事業継承の際の後継者を,事業を存続維持,成長発展していく「経営機能」と追考して捉え,再定義していく。

第1節　事業継承の重要性

1　中小企業の事業継承を取り巻く現状

中小企業の数は,2014(平成26)年時点で約382万社[1]とされ,この15年間で約100万社減少している。減少要因については近年,倒産ではなく廃業が大きな問題としてクローズアップされている。中小企業庁の試算では,2025年に経営引退年齢の70歳を迎える社長の会社は約245万社である。1995(平成7)年から2015(平成27)年の20年間で,中小企業の経営者年齢の山が47歳から66歳に移動し,経営者の平均年齢は67〜70歳に引き上がっており,多くの中小企業で事業継承のタイミングを控えている。

しかし帝国データバンクの調査[2]によると,事業継承を進めるための計画の有無について,「計画はない」という回答が最も高い(29.1％)。次いで,「計画があり,進めている」(22.9％),「計画はあるが,まだ進めていない」(21.3％)が続き,「すでに(事業継承を)終えている」(14.2％)企業は1割超である。「計画はあるが,まだ進めていない」または「計画はない」と回答した企業の理由は,「まだ事業を譲る予定がない」が最も高く(35.8％),次いで,「後継者が決まっていない」(35.2％),「自社には不要(必要性を感じない)」(18.3％),「事業の将来性に不安がある」(16.9％),「自社株など個人資産の取扱い」(16.0％)が続く。

後継者問題は,事業継承の最重要課題である。後継者の決定状況について,前述の今後10年で経営引退年齢の70歳を迎える社長の245万社の内,その50％超となる127万社が,後継者不在による廃業を予定している(他は未定が21.8％,時期尚早が15.9％,決定が12.4％)。廃業予定企業の内,事業形態別の廃業予定割合をみると,法人経営者の約3割に対し,個人経営者の約7割が「自

分の代で事業をやめるつもりである」と回答している。

廃業予定企業の廃業理由としては,「当初から自分の代でやめようと思っていた」が 38.2％で最も多く,「事業に将来性がない」が 27.9％で続く。また,「子供に継ぐ意思がない」「子供がいない」「適当な後継者が見つからない」との後継者難を理由とする廃業が合計で 28.6％を占めている。経営者の高齢化の進展（団塊世代の引退），廃業の放置による技術・ノウハウの喪失，円滑な世代交代による事業の活性化（への期待）を背景に，中小企業庁は 2016（平成 28）年 12 月に「事業承継ガイドライン」を 10 年ぶりに見直して発表した。円滑な事業の引き継ぎにより，世代交代を通じた活性化を促進する事を目的としている。

但し，事業の引き継ぎは簡単な事ではない。経営者自身がこの問題を認識し，経営上の問題ほか，税務・法務上の様々な問題をクリアにしていかなければならない。準備を含めた取り組みには 5 年も 10 年もかかる一方で，日々の経営に追われ，何から始めたらよいのか，誰に相談すればよいのかわからないのが経営者の実態である。

中小企業庁は事業承継ガイドラインに沿って，経営者向けに「経営者のための事業承継マニュアル」を発表している。事業の引き継ぎは，中小企業が抱える最大の経営課題であり，もはや経営者まかせに出来る問題ではなく，国や支援機関，民間機関が強く推し進める必要性がある。今後，経済的にも社会的にも重大な影響を及ぼす問題となってくる。

2 事業継承の重要性

（1）経済的視点

事業は存続維持，成長発展していく過程で，都度雇用機会を創出し，消費や投資の機会を拡大して，地域経済に寄与してきた。これまでの雇用の喪失は，会社の倒産や，業績悪化によるリストラなどが，主たる事由である。これからは廃業による「企業数の減少機会の増加」が主たる事由となっていく。

中小企業庁の発表では，廃業予定企業の中で，約 3 割の経営者が，同業他社よりも良い業績を上げていると回答し，今後 10 年間の将来性について，約 4 割の経営者が少なくとも現状維持は可能と回答している。廃業予定企業の中に好業績企業つまり「残すべき事業」が多くある。しかし，経営者が事業継承を選択しない場合は，好業績企業もそのまま廃業する可能性が高く，雇用機会が喪失する機会は拡大する。雇用機会の喪失は，人材の流出を招き，地域経済の衰

退を促進する事態に陥る。

　中小企業庁の試算では，中小企業・小規模企業の事業継承問題が先送りされ放置されると，廃業の急増により，2025年頃までの10年間累計で約650万人の雇用と約22兆円の国内総生産（GDP）を失う可能性があることを明らかにした。日本経済にとっては廃業による危機的な状況が迫っている。

（2）社会的視点
　山城（1977）[3]は，「わが国の経営形態には3種（①「生家・家業」：前近代的，身内の論理，家集団的理念，②「企業」：近代的，資本の論理，所有の論理，③「経営（体）」：現代的，経営の論理，機能主義マネジメント）が併存するという三重構成をなしているのが特色で，特に古典と伝統を守り続け，わが国独自の性格をもつ，「生業・家業」群に属するものが圧倒的に多く，地方において老舗企業と呼ばれる多くは，「生業・家業」を根幹としている」と述べている。

　更に「マネジメント機能の充実（人間関係論，モラル，モチベーション，動機づけ原理などの人間的・社会的性格を組み入れた事で，仕事場の文明的構造が人間的・社会的なもの変わっていった事）は，経営（体）自体の性格にも展開し，経営（体）は機械文明的所産でありながら，文明の社会化によって，（経営文化として）充実・発展を示した」と述べている。事業が存続維持・成長発展していく過程には，常に事業に内外から関わる人の問題が介在している。単なる業績の良し悪しでは無く，事業を通して人と人が結びつき，生きがいや絆を構築する「場」として，社会的な存在意義があった。

　山城は，経営文化への展開を考える上で，経営体において働く人の「こころ」の継続が重要であるとしている。職場で働く従業員の心理・精神を，（事業を継続していく上での）人間関係，（経営理念への理解等によってもたらされる）動機付けなどにより，（経営体の）機械文明的機能観をより文化的なものに高めている。経営体には様々な進捗度合いがあるものの，文化的，社会的な側面を兼ね備えているのである。

　廃業・倒産などによって，地域に貢献してきた「事業」が無くなることは，それを支えてきたもの，「地域資源（理念，人材，文化，伝統など）」の喪失に繋がる。地方の老舗菓子企業A社では，100年以上にわたって地元で愛された商品を多数保有し，東京方面にも数店のアンテナショップを展開していた。し

かし，代表（2代目）が50歳という若さで急死した後，特に致命的な負債を抱えていた訳ではない中，社内外に後継者として会社を引き継ぐ人材が現れず，会社は廃業に追いやられた。廃業当時，地域ブランド，地域文化の喪失として，マスコミ報道でも扱われ話題になった。

第2節　事業継承を円滑に進めるための経営転機対応

1　経営転機対応の重要性

　経営転機対応とは，経営者が「自らの置かれている環境」「自らが行っている事業」を分析評価し，今後の方向性を勘案し，経営改善，経営革新，転業，事業譲渡，M&A，廃業，倒産等の具体的措置を実行していく事である。2020年頃には，団塊経営者の大量引退期が到来する。経営を取り巻く様々な環境は大きな転換時期を控えており，経営転機対応の緊急性が迫っている。

　経営転機対応は，経営者にしかできない意思決定である。伊丹[4]は，「経営者たる人の仕事はいろいろとあるが，その第一は決断である。それもさまざまな経営の力学が働く中での決断である。経営者が行う決断は，組織のあちこちにあるさまざまな事業をすべてのみ込み，総合判断をした上での決断である。しかもその判断によって運命が左右されてしまうことになる人々は多い。経営を預かるとは，その人々の人生を左右する権力を預かるということなのである。難しい総合判断が常である。だから熟慮も必要で，決断を先延ばしにしたくなる。しかし，それで困るのは現場で働く人々である。どちらの方向へ進むのでもいい，とにかく決めてくれ，と部下が叫びたくなっているような状況も案外多いのである」と述べている。

　なぜ（早期の）決断が必要になるのか。伊丹は，「1つは，企業としての最終的な決断は，組織の長であり最終責任者である経営者にしかできないことだからである。誰か上の判断を仰ぐことができないのが，経営者の立場である。もう1つは，経営者が組織の信頼を勝ち取るための最大の条件が，ぶれない決断をすることにあるからである。経営者が真に経営者として機能できるためには，組織の人々が『あの人にはついていこう，ついていける』と信頼しなければならない。経営者のポジションにいるというだけでは，実は経営者としての真の機能の形式的要件を満たしているにすぎない。部下たちがついていこうとする

信頼感をもつことが，経営者として機能する実質的要件なのである」と述べている。

経営者の決断は何にもとづいてされるべきであろうか。その答えは第3章で取り上げた「経営理念」に他ならない。「何のためにこの事業を行ってきたのか」という問いに，経営者自らが答えを出し，明確な目的（使命）を確立して事業に邁進してきた姿を，今一度振り返る事である。そして，経営者の決断は，経営者のためだけではない。事業を存続維持する中で，期待成果を生み出してきた，会社組織を形成する，（一番大切な経営資源たる）従業員の生活を守るためである。ゆえに経営転機対応の決断は迅速に行われなければならない。

2　事業存続の類型

経営転機対応の根幹は，現状の事業を分析評価し，事業の方向性の解決策を講じることである。ここでは，現実的に厳しい経営環境を強いられ，限られた経営資源を有する中小企業がどのような解決策をとっていくべきかという観点に立って考察したい。十数年，企業調査の仕事に従事し，経営転機を乗り越え，存続維持・成長発展してきた多くの事例を目の当たりにした筆者の経験から，現実的な事業存続のモデルを5類型（自律存続型，選択集中型，再編存続型，他者継承型，複合型）に分けて考察していく。

事業存続のモデルは，「現在の事業を存続するか（＝そのまま続けていくか），選択するか（＝事業を選択集中するか）」，「現在の経営資源を存続するか（＝そのまま続けていくか），入替するか（新しい資源を投入するなどして再編を進めるか）」という切り口で捉え，5類型に分けている。図表7—1において，縦軸には経営資源の存続，入替をとり，横軸には事業の存続，選択をとって4象限に分け，5類型のモデルを当てはめている。経営転機対応において，中小企業診断士としては，経営者に対し迅速な意思決定を支援する事が重要な役割であると認識している。事業の方向性を助言する上で，この事業存続モデルが意思決定の一助になれば幸いである。

「自律存続型」は，経営資源を存続し，機能克服によって，事業存続を果たしたケースである。鍛造加工業のB社は，過剰な設備投資により多額の金融債務を抱える中，社長の急死により資金操作に支障をきたし，民事再生法を申請した。社長の子息達は兄弟団結してこの難局面に対応し，前社長の教えを守り，「人材を重宝」した。民事再生申請当時にも雇用を維持し，やむを得ず従業員に給

図表7-1 事業存続のモデル5類型

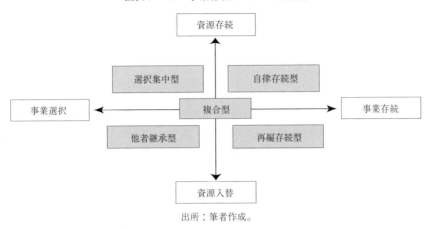

出所：筆者作成。

料削減を申し入れた際には，住宅ローンを抱える従業員については，社長が同席して金融機関と返済緩和を交渉した。こうした苦労の甲斐もあって，従業員は1人も辞める事は無かった。民事再生終結以降，会社は順調に業績を伸ばし，現在では倒産前以上の業容規模をしている。

「選択集中型」は，経営資源を存続し，複数の事業を選択集中し，機能克服によって，事業の存続を果たしたケースである。農業資材小売業のC社では，当時主力事業であった建築資材，建築金物の卸売をやめ，農業資材小売事業に特化し，2店舗の経営立て直しを図った。従業員による接客サービスの向上に努め，地元農家等からの農業中古機械の買い取り，農産物の仕入などを積極的に実施し，地域密着化を図った。こうした取り組みが来店客のリピート率向上につながり，農協や大手専門店と競合する経営環境においても，安定した店舗売上を確保している。

「再編存続型」は，経営資源（ヒト，モノ，カネ）を入れ替え，機能回復により，事業存続を果たしたケースである。電子機器製造業のD社は，当時従業員として働いていた現社長が株式を買い取り，前勤務先などから新たに従業員を採用した。また，前勤務先時代の営業人脈を通して，新規の試作受注を積極的に確保し，ロット単位での継続受注に繋げている。現在では約100種類の小型

メーターを受注しており，オリジナル製品も開発している。

「他者継承型」は，経営資源を入れ替え，複数の事業を選択集中し，機能克服によって，事業存続を果たしたケースである。炊飯卸売業のE社は，有力グループ企業傘下として新しく設立され，別の会社から炊飯事業を譲受し，従業員，工場をそのまま引き継いだ。価格競合が厳しい業界ではあるが，新しい経営者の下，炊飯方法を工夫して味の差別化を図り，グループ企業のシナジーを発揮し，新規販路を開拓して事業規模を拡大している。

「複合型」はこれまで述べてきた様々な事業存続ケースが複数組み合わさったケースである。3事業を行っていたF社は，景気悪化の影響と過去の設備投資など金融負担が重荷となっており，民事再生手続を申請した。国内外に相応の販路をもつ，家電小物類製造，電設工具類製造の2事業を選択して事業継続を決定した（選択集中型）。環境製品事業は，自社技術を活かした画期的な事業であったが，営業上の理由等から（F社での）販路開拓は困難と判断し，省力化装置を製造するG社に譲渡された（他者継承型）。

なお，経営転機対応における決断要素として，財務的・法律的観点は当然ながら看過出来ず，具体的措置の実行においては，その煩雑な手続きに時間や手間が相応にかかる。紹介したケースでは，そうした財務的・法律的な観点や実際の手続きは承知の上で，「経営理念」にもとづいた事業存続の決断がなされている。明確な目的（使命）を再認識し，事業は存続維持し，再び成長発展を遂げる事で，従業員の雇用機会を拡大し，地域経済に貢献している。

3　経営転機対応下での戦略

経営転機対応時の戦略課題は，1点として経営機能（後継者）をどのようにするか。もう1点として事業をどう成長発展させていくかである。

本章では，追考の上，後継者を『経営機能』と同義で論述する。後継者（人材）問題が顕在化する中，事業存続の観点からみると，どのような機能が望ましいかと捉える事が現実的だからである。中小企業庁発表の事業承継ガイドラインでは，後継者候補として，親族，従業員，M&A等のマッチングを挙げている。本章ではこれに第三者人材，ステークホルダーを加え，次節で述べる。

事業の成長発展について，中小企業白書（2017年版）[5]における新事業展開の実施状況を見てみると，アンゾフの成長戦略にもとづく4つの戦略の中では，新製品開発戦略の実施割合が最も高く，次いで，新市場開拓戦略となっている（図

第7章　事業継承と後継者　155

図表7−2　中小企業の新事業展開の実施状況

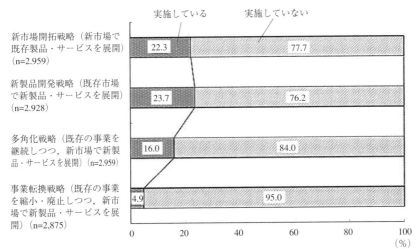

出所：中小企業庁『中小企業白書』（2017年版）

表7−2）。しかし，どの戦略においても相対的には実施していない企業が多い。実施していない企業が抱える課題を確認すると，最も回答が多い課題は，「必要な技術・ノウハウを持つ人材が不足している」（43.8％）であり，次いで，「販路開拓が難しい」（31.2％），「新事業展開に必要なコストの負担が大きい」（30.7％）となっている。経営資源に限りのある中小企業においては，地域社会への対応，連携・提携によって新事業展開を積極的に実施していくことが求められている（図表7−3）。効果的なマーケティング活動を実施し，研究開発や新技術の活用により新しいビジネスモデルを追求し，更なる成長発展が期待される。

　小川[6]は，単独では小さい様々な活動について地域社会を基盤として連携することでより広範に展開する地域内循環経済を「交流ビジネス」と定義づけている。介護，環境などの特定の領域や観光や農業，製造業など特定の産業だけを意識するのではなく，地域社会で関わる様々な産業分野の横断的な取り組みが新しい価値（ビジネス）を創出すると述べている。更には，地域の様々な連

図表7—3　地域資源を活用した中小企業・小規模事業者を中心とした地域の連携

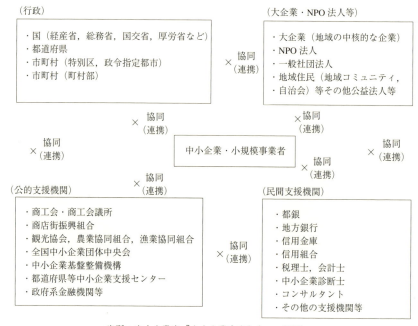

出所：中小企業庁『中小企業白書』(2015年版)。

携によってビジネス（価値）創出のプロセスを成熟していく必要があろう。

4　廃業支援

　経営転機対応において，廃業は事業存続を断念する選択肢である。しかし支援に際してはすぐに廃業手続きを進めるのではなく，まずは経営状況・経営課題等をよく把握して，事業継続（事業を残していく）の可能性を探るべきである。事業存続をやむを得ず断念する際は，円滑な廃業に向けた支援を実施する。廃業支援の目的は「経営者のその後の生活を守る事」（ハッピーリタイヤ）である。廃業時に生じた諸問題によって，経営者が生活資金を失うような事があってはならない。経営転機対応時において，財務状況の把握，早期の債務整理，廃業資金の確保，取引先，金融機関，従業員への説明など，円滑な廃業に向け

た事前準備が必要である。

　筒井[7]は，「事業継続は，赤字の垂れ流しやじり貧の継続ではなく，利益を出して社員を健全に養っていく事，会社を大きく革新していく原動力が存在する事である」とし，廃業の促進は，本当の意味で「(事業の) 新陳代謝を高める」と述べている。また，廃業支援を実行する際は，事前準備，手続き上の怠りが1点でもあると，取り返しのつかないトラブルに繋がる事もあるため，事業の存続以上に準備・手続きに注意を払う必要性を説いている。

　中小企業白書（2017年版）[8]では，創業・起業の際，従業員や顧客・販売先といった「ヒト」，機械・設備や工場・店舗・事務所といった「モノ」，技術やモノ，ノウハウといった「情報」の要素に関して，持続成長型の企業を中心に，廃業企業等から引き継ぐケースが多いとしている。廃業の決断が早ければ，残された経営資源が地域内で再活用され，新たな事業の創出に繋がる機会が増えるのである。

第3節　後継者の再定義

　本節では，事業の『経営機能』である後継者が，どのように決定されていくかの「プロセス」と，引き継いだ事業を存続していくための「問題点」を考察しながら，後継者候補としての，親族，従業員，第三者人材，ステークホルダー，スモールM&Aについて考察していく。

図表7—4　親族内外の事業継承の実態推移

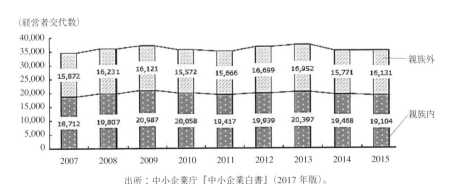

出所：中小企業庁『中小企業白書』(2017年版)。

後継者は大別すると，親族内外となる。2007（平成19）年以降，親族外の継承は増えているとはいえないものの，親族内の継承に比べて件数は多く，全体の5割超を占めている。中小企業でも親族外継承は一般的なものになっているといえる（図表7—4）。

1　親　族

親族への事業継承は，後継者に事業を受け継ぐ者としての自覚を持たせ，先代と協力して準備を進めていく必要がある。早い段階から後継者との対話を重ね，先代の想いや，堅持してきた経営理念を共有し，先代から引き継ぐ経営資源（ヒト，モノ，カネ，情報）の実態を把握するプロセスが重要である。

ここで問題となるのは，後継者の教育である。経営者には，事業運営に関する現場の知見はもちろん，営業，財務，労務等の経営管理に関する幅広い知見も必要となる。研磨加工業のH社では，子息が後継者として，事業を引き継いだが，利益低迷に悩んでいた。理由は，粗利益率の低下であったが，これまで先代の下，営業と現場に従事し，経営管理上の知識について学んで来なかったため，どのように価格交渉や原価改善に望んだらよいかについての知見が無かった。外部からの支援をうけても本人が理解し，意思決定を行い，現場で指導が出来なければ持続的な改善は困難である。

もう1つの問題は，親族内であっても，対外的には「別の会社」になるという事である。経営環境の変化を捉えて，自社のビジネスモデルの再構築が肝要となる。その際，先代の幹部人材を含めたガバナンス整備，仕入先，取引先，金融機関などステークホルダーとのコミュニケーションが重要である。ビルメンテナンス業のI社では，数年の準備期間を経て先代が完全に経営から退き，子息が後継者となった。新社長は，従業員，ステークホルダーとの定期的にコミュニケーションを図るなど信頼構築だけでなく，新規事業の創出，人材の積極的な登用などを実施し，地元では「先代の顔がいらない（新社長の）会社になった」と多分の評価を聞く。

2　従業員

従業員への事業継承を行う際には，現経営者の親族や，後継者である従業員の配偶者といった関係者の理解を得るのに時間がかかるケースが多い。このため，（本章では触れていない）株式・事業用資産の引き継ぎを含め，後継者の

図表7－5　組織織形態別に見た，経営者を補佐する人材と考える理由

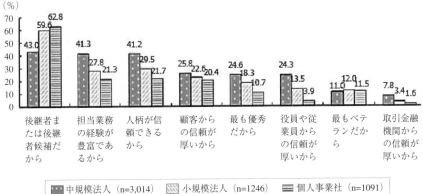

出所：中小企業庁『中小企業白書』（2017年版）。

経営環境の整備に一層留意する必要がある。

　ここで問題となるのは，「本当に企業には事業を継げる人材はいないのか？」という根本的な問題である。どんなに小さな会社でも，相対的に優秀な人材はいる。中小企業白書（2017年版）では，（将来的に後継者候補となり得る）経営者を補佐する人材の有無について，中規模法人では73.4％，小規模法人では65.7％，個人事業者では53.5％が「既にいる」と回答している。しかしそうした人材は経営（マネジメント）についての教育を受けていないケースが多い。事業継承のプロセスにおいて親族内とは違った困難さはあるものの，そもそも後継者候補として，普段からの準備体制が構築されていないのが実情で，「経営を補佐する人材をどう考えているか」という経営者の認識が重要な問題である（図表7－5）。

　100人以上の従業員を抱える，精密加工業Ｊ社では，経営者が70歳を超える中，親族内に後継者候補がいなかった。十数人を集めた幹部会議で継承候補を公募したが，誰一人手を挙げなかったという。外部からみると，優秀な技術者，営業マンはいる。しかし経営者は「会社の経営を継げる人材は我が社には１人もいない」と口癖の様に言っていた。継げる人材がいないのではなく，自らが継ぐ人材を育てる機会を潰していたのである。事業の経営体である「会社」は，

本来誰のものなのか。経営者がこのことをよく理解して決断し，有能で積極的な従業員に対して，様々な教育の機会の整備し，経営理念を伝え，将来的な権限移譲の可能性をつくっていく事が肝要であろう。

3　第三者人材

事業引継ぎ支援センター[9]においては，後継者不在の個人事業主が営む事業継承を支援するため，後継者を求めている企業と，創業を目指す起業家を結び付け事業継承を支援する「後継者バンク」事業が行われている。後継者不在の事業主からの相談を受け付ける一方で，起業家との接点が多い商工会議所，商工会，中小企業振興センターなどを経由し，起業家からの登録申し込みを受け付ける。お互いの希望に合う引き合わせにより，条件面での具体的な交渉を行い，事業の引継ぎに結び付ける。

第三者人材による事業継承は，地域の文化・伝統・考え方を理解しながら，事業を存続維持していく難しさがある一方で，起業家としての新しい視点でのビジネスモデルを構築し，事業を成長発展させていける可能性がある。静岡県静岡市清水区，清水駅前銀座商店街の老舗乾物屋「蒲原屋」では，前経営者の金子武氏が，静岡商工会議所の「創業支援プロジェクト」を通じて後継ぎを公募した。後継者となった新谷琴美氏は，従業員として働くなど２年間の準備期間を経て事業を引き継ぎ，約３年に渡って乾物販売事業を成長発展させている。新谷氏へのインタビューを通じ，事業継承にあたってのポイントをまとめてみた（図表７−６）。

事業継承に際し認識すべき事として，前経営者との信頼構築，コミュニケーションについては，親族ではないため様々な難しさがある一方，新谷氏は「かえって他人同士のため，言い訳が出来ない間柄から（例えば商品のデザイン，パッケージなど）仕事上の議論で，根拠を示しながら建設的な話が出来る」と話す。実際に同族企業の経営会議では，前経営者と後継者の私情が先行して，話がまとまらない場面が多々ある。

後継者に手をあげるまでのプロセスとして，新谷氏の場合は，従前から調理師免許の資格取得など，食と健康に興味をもっていた。「乾物は地域の食文化を支えている」と事業を評価できたのは，新谷氏が食文化に造詣が深かったからである。また，経営者の実務について，新谷氏は「仕事上で約10年に渡り，社長のそばで経理などを学ぶ機会があり，この経験が現在のベースとなっている」

図表7－6　事業継承にあたってのポイント

---
① 事業継承に際し認識すべき事
　・コミュニケーションを図り，信頼関係の構築に時間がかかる
　　　⇒『継承後の事業存続において難しい点』
　・長く存続してきた事業は，顧客からの信頼があり，地域への貢献を果たしている
　　　⇒『継承後の事業存続において良い点，大切にしている点』
② 後継者に手をあげるまでのプロセス
　・対象事業についてのポテンシャルをもっていた
　・経営者の実務を体得できる経験があった
　・何か（事業）をやりたいという『想い』をもった
③ 事業を成長発展させるために後継者に求められる事
　・経営者として実務についての勉強の継続
　・地域人材としての新たなコミュニティの形成 ⇒『地域の目になる』
④ 事業を成長発展させるために必要な戦略
　・商品のブランド力強化（例：加工工程の改良，アイテムの絞り込み，ネーミング・デザイン）
　・新たな顧客ネットワークの形成（例：ワークショップの開催）

出所：筆者作成。清水商店街外観（写真左），蒲原屋と新谷氏（写真右）。

と話す。自身で何か（事業）をやりたいという「想い」は，この経験から生まれてきたものである。

　事業を成長発展させるために後継者に求められる事として，新谷氏は経営者

となってからの約3年間に，『かんぶつマエストロ（日本かんぶつ協会認定）』を取得し，加工方法や料理方法を研究するなど，乾物についての知見を蓄積してきた。「創業時の実務研修だけでは不十分で，経営者として実務についてからも必要な勉強を積極的にしてく事が大切」として，事業継承後もアクティブに実務知識の勉強に取り組んでいる。

また，「商店街で買えるものは，商店街で買っていただきたい」と考え，清水商店街の一員として，一緒に商店街イベントを盛り上げ，商店街を訪れる人々には，食事の献立提案，食材を扱う店舗情報を提供する。移住などで域外から入ってきた人にも自ら店頭で声をかけるなど，自身が「地域の目」になったコミュニティ形成にもエネルギッシュである。

新谷氏が店舗で開催しているワークショップ（毎月約20名が参加）は，自身が新しいコミュニティを形成する中で，食事の献立として乾物の新しい料理方法の提供したい想いから始まったものである。口コミなどを通じ，清水区外，静岡県外の顧客ネットワークも形成されてきている。新谷氏は，「女性の商品への評価は減点方式で，（デザイン，パッケージなど）見た目は肝心」，「（加工工程の改良など）自社でしか扱っていないものを強化していきたい」と話す。「蒲原屋」としての商品ブランドが認知される中，更なるブランドの質を追い求めている。ワークショップについても同様で，開催場所（店舗外）・内容なども検討していくとの事である。

最後にインタビューを通して，事業存続においては，関係支援諸機関（商工会議所，金融機関，専門家等），マスコミとの協力も重要で，様々な情報収集，店舗の情報発信，プロモーションほか各種経営支援において，周囲との細やかな支援ネットワークが構築出来ている点を強く認識した。

4　ステークホルダー

経営機能の候補として，既に対象事業と取引をしているステークホルダーがある。事業そのものを理解しているという地域にとってのメリットもあるほか，何より引き継ぎ側のステークホルダーにおいては，人材不足を補える点として双方にメリットがある（図表7－7）。

特にステークホルダーの中でも，各業界において「地域の商社機能」を有する企業は，事業継承後の成長発展が期待される。地域の商社機能[10]とは，全国ではなく，地域に密着して，地域資源の発掘，地域資源の活用法検討，市場調査，

第 7 章　事業継承と後継者　163

図表7—7　中小企業における人材の過不足状況

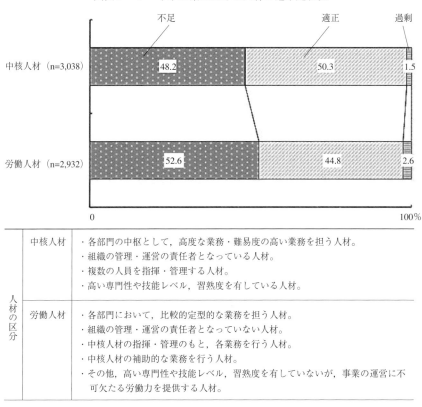

出所：中小企業庁「中小企業白書（2017 年版）」

商品開発，販路開拓（商談・ビジネスマッチング），販売促進活動，販売，メーカーへの販売情報の提供など，地域の生産者の活動を全面的にサポートするとともに，全国（海外）へ積極的に地域の商品（特産品等）を売り込んでいく取組または機能である。地域商社は，地域密着の活動を展開し，地域資源の発掘から販路開拓，販売まで，地域資源の活用に際して幅広く関与できる。地域における事業構築という観点から，イノベーション活動を推進できるネットワーク形成の主体者となり得る存在であり，地域資源のブランド化までを含めた，

地域資源活用の総合的な支援者としての役割が期待される。

建設コンサルタント業のK社は，地元大手上場企業の設計監理業務を長年手がけ，技術をはじめとした対外信用を構築し，地域外からの受注基盤を確保している。以前から建設業への進出を模索していたが，外注先であった同じ地域内の建設事業を譲受した。受注先にも共通の顧客が多かったため，事業基盤は維持されたほか，地元学校，商工会，金融機関との連携も密になり，適切な人材確保が可能となり，その後は事業基盤を拡大している。

但し，金融機関との関係については，融資目的の過度な（譲渡案件）斡旋の動きもみられる。譲渡先の金融債務を過剰に負担させられるケースも散見され，結果として譲受意欲を削ぐような風潮もある汚点は警鐘すべき点である。

5　スモールM&A

2017（平成29）年7月，中小企業庁が発表した「事業承継5ヵ年計画」では，小規模企業の後継者マッチングの強化策として，スモールM&A（小規模企業を対象としたM&A）マーケットの形成を打ち出している。これまで「ハゲタカファンド」「企業買収・乗っ取り」などの言葉を連想して，負のイメージがあったM&Aも，これからは地域の雇用基盤を維持発展していく事業存続のための有効策として促進する方針である。

M&Aの件数は年々増加しているものの，担い手として期待されている地域金融機関，民間M&A仲介業者は，一定規模以上のM&Aに対する取組が中心となっている。小規模企業（約325万社）のM&Aの担い手は少なく，事業引継ぎ支援センターが大きなプレゼンスを占めている（図表7—8）。事業引継ぎ支援センターでの支援の流れは，
① 相談対応（1次対応）：事業引継ぎ支援実施の可否を判断
② 登録機関への橋渡し（2次対応）：相談案件をセンターの登録機関（仲介業者，金融機関等）に取り次ぐ
③ センターによるマッチング（3次対応）：マッチング相手がいる場合や登録機関の不調案件をセンターが士業法人等を活用してマッチングを実施
となっている。支援実績は年々増加しているが，内訳を見ると，1次対応から2次対応（登録機関に橋渡し）まで進む割合が約2割と少ない。その理由は小規模企業の案件が多く，コスト面で折り合いがつかなかった事にある。小規模企業は引き継ぎ先が見当たらないケースも多く，具体的な案件化とマッチング

第 7 章　事業継承と後継者　165

図表 7 — 8　M&A の担い手の実状

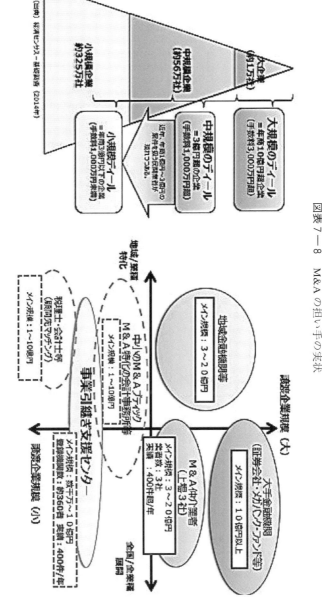

出所:「事業承継に関する現状と課題について」中小企業庁。

図表7-9　円滑なM&Aを実行するためのアドバイザーの「9」ポジション

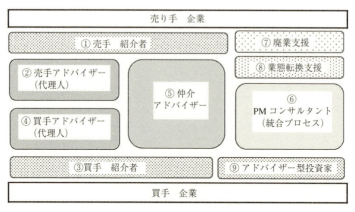

出所：株式会社つながりバンク「スモールM&Aアドバイザー養成講座講義資料」。

件数の増加は課題となっている。今後は事業引継ぎ支援センターが保有する登録案件のDB（データベース）の開示範囲を拡大し，民間機関（金融機関，民間仲介業者等）のDBとの相互乗り入れを実現して，マッチング機会を増やしていく。事業引継ぎセンターでは，2022年までに年間2,000件のM&Aマッチングを目標としているが，廃業予定企業数の規模には追い付かない数値である。そのため，民間のマッチングコーディネーター（小規模マッチングに取り組む士業法人等）との連携を強化している。

　株式会社つながりバンク（東京都港区，代表：齋藤由紀夫氏[11]）が主宰する「スモールM&Aネットワーク」は，小規模案件（特に事業譲渡価格が1億円未満の案件）のM&Aならではの企業価値評価手法，契約手続きを独自に開発しており，M&Aマッチングに相応の実績をもつ。ネットワークには各種士業をはじめ，民間機関，投資家など，様々な専門家が集まっている。ネットワークにおけるM&Aアドバイザー養成のセミナーでは，円滑にM&Aを実行するためのアドバイザーの9ポジションを説いている（図表7-9）。専門家はポジションにおける明確な役割を認識し，どのポジションでM&A実務に関わっていくかの方向決めをする。

　ネットワークに加盟している専門家は，それぞれ複数のポジションを担当し

ており，案件ごとに役割分担し，チームを組んでM&Aを実行する。このポジショニングによる実行体制は，マッチング成約に繋がる生産性，効率性を高めている。

ネットワークでは，各ポジションの専門性強化を図るべく，アドバイザー養成のセミナーほか，定期的な研究会を通して，売り手，買い手への理解を深め，案件化（事業の磨き上げと譲渡準備）とマッチング後の継続支援にも注力している。また，ネットワークでは案件化やマッチングが活発な事業モデル，業界の情報が随時共有化されている。ネットワークは，マッチング機能だけでなく，起業家や投資家，後継者の育成，企業の新事業進出を実現するソリューション機能も果たしている。

事業支援引継ぎ支援センターは発足以来，約17,000社の相談に応じ，2016（平成28）年度までに791件の事業引継ぎを実現した。地域を問わず成約件数の伸びが認められ，全国の中小企業にM&Aが浸透しつつある。都道府県単位では，商工会，商工会議所，金融機関等の身近な支援機関から構成される「事業承継ネットワーク」を構築し，マッチング機能の強化を図っている。今後は，「スモールM&Aネットワーク」の様な民間専門機関との連携により，お互いの保有するDB（データベース）が繋がれば，小規模企業の案件化，マッチング件数の増加が期待される。

ま と め

事業継承の問題に関わる際，中小企業診断士としては経営転機対応時の支援が最重要であると考える。経営者に対し迅速な意思決定を支援する事が重要な役割であると認識した上で，具体的な支援プロセスを図表7―10に示した。

経営者の気付きを促す初期診断においては，中小企業庁の「事業承継ガイドライン」においてプッシュ型の診断（ヒアリングシート）を推奨しており，2017（平成29）年からの5年間で25～30万社を対象に診断の実施を計画している（図表7―11）。初期診断では，後継者の準備状況，事業売却の意向などを聞き取りして，事業引継ぎ支援センターへの相談，専門家派遣など，支援実施に繋げる。

事業性評価については，具体的な評価ツールとして，「ローカルベンチマーク」や「事業価値を高める経営レポート」（詳細は第8章参照）を使用し，現状を把

図表7—10　経営転機対応時の支援プロセス

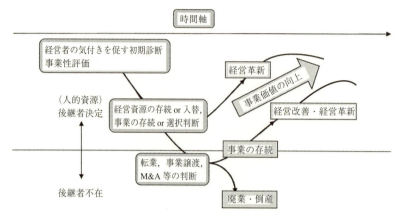

出所：筆者作成。

握した上で，事業の方向性（経営資源の存続 or 入替，事業の存続 or 選択）を検討する。また，ここでは財務的・法務的な諸問題を精査し，早期経営改善策，再生支援策も検討し，後継者が継ぎたくなるような環境整備（事業の磨き上げ）を支援する。

後継者の選定においては，転業，事業譲渡，M&A等といった第三者への引継ぎを支援する事になる。また，廃業・倒産という選択肢を支援する機会も増加する可能性がある。事業存続を実行した以上は，経営改善や経営革新によって，事業価値を向上させ成長発展に繋げていく。

事業継承への取り組みについては，財務的・法律的な手続（株式移動，税務対策，経営上の保証債務の引継等）の煩雑さや，実際に手続きを進めていく途中で予測不能の諸問題が発生するなど，相当の時間を要するケースが多い。これに対し，実行を支援する立場の，各種士業においては，支援にかかる時間と，クライアントから頂くフィー（費用）の整合性が取れない（支援に要した労力に見合っただけの費用が回収できない）といった問題が発生しており，案件に対して支援が物理的に追いついていないのが実情である。

本章では，地域に貢献する「事業」をどのように存続維持し，成長発展させ

図表7-11　プッシュ型診断のヒアリングシート

| 企業名： | 取扱い支援機関名： |

事業承継ヒアリングシート

経営者の年齢：　　　歳　　　　　　業種：

従業員数：　　　人　　　　　　売上：　　　百万円

Q1　会社の10年後の姿について語り合える後継者候補がいますか。
　　□ はい　　それは誰ですか？ [　　　　]　　□ いいえ
　　※「はい」→Q2、「いいえ」→Q7へお進みください。

Q2　後継者本人に対して、会社を託す意思があることを明確に伝えましたか。
　　□ はい　　□ いいえ
　　※「はい」→Q3～Q6、「いいえ」→Q8～Q9をお答えください。

Q3　後継者に対する経営者教育や、人脈・技術などの引継ぎ等、具体的な準備を進めていますか。
　　□ はい　　□ いいえ

Q4　役員や従業員、取引先など関係者の理解や協力が得られるよう取組んでいますか。
　　□ はい　　□ いいえ

Q5　事業承継に向けた準備（財務、税務、人事等の総点検）に取りかかっていますか。
　　□ はい　　□ いいえ

Q6　事業承継の準備を相談する先がありますか。
　　□ はい　　それは誰ですか？ [　　　　]　　□ いいえ

Q7　親族内や役員・従業員等の中で後継者候補にしたい人材はいますか。
　　□ はい　　□ いいえ
　　※「はい」→Q8～Q9、「いいえ」→Q10～Q11をお答えください。

Q8　事業承継を行うためには、後継者を説得し、合意を得た後、後継者教育や引継ぎなどを行う事前期間が必要ですが、その時間を十分にとることができますか。
　　□ はい　　□ いいえ

Q9　未だに後継ぎに承継の打診をしていない理由が明確ですか。（後継者がまだ若すぎる　など）
　　□ はい　　□ いいえ

Q10　事業を売却や廃業などによって引継ぐ相手先の候補はありますか。
　　□ はい　　□ いいえ

Q11　事業の売却や廃業などについて、相談する専門家はいますか。実際に相談を行っていますか。
　　□ はい　　それは誰ですか？ [　　　　]　　□ いいえ
　　□ はい　　　　　　　　　　　　　　　　　　　□ いいえ

出所：中小企業庁「事業承継ガイドライン」

ていくかという観点から，事業継承の問題を考察してきた。中小企業診断士としての事業継承支援については，積極的に成長発展のプロセスに関与し，多様なネットワークの形成，新たなビジネスモデルの創出など，様々な支援機会を創出する事になれば，クライアントとの契約フィーの源泉を生み出せるのではないかと思う。今後は，様々なアプローチで事業継承に取り組んでいく意識をもち，実務に邁進していきたい。

注

1) 総務省「経済センサス－基礎調査」「事業所・企業統計調査」。
2) 帝国データバンク「事業承継に関する企業の意識調査」2017 年版。
3) 山城章（1977）49 ページ，129 ページ。
4) 伊丹敬之（2008）204 ページ。
5) 中小企業庁「中小企業白書」2017 年版，384 ページ。
6) 小川雅人（2010）172 ページ。
7) 筒井恵（2014）182 〜 184 ページ。
8) 中小企業庁「中小企業白書」2017 年版，165 ページ。
9) 後継者不在などで，事業の存続に悩みを抱える中小企業・小規模事業者の相談に対応するため，「産業活力の再生及び産業活動の革新に関する特別措置法」に基づき，中小企業基盤整備機構を本部として全国 47 都道府県に開設されている。「第三者への会社（事業）の譲渡」についての相談を受け，ケースによっては実際の M&A の実行支援までを行っている。
10) 中小企業庁『中小企業白書』2015 年版，384 ページ。
11) オリックス株式会社に 16 年間在籍。在職中に多くの新規 Project に参画し，ベンチャー企業から上場企業まで投融資を実行。出資先の株式間調整，合弁契約解消，事業撤退・売却，海外子会社統合，債権回収業務など前向きから後ろ向き案件の対応をこなす。2012（平成 24）年，株式会社つながりバンク設立。スモール M&A 市場の普及・拡大をメイン事業とし現在に至る。『GOLD ONLINE』（幻冬舎）にて，「新たな投資分野として注目集める「スモール M&A」の活用術」を連載。

参考文献

伊丹敬之（2008）『経営の力学』東洋経済新報社。
小川雅人（2010）『地域小売商業の再生とまちづくり』創風社。

筒井恵（2014）『会社の正しい終わらせ方』日経BP社。
山城章（1977）『経営学』白桃書房。
中小企業庁『中小企業白書』2015年版。
中小企業庁『中小企業白書』2017年版。

（柳澤　智生）

第8章　中小企業の財務，資金調達戦略
——円滑な資金調達の実現のために——

はじめに

　この章の目的は，単に企業の財務分析の手法を学ぶだけではなく，企業が資金調達を円滑に進め持続的に発展するためには，主に財務を中心とした経営管理をどのような視点からどのように行うべきか，そして金融機関との良好な関係をどのようにして構築するべきかを考察するものである。第1節では中小企業金融に特徴的に見られる課題を整理し，第2節では企業の経営転機に応じた調達方法の変化と高成長できた企業とそうではなかった企業の違いを分析し，第3節では円滑な資金調達を実現するために何が必要かを探り，そして第4節では経営不振に陥り資金調達が困難となった企業がどのように金融機関との関係を再構築し，事業再生を図ったかを事例により分析する。

第1節　中小企業における財務と資金調達

1　中小企業の財務管理と資金調達

　中小企業に限らず，財務管理と資金調達が経営において重要な項目であることは論を待たない。

（1）中小企業の財務管理状況

　中小企業は経営資源が限られているため，大企業のように財務を担う専門の部署に多くの専任スタッフを配置することができない。財務管理は社長自身，あるいは，社長の配偶者や顧問の税理士が担う場合が多い。また，大企業のように財務諸表を社外に広く公開することもなく，社内でも財務情報を知ることができる人の範囲も限られ，秘匿性が高い。それゆえ後述する財務情報の開示についての問題も生じるのである。

　中小企業庁の調査[1]によると中小企業の経営者が決算書以外に作成している

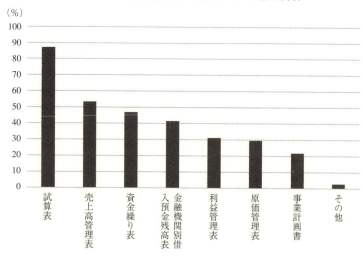

図表8－1　決算書以外で作成している管理資料

出所：中小企業庁（2012）「平成22年度中小企業の会計に関する実態調査事業」より筆者作成。

　財務関連資料は，事業計画書が22.0％，原価管理表が29.7％，利益管理表が31.2％，資金繰り表が47.2％である。いずれも財務管理を行うに際し重要かつ必要な資料であるものの，作成している中小企業経営者の割合は低く，大半の中小企業において財務管理の水準が高くないことを示している。

（2）財務管理と資金調達
　財務管理の基本的な目的は，できるだけ少ない投下資本で効率的に適正な利益を上げることである。経営資産が限られている中小企業こそ財務管理が重要になってくるのである。
　このように財務管理は利益の管理を中心に行われることになる。しかしながら，利益の計上と実際の資金の獲得には会計処理上タイムラグが生じる場合が多い。たとえば，商品を販売した時点で売上と利益は計上されるが，販売先からの売上代金の回収が翌月末になる場合がこれに当たる。企業は仮に利益を計上していても支払に必要な資金を獲得できなければ倒産に追い込まれることになる。これが，「勘定あって銭足らず」と言われる状況である。したがって，財

務管理において,利益管理とともに資金管理を行うことが重要となってくる。さらに,資金管理の中で「銭足らず」の状況を回避するために資金調達の管理が重要になるのである。

2 中小企業の財務の特徴

中小企業には,財務分析の指標から特徴づけられる傾向と資金調達上の課題がある。

(1) 財務管理で用いられる財務分析の指標

前述の財務管理の目的である「できるだけ少ない投下資本で効率的に適正な利益を上げる」こと,すなわち資本収益性を示す財務分析の指標として総資本経常利益率が用いられる場合が多い。総資本経常利益率とは,経常利益を総資本(負債+純資産)で除したものである。財務分析は,財務管理の手法のひとつである。ここでは,財務分析に関する細かな説明は省略するが,後述するローカルベンチマークでも用いられる財務分析の指標は図表8-2の通りである。

(2) 資金調達の観点から見た中小企業の財務の課題

中小企業は大企業に比べると前述の資本収益性を示す総資本経常利益率は低い水準で推移している。つまり,投下資本に対して利益を獲得する効率性が低いということを示しており,財務管理,利益管理の強化が重要となる(図表8-

図表8-2 ローカルベンチマークで使用する財務分析指標

分類	財務指標	計算式
売上持続性	①売上高増加率	(最新期売上高/前期売上高)-1
収益性	②営業利益率	営業利益/最新期売上高
生産性	③労働生産性	営業利益/従業員数
健全性	④EBITDA有利子負債倍率	(借入金-現金・預金)/(営業利益+減価償却費)
効率性	⑤営業運転資本回転期間	{売上債権(売掛金+受取手形)+棚卸資産-買入債務(買掛金+支払手形)}/(売上高/12)
安全性	⑥自己資本比率	純資産/負債・純資産合計

出所:経済産業省(2017)『ローカルベンチマーク「参考ツール」利用マニュアル』2頁をもとに筆者修正。

図表8—3　企業規模別総資本経常利益率の推移

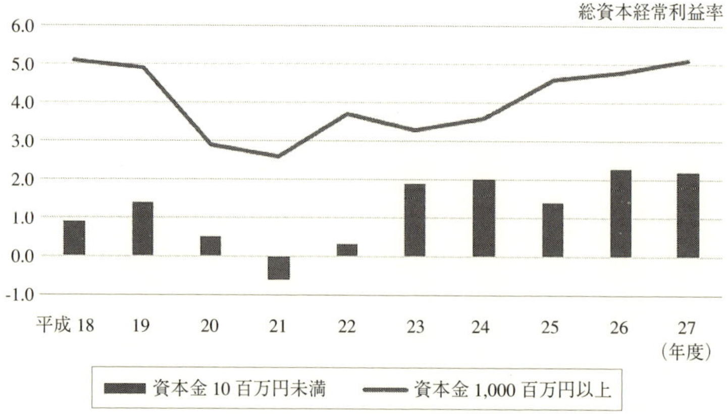

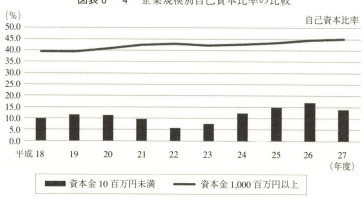

出所：財務総合研究所（2011，2016）「財政金融統計月報」より筆者作成。

図表8—4　企業規模別自己資本比率の比較

出所：図表8—3と同じ。

3）。

　また，中小企業は大企業に比べ自己資本比率も低い傾向にあり，負債すなわち借入金による資金調達に依存する財務体質であることを裏付けている（図表8—4）。

図表8—5　企業向け貸出残高推移

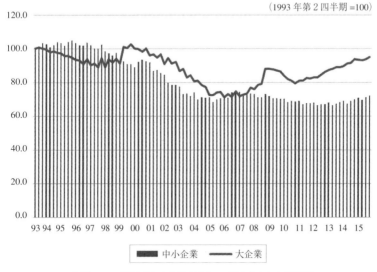

出所：2016年版『中小企業白書』273頁をもとに加筆修正。

3　中小企業の資金調達

（1）中小企業の資金調達の状況と特性

国内の中小企業向け貸出は2005年をボトムとして，その後横ばいで推移し，2014年からは回復基調にある（図表8—5）。

（2）中小企業金融の課題

中小企業向け貸出のマクロの数字は好転の兆しがあるものの，未だ経営者の実感としては資金調達の環境は厳しいと感じている。2015年に大阪商工会議所で行ったアンケート調査[2]によると必要な資金を3ヵ月以内に借入できる目途がついていなかった中小企業の割合は36.6％もあり，さらに資本金1千万円以下の小規模企業になるとその割合は52.9％と過半数を超える高い水準となる（図表8—6）。

また，合計で16.5％の経営者がこれから金融機関の貸出姿勢が厳しくなると感じている。とくに資本金1千万円以下の小規模企業においては23.5％の経営

図表8—6　必要な資金の調達の目途について

	全体	1千万円以下	1千万円超5千万円以下	5千万円超3億円以下
①目途はついている	23.9%	17.6%	21.9%	80.0%
②目途はまだついていないが、つく見込みである	36.6%	29.4%	50.0%	-
③目途はついておらず、つく見込みもない	2.8%	52.9%	21.9%	20.0%
無回答	2.8%	52.9%	6.3%	-
合計	100.0%	—	100.0%	100.0%

出所：大阪商工会議所（2015）「中小企業の資金調達に関する調査」より筆者作成。

図表8—7　経営者が感じる金融機関の貸出姿勢

	全体	1千万円以下	1千万円超5千万円以下	5千万円超3億円以下
①大幅に厳しくなる	4.4%	9.4%	1.5%	3.6%
②少し厳しくなる	12.1%	14.1%	12.6%	3.6%
③ほぼ変化なし	58.5%	58.8%	58.5%	57.1%
④少し好転する	6.5%	7.1%	6.7%	3.6%
⑤大幅に好転する	4.4%	3.5%	5.2%	3.6%
無回答	14.1%	7.1%	15.6%	28.6%
合計	100.0%	100.0%	100.0%	100.0%

出所：図表8—6と同じ。

者が厳しくなると回答しており，規模が小さい企業ほど資金調達環境は厳しさを増している（図表8—7）。

第2節　企業の経営転機と資金調達方法の変化

1　企業が利用する資金調達の種類

　企業の資金調達手段については，まず，企業が自ら事業活動の成果としてキャッシュフローを産出する内部資金と外部から調達する外部資金に分類される。また，外部資金は，さらに直接金融，間接金融，企業間信用，市場型間接金融などに分けられる（図表8—8）。

図表8−8　企業の資金調達手段

			調達手段	資金の出し手
内部資金			内部留保	自社:事業利益
			減価償却	自社:外部に流出しない費用
外部資金	直接金融	エクイティファイナンス	株式	公募、第三者割当等、外部
			クラウドファンディング（投資型）	運営会社を通じて外部の一般個人等
		デッドファイナンス	社債	公募、私募
			クラウドファンディング（貸付型）	運営会社を通じて外部の一般個人等
	間接金融		手形割引	金融機関等
			借入金	金融機関、その他外部の事業会社、個人
			ファイナンスリース	リース会社
	企業間信用		支払手形	販売先
			買掛金	販売先

出所：筆者作成。

図表8−9　クラウドファンディングの市場規模

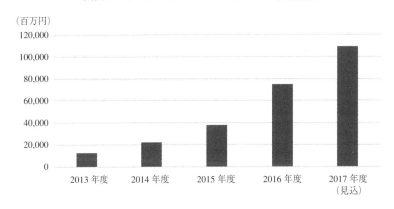

出所：矢野総合研究所（2017）「国内クラウドファンディングの市場の調査を実施」より筆者作成。

　このように多様な資金調達手段があるものの，一般に中小企業は，直接金融による調達が難しいと言われている。直接金融の場合は，不特定多数の投資家が資金提供者となる。投資家は配当，利子，値上がり益を期待して投資するため，投資家の期待つながる企業であることを広く認知してもらう必要がある。そのためには，企業の財務情報を開示するための資料作成や，株式公開のための専

門的な知識やそれを実施する人材の確保と費用の負担が必要となるが，中小企業にそのような専門性の高い人材や費用を負担できる余裕があるところが少ないというのが，直接金融による調達を難しくしているひとつの原因である。最近では，これらのコストや労力を運営会社が負担してインターネットを使って広く一般個人から資金を募るクラウドファンディングが注目されている。2016年度のクラウドファンディングの国内市場規模は約746億円，前年比96.6％増と急成長を続けている（図表8－9）。

2　経営転機に応じた調達方法の変化

（1）創業期，成長初期，安定・拡大期のライフサイクル別に企業が求める資金調達方法と実現できた調達方法

　2017年版の中小企業白書では，「起業・創業の実態に関する調査」[3]において中小企業を上場企業並みの売上成長率で成長している企業を「高成長型」，起業時から規模が拡大した企業を「安定成長型」，起業時と同様の規模，規模が縮小した企業を「持続成長型」に類型化し，さらに，起業後のライフステージを創業期，成長初期，成長・拡大期に分けて，各ライフステージ別に直面した課題や利用した施策を分析している。

　上記調査では資金調達において以下の課題を指摘している。それは，高成長型企業にあっても，創業期には融資そのものが受けられなかった場合があったと26.2％の企業が回答していること，成長初期，安定・拡大期では融資は受けられるようになったものの，融資条件のミスマッチや手続きの煩雑さで思い通りの借入ができなかったと10％以上の企業が回答していることである（図表8－10）。

　また，「創業期」「成長初期」「安定・拡大期」の各ライフステージ別に経営者が利用したかった資金調達方法と実際に利用した資金調達方法を示したのが以下の表である。各ライフステージにおいて経営者が希望した資金調達方法は多種多様であったが，実際に利用した資金調達方法は民間の金融機関からの借入が大半であった。仮に高成長型企業にあっても中小企業は，金融機関からの借入れに依存せざるをえない状況を示している（図表8－11，8－12）。

　次に，融資を受ける際に利用した担保・保証条件について分析する。経営者が最も希望する融資条件は「担保・保証によらない融資」である。それは企業のどのライフステージにおいても希望条件の上位に位置するものの，実際に融

第8章 中小企業の財務，資金調達戦略　181

図表8-10　高成長型企業の成長段階ごとの資金調達における課題

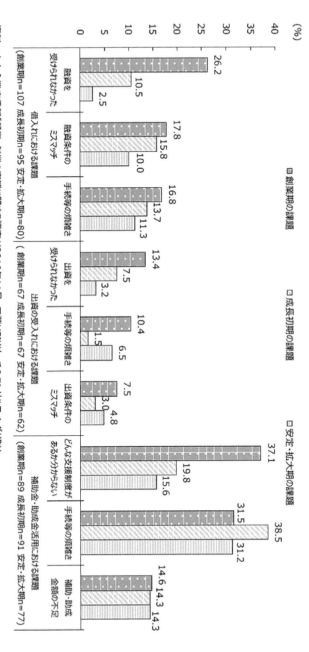

資料：中小企業庁委託「起業・創業の実態に関する調査」(2016年11月，三菱UFJリサーチ＆コンサルティング(株))
(注)1.高成長型の企業が，資金調達の際に課題となった，課題となっていることについての回答を集計している。
2.「特に課題はなかった，」項目は表示していない。
3.複数回答のため，合計は必ずしも100%にはならない。

出所：2017年版『中小企業白書』180頁。

図表8—11　利用したかった資金調達方法

	第1位	第2位	第3位	第4位	第5位
創業期に利用したかった資金調達方法 (n=31)	民間金融機関からの借入れ (58.1%)	政府系金融機関からの借入れ (54.8%)	民間企業、その他の団体からの借入れ (41.9%)	ベンチャーキャピタル、投資組合・ファンド等からの出資 (38.7%)	個人投資家からの出資 (35.5%)
成長初期に利用したかった資金調達方法 (n=21)	民間企業、その他の団体からの借入れ (61.9%)	ベンチャーキャピタル、投資組合・ファンド等からの出資 (61.9%)	個人投資家からの出資 (61.9%)	民間企業、基金、財団その他の団体からの出資 (57.1%)	クラウドファンディングの活用 (47.6%)
安定・拡大期に利用したかった資金調達方法 (n=14)	ベンチャーキャピタル、投資組合・ファンド等からの出資 (78.6%)	個人投資家からの出資 (71.4%)	民間企業、その他の団体からの借入れ (71.4%)	民間企業、基金、財団その他の団体からの出資 (71.4%)	クラウドファンディングの活用 (64.3%)

資料：中小企業庁委託「起業・創業の実態に関する調査」(2016年11月、三菱UFJリサーチ＆コンサルティング(株))
(注) 1. 高成長型の企業の回答を集計している。
2. 各成長段階で利用したかったができなかった、利用したいができない資金調達方法について、それぞれ回答割合が高い上位5項目を表示している。
3. 複数回答のため、合計は必ずしも100%にはならない。

出所：2017年版『中小企業白書』182頁。

図表8—12　実際に利用した資金調達方法

	第1位	第2位	第3位	第4位	第5位
創業期に利用した資金調達方法 (n=125)	経営者本人の自己資金 (76.0%)	民間金融機関からの借入れ (39.2%)	家族・親族、友人・知人等からの借入れ (33.6%)	政府系金融機関からの借入れ (28.8%)	公的補助金・助成金の活用 (14.4%)
成長初期に利用した資金調達方法 (n=119)	民間金融機関からの借入れ (71.4%)	経営者本人の自己資金 (45.4%)	政府系金融機関からの借入れ (43.7%)	公的補助金・助成金の活用 (23.5%)	家族・親族、友人・知人等からの借入れ (20.2%)
安定・拡大期に利用した資金調達方法 (n=104)	民間金融機関からの借入れ (73.1%)	政府系金融機関からの借入れ (45.2%)	経営者本人の自己資金 (36.5%)	公的補助金・助成金の活用 (19.2%)	家族・親族、友人・知人等からの借入れ (13.5%)

資料：中小企業庁委託「起業・創業の実態に関する調査」(2016年11月、三菱UFJリサーチ＆コンサルティング(株))
(注) 1. 高成長型の企業の回答を集計している。
2. 各成長段階で利用した、利用している資金調達方法について、それぞれ回答割合が高い上位5項目を表示している。
3. 複数回答のため、合計は必ずしも100%にはならない。

出所：2017年版『中小企業白書』181頁。

図表8—13 利用したかった融資条件

	第1位	第2位	第3位	第4位	第5位
創業期に利用したかった担保・保証等の条件 (n=23)	代表者、役員による保証 (52.2%)	担保・保証によらない融資 (43.5%)	信用保証協会による保証 (30.4%)	第三者による保証 (26.1%)	保証会社による保証 (21.7%)
成長初期に利用したかった担保・保証等の条件 (n=14)	担保・保証によらない融資 (57.1%)	売掛金・債権等の担保 (28.6%)	第三者による保証 (21.4%)	代表者、役員による保証 (21.4%)	保証会社による保証 (21.4%)
安定・拡大期に利用したかった担保・保証等の条件 (n=10)	担保・保証によらない融資 (60.0%)	売掛金・債権等の担保 (40.0%)	第三者による保証 (40.0%)	動産の担保 (40.0%)	信用保証協会による保証 (55.8%)

資料:中小企業庁委託「起業・創業の実態に関する調査」(2016年11月、三菱UFJリサーチ&コンサルティング(株))
(注)1.高成長型の企業の回答を集計している。
2.各成長段階で利用したかったができなかった、利用したいができない担保・保証等の条件について、それぞれで回答割合が高い上位5項目を表示している。
3.複数回答のため、合計は必ずしも100%にはならない。

出所:2017年版『中小企業白書』184頁。

図表8—14 実際に利用した融資条件

	第1位	第2位	第3位	第4位	第5位
創業期に利用した担保・保証等の条件 (n=85)	代表者、役員による保証 (80.0%)	信用保証協会による保証 (50.6%)	第三者による保証 (16.5%)	不動産の担保 (16.5%)	担保・保証によらない融資 (4.7%)
成長初期に利用した担保・保証等の条件 (n=113)	代表者、役員による保証 (69.9%)	信用保証協会による保証 (60.2%)	不動産の担保 (22.1%)	担保・保証によらない融資 (11.5%)	保証会社による保証 (10.6%)
安定・拡大期に利用した担保・保証等の条件 (n=95)	代表者、役員による保証 (69.5%)	信用保証協会による保証 (55.8%)	不動産の担保 (23.2%)	担保・保証によらない融資 (21.1%)	保証会社による保証 (7.4%)

資料:中小企業庁委託「起業・創業の実態に関する調査」(2016年11月、三菱UFJリサーチ&コンサルティング(株))
(注)1.高成長型の企業の回答を集計している。
2.各成長段階で利用した、利用している担保・保証等の条件について、それぞれで回答割合が高い上位5項目を表示している。
3.複数回答のため、合計は必ずしも100%にはならない。

出所:2017年版『中小企業白書』183頁。

資を受ける際に利用した結果においては、下位に位置する。つまり高成長型企業のように、実際に大きく業績を伸ばした企業でも「担保・保証によらない融資」を受けることが難しいことを示している（図表8—13, 8—14）。

（2）高成長できた企業とそうでなかった企業の違い
　資金調達の観点から分析した高成長できた企業とそうでない企業の違いの特徴は次の通りである。高成長できた企業はそうでない企業に比べ民間金融機関、政府系金融機関、公的補助金・助成金の利用割合が高い傾向にあるが大差はな

図表8—15　高成長企業とそれ以外の企業の融資条件の違い

① 信用保証協会の保証の利用割合

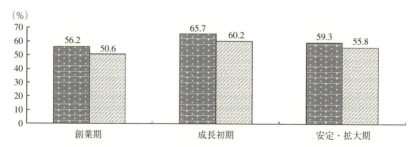

② 担保・保証によらない融資の利用割合

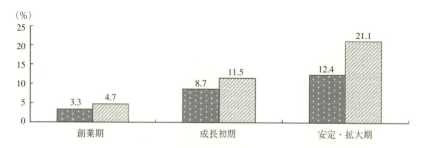

資料：中小企業庁委託「起業・創業の実態に関する調査」(2016年11月、三菱UFJリサーチ＆コンサルティング(株))
（注）　複数回答のため、合計は必ずしも100％にはならない。

出所：2017年版『中小企業白書』195頁。

い。また,融資条件においては,信用保証協会の利用割合が若干少ない。しかし,その一方で,「担保・保証によらない融資」の利用割合が際立って高いという特徴がある。

　中小企業白書の調査では,その理由について,企業に高成長できる経営の素質があったから「担保・保証によらない融資」が利用できたのか,あるいは,「担保・保証によらない融資」を利用できたから高成長できたのかを明らかにしていない。しかしながら,企業のライフステージが創業期から成長安定・拡大期になるにつれて,高成長企業とそうでない企業との差が大きく開いてくることを勘案すると,元々企業に高成長できる経営の資質があり,実際に企業規模が大きく成長したから「担保・保証によらない融資」が利用できたと考えるのが自然である。将来,事業が大きく成長できる経営の資質と実行力があることを客観的な計画（将来の見通し）とその根拠（バックデータ）に基づき説明し,その後,定期的にその結果である成長の実績を示し,計画とその根拠が確かなものだと証明することを繰り返すことによって,「担保・保証によらない融資」が受けやすい状態になるのではないかと推測される（図表8―15）。

第3節　円滑な資金調達の実現のために

1　金融機関との良好な関係の構築

　一般に企業と金融機関の間には情報の非対称性[4]が存在するといわれている。とくに中小企業においては,組織体制やコストの面から大企業並みの財務情報の整備とその開示が困難なため,それが顕著になる傾向にある。金融機関が企業に開示を求めたい情報（残高試算表,資金繰り表,事業計画ならびに計画・実績対比表など）が整っていないことにより,審査に必要な情報の入手や貸出後のモニタリング[5]を十分にできない場合が多い。貸手の金融機関において適確な貸倒れリスクの算定が困難となり,金融機関では保守的に最大限のリスクを見積もることになる。そして,そのリスクをカバーするために融資条件（担保や保証の提供）が厳しくなるのである。

　つまり,「担保・保証によらない融資」を受けたいのであれば,金融機関と良好な関係を構築し,コストや労力を惜しまずに適時適正な財務情報を開示し続ける努力が必要なのである。実際に情報開示により金融機関からの資金調達が

図表8—16　情報開示の効果

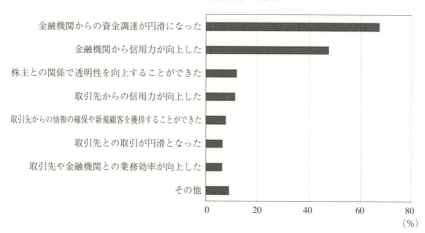

出所：中小企業庁（2012）「平成22年度中小企業の会計に関する実態調査事業」98頁。

円滑になったと答える経営者は多い（図表8—16）。

2　金融機関との対話を促すローカルベンチマークの導入

（1）ローカルベンチマークとは

ローカルベンチマーク[6]は，企業の経営状態の把握，いわゆる「健康診断」を行うツール（道具）として，企業の経営者等や金融機関・支援機関等が，企業の状態を把握し，双方が同じ目線で対話を行うための基本的なツールである。また，これまで金融機関ごとに異なっていた事業性評価の「入口」の共通のプラットフォームとして活用することができる。具体的には，「参考ツール」を活用して，「財務情報」（6つの指標）[7]と「非財務情報」（4つの視点）[8]に関する各データを入力することにより，企業の経営状態を把握することで経営状態の変化に早めに気付き，早期の対話や支援につなげていくものである。

（2）金融機関との対話と認識の共有

金融機関には，ローカルベンチマークを用いて浮き彫りとなった企業の課題を企業と共有し，企業との対話を通じてその対応策を一緒に考えていくことが

求められている。他方，企業の経営者にとっては，金融機関との対話を通じて自社の状態を把握することによって，自らの強みと課題，今後の打ち手を考えるために参考となる有効なツールである。さらに本ツールを利用した金融機関との対話を有意義なものにするためには，日ごろからどのような情報を伝えるべきなのかを確認・準備しておくことが必要である。

3　事業性評価融資の活用

(1) 事業性評価とは

ローカルベンチマークでは財務指標のみならず非財務項目を経営者，関係者，事業，内部管理体制の4つの視点からの分析に重きを置いている。そして，これらの非財務情報を定量化し企業評価に利用するものが事業性評価である。

一般に経営者が事業性評価という話を聞くと自社の事業内容は他社に比べ優れているので，事業性評価をしてもらえば「担保・保証によらない融資」が受けやすくなるのではと思いがちである。しかしながら，ローカルベンチマークの項目で見たように事業内容は，非財務項目の4つの視点のうちの1つにしか過ぎず，これに経営者，関係者，内部管理を加えて総合的な視点から企業を分析したものが事業性評価である。さらに言えば，中小企業においては，ヒアリングシートの最初の項目でもある経営者の視点が一番重要である。なぜなら，多くの中小企業にとって経営者が最大の人的資産であるからである。経営者は金融機関と対話を行う際には，経営者自身が評価されていると意識して緊張感をもって対話に臨む心構えが必要である。また，財務諸表に表れる数値は，過去の事業活動の結果である。創業間もない企業を除いて，継続的に同様な事業を営んでいる企業においては，過去に特別な要因がない限り，事業性に優れているのに財務内容が著しく芳しくないという場合は多くない。つまり，事業性に優れていれば財務内容も優れているのである。さらに，経営者は，金融機関が事業性評価を企業の経営悪化の兆候が財務諸表の数値に表れる前にいち早く把握する手段として，また，財務諸表の数値の正確性や不適切な処理がないかを検証する手段として用いている場合が多いということも認識しておくべきである。

(2) 評価を高めるためには

金融機関からの自社の評価を高めるためには，これらの非財務項目の優れた

点を見える化する必要がある。経済産業省では，自社の見えない強みの把握，活用，発信を行い経営改善を進めるために，「事業価値を高める経営レポート」[9]（知的資産[10]経営報告書）作成を推奨している。

また，兵庫県のひょうご産業活性化支援センターでは，「技術・経営力評価報告書」[11]の作成の支援を行っている。

4　支援機関（中小企業診断士）の役割

前述の「事業価値を高める経営レポート」や「技術・経営力評価報告書」は中小企業診断士などの専門化集団が属する支援機関が作成サポートを行ってい

図表8－17　専門家が持つスキル

	税理士・弁護士・公認会計士等 (n=5,439)	金融機関 (n=481)	商工会・商工会議所・中小企業団体中央会 (n=226)	中小企業診断士・コンサルタント等 (n=369)
事業計画策定・財務分析	80.2	88.6	73.0	85.9
資金繰り	65.5	69.2	69.0	58.0
経営知識	27.2	26.2	44.7	44.4
施策活用	7.2	42.8	46.5	33.1
商圏の拡大	6.3	46.6	49.1	44.7
海外展開	1.7	12.9	6.2	6.8
IT活用（情報発信・付加価値向上）	3.2	8.1	22.6	19.2
IT活用（内部管理・効率化）	9.2	0.8	5.3	15.4
商品開発	1.6	12.1	26.1	24.9
地域資源活用	1.3	8.1	22.6	15.2
広告戦略・ブランドの強化	1.3	7.1	21.2	19.2
商品デザイン	0.5	2.7	6.6	3.3
広告デザイン	0.4	2.5	5.3	3.5
債権保全・債権回収	3.2	2.5	1.8	3.8
雇用・労務	7.6	5.4	19.0	12.7
法律	9.6	4.0	7.1	6.5
現場改革・生産性向上	9.0	21.0	13.7	35.8
サービス提供・プロセスの改善	2.1	4.2	8.0	21.4
知的財産	0.6	3.1	4.4	6.8
その他の支援	7.2	23.1	11.9	17.6

資料：中小企業庁「認定経営革新等支援機関の任意調査」再編加工
(注) 複数回答のため合計は必ずしも100%にはならない。

出所：2016年版『中小企業白書』382頁。

る。各専門家が持つ専門的スキルは以下の表の通りである。各専門家の中でも中小企業診断士は「事業計画策定・財務分析」,「資金繰り」,「経営知識」,「施策活用」,「販路の拡大」など,いずれも経営に不可欠な事項について幅広くアドバイスできるスキルを持っている。そして,金融機関も中小企業診断士が持っているスキルと同じような構成のスキルをもっている。金融機関がどのような視点から中小企業を分析するのかを理解し,円滑なコミュニケーションを進めるためには,同様の視点を持つ中小企業診断士の支援が大きく役立つと思われる（図表8—17）。

第4節　事例研究

1　事例企業の概要

　事例企業（A社）は,昭和46年創業の水産物総合商社（場外問屋）。水産物の取扱いを通じて「顧客と自社」「従業員同士」が互いに協力して地域経済と社会の発展に貢献し,共に繁栄,幸福となることを経営理念の基とする。一般消費者をエンドユーザーとして鮮魚や水産加工品を販売するだけでなく,ハマチなどの養殖事業者向けに養殖用飼料を販売する事業に特色がある。従業員は60名,本社は東京都にあり,自社の物流センター,冷凍倉庫,水産物加工工場も保有している。

2　事業の変遷

　昭和46年の創立当初は養殖事業者向け養殖餌料専門商社として,事業を展開していた。主に漁業者（各地漁連）から餌料（なま餌）となるイワシなどの魚を仕入れ,養殖事業者へ餌料として販売を行っていた。その後,各地漁連との関係を活かして場外流通の一般消費者向けの鮮魚や水産加工食品の取扱いも開始し,事業領域を広げていった。その後,平成元年頃に北海道にあった主要取引先の1社の水産食品加工業者の事業継続が困難となり,支援要請の打診を受けた。A社は,当該水産食品加工業者の支援が自社の経営理念である地域経済と社会の発展の貢献にも合致し,顧客とその従業員の幸福につながると判断し,当該水産食品加工業者を子会社化するべく,多額の投資を行うことを決断した。これにより,水産加工食品の内製化を実現し,自社ブランドの水産加工食品の

販売も開始した。また，同時期に茨城県に冷凍設備を備えた自社物流センターを開設し，自社物流網を構築した。平成12年には，ハマチ養殖業者が集中する九州・四国地方の営業強化のために九州営業所を開設し，営業エリアは日本全国をカバーするに至った。

3 経営転機と経営危機を迎えた経緯

A社の主要取扱商品のなま餌は幼魚への過剰投与，食べ残しによる海洋汚染（赤潮発生）の問題や水揚げ量に左右される価格の不安定さから，次第に養殖事業者から敬遠されるようになった。また，なま餌に代わる配合飼料[12]の主原料である魚粉は，大半を輸入に頼っている。中国をはじめとする世界的な需要増を背景に，魚粉の輸入価格は平成22年前半に大きく上昇し，当時のA社の利益を圧迫していった。同時に資金繰りも逼迫し，A社は金融機関へリスケ対応[13]を要請した。しかし，その過程で過去の決算において，売掛金の大半が回収不能な状況にもかかわらず全額正常債権として計上していたことや販売困難な不良在庫や廃棄済みで実際には存在しない架空在庫を正規商品在庫として多額に計上していたなど，粉飾決算を行っていたことが判明し，金融機関からの信用を失い支援を受けるのが難しくなった。加えて，平成23年3月に東日本大震災が発生し，当社の得意先である三陸地方の養殖事業者が壊滅的な被害を受け，経営危機に陥った。当時の代表者はその責任を取って辞任し，旧代表者の子息が新代表者に就任することになった。

4 経営転機・事業再生の取組みにおける金融機関への対応とその結果

新代表者は，圧力を強める金融機関へ対応し，経営危機を脱するために，中小企業再生支援協議会（以下，「支援協」）[14]に相談，支援を要請した。また，金融機関からの信頼を取り戻すために，毎月，各金融機関へ自社の経営状況の説明と財務資料の提出を励行した。そして，支援協の専門家チームの支援を受けて事業再生計画の策定に取り組んだ。支援協主催でバンクミーティング[15]を開催するなど，支援協の金融機関調整機能を活用して，金融機関との信頼関係の再構築を行った。その結果，金融機関の再生支援への同意を取り付け，当社の再生を成し遂げた。

しかしながら，金融機関との交渉は決して簡単なものではなかった。当時，A社が金融機関から要請を受けた内容は，① 赤字の北海道の加工工場の閉鎖，②

固定費負担の大きい茨城の物流センターの売却，③ 本社ビルの売却，厚生施設の売却など，大規模な人員削減などのリストラを伴うものであった。

　まず，A社は，支援協の公認会計士，中小企業診断士を中心とする専門家チームの支援を受けて財務ならびに事業デューデリジェンス[16]を実施し，自社の財務と事業の状況を詳細に開示するとともに自社が窮地に陥った要因や今後再生に向けて生かしていくべき強みを客観的に分析し，金融機関からの要請に対する対応を検討した。その結果，当社が窮境に陥った要因は，養殖事業者のなま餌離れに過敏に反応し過ぎて，① 当社が得意とするなま餌の仕入れ先の全国各地漁連との関係が希薄化し，仕入れが十分にできなくなってしまったこと，② 需要が高く高価格ではあるが，大手商社がスケールメリットで優位に立つ配合飼料のマーケットに参入し，価格競争により利益を圧迫し，体力を消耗したこと，③ 売上至上主義で販売活動ばかりに目を奪われた結果，加工工場，物流センターの管理が疎かになったことだと解明した。

　これに対し，当社の取るべき方向性は，① 当社の強みである各地漁連との関係再構築のために，逆になま餌の仕入れを強化すること，② 一方，配合飼料となま餌をミンチ状にして混合した練り餌の販売を強化し，養殖事業者へ品質と価格のバランスのとれた飼料の供給を実現し，大手商社と差別化すること，③ 加工工場，物流センターの管理を徹底し，利益の上がる事業とすることであると決定した。

　また，金融機関からの要請事項に関しては，① 北海道の加工工場の赤字の原因は，これまでA社に生産管理に精通した人材がいなかったことによる原価管理の不足によるもので，管理水準の改善で十分に黒字が見込めること，② 物流センターや冷凍倉庫はこれまで稼働率が低く，余裕スペースを同業者に賃貸することや，運送トラックの配送ルート上にある漁港から他業者の荷物もピックアップして混載し，外部から収入を得ることで，逆にプロフィットセンター化することか可能であること，③ 遊休フロアーがあった本社ビルとほとんど利用されていなかった厚生施設の売却はやむを得ず，工場の閉鎖や物流センターの売却による人員削減を行うことなく事業の継続が可能であることが判明した。事業計画の説明に際しては，客観的に実現可能性が高いものと裏付けるために計画作成に利用した詳細なバックデータをすべて開示するとともにその前提がいかに合理的で客観的であるかを説明することに努力した。計画作成後も月次で試算表，事業計画と実績の対比表，部門別の損益状況，資金繰り表等の財務

資料を欠かさず開示するともに，代表者自らの言葉で自社の状況の説明に努めた。さらに，半期ごとにバンクミーティングを開催し，事業計画の進捗状況と環境変化と足許実績に基づき都度計画の修正の発表を行った。その際に，金融機関からの要請に対して受け入れできるものとできないものを，その理由とともに合理的に説明し，金融機関の説得に努めた。結果的にA社の事業の強みの源泉である北海道の加工工場と茨城の物流センターを存置し，従業員の雇用と地域経済を守るとともに金融機関から合計5億円のDDS[17]を含む支援を取り付けることに成功した。

まとめ

以上のように，中小企業は財務管理に大きな資源を投入できないという経営資源の配分上の制約から，大企業に比べ財務管理が不十分になりがちな傾向にある。また，資金調達においては，現状，金融機関からの調達に頼らざるを得ないという特徴がある。金融機関から資金調達を円滑に進めるためには，金融機関とのコミュニケーションが大切である。第3節の「ローカルベンチマーク」で述べたように，企業にとって残高試算表（月次決算），資金繰り表，事業計画書（とその実績報告書）などの財務管理資料は金融機関とコミュニケーションをとるためのプレゼンテーション資料という位置づけにある。また，中小企業は大企業に比べ外部環境や社内・社外の多様なリスクに大きく影響を受けやすいため，いち早く変化に対応するためには，過去の事業の結果である決算書などの財務資料よりも現在の経営状況を表している非財務項目による事業性の把握と分析が重要である。非財務項目の中で一番重視されているものが，経営者の資質であり，多くの中小企業において最大の経営資源となっている。第4節の事例企業の経営者は，地域経済と社会の発展に貢献し，顧客，従業員との共存共栄を図るという経営理念を持ち，それは経営危機の局面においても貫かれており，経営方針の軸にブレはない。また，前職の大手商社で培った数字への強さ，国際感覚と先代社長が積み上げてきた各地漁連との強固な関係性を維持できる力を持っていた。その結果，足許の環境変化に機敏に対応でき，グローバル商社として堅実なビジネスの展開を展望できたのだと分析できる。このように経営者自らが日ごろから財務，非財務資料を用いて自社を客観的に分析し，変化の早い環境へ対応し続けることが自社の持続的な発展につながると思われる。

注

1) 平成22年12月に中小企業庁が国内中小企業8,000社に対して行った「中小企業の会計」に関するアンケート調査。回答回収数1,808件（回収率22.6%）。
2) 平成27年11月に大阪商工会議所が会員2,890社に対して資金調達の実態調査のために行った調査。有効回答数323社（有効回答率11.2%）。
3) 中小企業庁の委託により，三菱UFJリサーチ&コンサルティング（株）が2016年11月に実施したアンケート調査。創業年月2006年1月〜2011年1月の法人及び個人事業者30,000社を対象に実施。回収率10.9%。
4) 借手の企業は自社の返済能力良く知っているが，貸手の金融機関は借手自身ほど借手のことをよく知らないという情報格差のこと。
5) 貸出実行後に定期的に残高試算表，資金繰り表，事業計画進捗管理表，他の金融機関の借入返済状況などの資料を受入して，事業が順調であるか，借入返済が約定通りに履行されるかどうかなどを確認すること。
6) 経済産業省のホームページでツール（EXCELシート）と利用マニュアルを紹介している。
　参考URL　http://www.meti.go.jp/policy/economy/keiei_innovation/sangyokinyu/locaben/
7) 6つの指標；① 売上高増加率（売上持続性），② 営業利益率（収益性），③ 労働生産性（生産性），④ EBITDA有利子負債倍率（健全性），⑤ 営業運転資本回転期間（効率性），⑥ 自己資本比率（安全性）。
8) 4つの視点；① 経営者への着目，② 関係者への着目，③ 事業への着目，④ 内部管理体制への着目。
9) 経済産業省のホームページで作成マニュアルや事例を紹介している。
　参考URL　http://www.meti.go.jp/policy/intellectual_assets/guideline/list13.html
10) 知的資産とは，人材，技術，組織力，顧客とのネットワーク，ブランド等の目に見えない資産のことで，企業の競争力の源泉となるもの。特許やノウハウなどの知的財産だけではなく，組織や人材，ネットワークなどの企業の強みとなる資産を総称する幅広い考え方である。
11) ひょうご中小企業技術・経営力評価制度により，兵庫県内の中小企業に対し，ひょうご産業活性化センターが発行する技術力・ノウハウや成長性・経営力を評価した評価書。企業価値のアピールや円滑な資金調達を支援する。
　参考URL　https://web.hyogo-iic.ne.jp/keiei/hyoukaseido
12) 魚粉にビタミンやミネラルを加えた飼料。
13) 「リ・スケジュール」対応の略語で，返済計画の変更や，返済時期の繰り延べを意

味する。
14) 中小企業の事業再生に向けた取組みを支援する「国の公的機関」（経済産業省委託事業）として47都道府県に設置。窓口相談では，経験豊富な事業再生支援の専門家（金融機関経験者，公認会計士，税理士，中小企業診断士等）が，無料相談を実施。いわば「企業版の地域総合病院」。
15) 取引金融機関を一堂に集めた会議のこと。
16) 保有資産や企業価値, 収益力, リスクなどを詳細かつ多角的に調査し評価すること。
17) 「Debt Debt Swap（デット・デット・スワップ）」の略。既存の貸出債権を他の一般債権よりも返済順位の低い劣後ローンに切り替える手法のこと。

参考文献

大阪商工会議所（2015）「中小企業の資金調達に関する調査」。
経済産業省（2017）「ローカルベンチマーク「参考ツール」利用マニュアル」。
財務総合研究所（2011）「財政金融統計月報 第714号」。
財務総合研究所（2016）「財政金融統計月報 第774号」。
(財) 商工総合研究所（2011）「中小企業の財務構造の変遷」。
(独) 中小企業基盤整備機構（2012）「事業価値を高める経営レポート（事例集）」。
中小企業庁（2016）『2016年版中小企業白書』。
中小企業庁（2017）『2017年版中小企業白書』。
中小企業庁（2012）『平成22年度中小企業の会計に関する実態調査事業報告書』。
矢野総合研究所（2017）「国内クラウドファンディング市場の調査を実施」。

（栗原　拓）

第9章　中小企業の人事・労務戦略
—— 社員の能力を最大限に活かし，企業の発展に繋げるために ——

はじめに

　「企業は人なり」松下幸之助の名言にもあるように，「人」は企業において最大の資源である。適切な人材をいかに確保し，育て，その能力を発揮させるかが企業発展の鍵となるといっても過言ではない。しかし，中小企業は人材確保及び育成の面において，大企業と比較すると様々なハンデを負っている。例えば採用の局面では企業の知名度，採用のノウハウの有無，応募者に提示する待遇などの面で，また入社後の定着促進や育成の面では研修制度の充実などの面で，中小企業が大企業と同等の潤沢な資源を投入することは難しい。

　そこで本章では，中小企業が，様々な制約があるなかで，自社に合った人材を確保し，その能力を最大限に引き出すために経営側として留意すべき点について述べる。

第1節　中小企業にとっての人事・労務の役割

　会社組織において，人事・労務と全く関わりのない組織は存在しない。一方，「人事・労務とは何か」と問われた時に，確固たる答えがすぐ浮かぶ人は少ないのではないかと考えられる。そこで，冒頭の本節では「人事」「労務」の定義およびその構成要素を確認する。

1　「人事」「労務」の定義

　「人事」と「労務」は，ともすればひとくくりで扱われがちであるが，両者を切り分けて考えることが望ましいと言われている。すなわち，「人事」は，採用・育成・配置・評価など，社員個人を対象とした施策を指す。一方「労務」は，給与管理・福利厚生・労使関係管理など，企業全体における制度面に焦点を当てた施策を指す場合が多い。

　中小企業では，従業員規模が数名程度の小規模企業も少なくないことから，「労

務」戦略である制度自体が明文化されていない企業もある。また，制度があっても，マンパワーの不足により十分に機能していない企業も多い。人事・労務戦略をこれから策定しようとする中小企業にとって，いきなり制度の充実に着手するのは，ややハードルが高いと言える。

一方，個々の社員を主眼に置く「人事」戦略は，中小企業がまず取り組むべき施策である。特に従業員規模の小さい企業にとって，個々の社員の能力が企業に及ぼす影響は，大企業のそれと比較して遥かに大きい。また，組織が小さい分，個々の社員に対して会社側がきめ細かい働きかけをしやすいといえる。

以上より，中小企業においては，まず「人事」に重心をおいて戦略を立てるのが望ましい。

2　人事・労務管理の機能

人事・労務管理の機能として，「採用」「育成」「配置」「評価」「報酬」「代謝」の6つが挙げられることが多い。いずれも，企業における「人」の活用において重要な影響を与える要素である。それぞれの内容を下に示す。

採用：企業に必要な人材を，外部から企業内に採り入れる
育成：企業内の人材への教育・訓練等を通して，事業に必要な能力を持つ人材へ育てる。
配置：採用，育成した人材を，社内の業務やポジションにあてがう。
評価：配置した人材に対して，目標達成や成果実現の度合いを基に，企業や業績への貢献度合いを評定し，報酬や待遇に反映させる。
報酬：評価に基づいて，企業の利益を社員に還元する。
代謝：内部の人材を外部に退出させ，組織の新陳代謝を指す。

会社がこれらの機能を果たすにあたっては，会社のビジョンや経営計画，社員の適性等を把握し，それらに合わせて運営することが必要である。

第2節　中小企業における人事・労務の現状と課題

戦略を考えるにあたっては，まず現状を認識することが重要である。そこで本節では，中小企業の人事・労務の現状と課題について考察する。

図表9−1　中小企業が抱えている経営課題

項目	%
必要な人材の不足	53.7
従業員の育成，能力開発	47.1
人手不足	29.8
営業力，販売促進ノウハウの不足	28.5
新技術・新製品・新サービスの開発力の不足	22.1
労働時間の短縮や職場環境改善の遅れ	19.9
後継者難	19.4
取引先の減少や取引条件の悪化	19.0
設備・機械／店舗の老朽化，陳腐化	18.7
IT技術を活用するノウハウの不足	12.5
市場動向，消費者ニーズに関する情報の不足	8.4
資金調達力の不足	7.2
経理・財務能力の不足	6.6
その他	1.2
特にない	3.4
無回答	4.5

出所：独立行政法人労働政策研究・研修機構『中小企業の「採用と定着」調査結果――速報版――』(2015)

1　経営課題としての人事・労務

(1) 経営課題における人事・労務の位置付け

　独立行政法人労働政策研究・研修機構が2014年に実施した中小企業の『採用と定着』アンケート調査の結果によると，中小企業が抱える経営課題として，「必要な人材の不足（53.7％）」，「従業員の育成，能力開発（47.1％）」が上位に挙げられている。中小企業にとって，「人」の確保と育成が極めて重要な課題となっていることがうかがえる（図表9−1）。

2　従業員の高齢化

　企業規模別の従業員の年齢構成を見ると，規模の小さい企業ほど高齢の従業員の占める割合が大きいことが読み取れる。2017年度の中小企業白書によると，2012年の統計で，従業員が1〜4人の企業では約5人に1人，5〜19人の企業では10人に1人が65歳以上である（図表9−2）。

図表9−2　従業員規模別にみた雇用者の年齢構成別割合

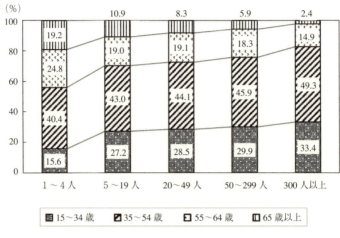

出所：『2017年度中小企業白書概要』。

　多様な人材の活用という観点から見ると，高齢の従業員が多いことは必ずしも弱みとは言えない。しかし，技能の継承，企業の永続的発展という観点から見ると，様々な年代の社員をバランス良く確保し，ノウハウの継承や組織の新陳代謝ができる状態にしておくことが企業の望ましい姿である。いかに継続的に若い人材を確保し，育てていくかが今後の課題である。

第3節　自社に合った人材の確保

　人材の確保が喫緊の課題であるにもかかわらず，多くの中小企業が，採用が上手くいかないという悩みを抱えている。採用の失敗の主なケースとして「募集をかけても応募が来ない，または選考をしても入社に繋がらない」場合と，「採用したものの短期間で離職してしまう」場合の2パターンがある。そこで本節では，中小企業が自社に合った人材を確保するための注意点について述べる。

図表9-3　入社3年後の定着率および離職率

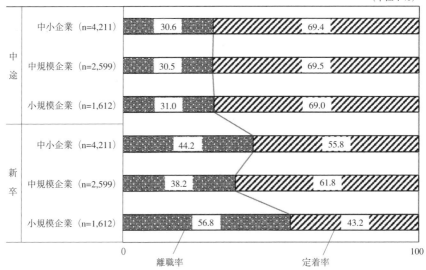

出所：中小企業庁委託「中小企業・小規模事業者の人材確保と育成に関する調査」（2014年12月（株）野村総合研究所。

1　採用の失敗はなぜ起こるのか

(1) 中小企業における早期離職の現状

　2014年の中小企業庁の調査結果によると，中小企業における入社3年以内の離職率は，中途採用で30.6％，新卒採用では44.2％となっている。すなわち，中途採用では約3人に1人，新卒採用では約2人に1人が3年以内離職していることになり，企業にとっては頭の痛い問題であることがうかがえる。小規模事業者においてはこの割合がさらに高く，中途採用で31.0％，新卒採用で56.8％と，かなり厳しい状況である（図表9-3）。

(2) 早期離職がもたらす損失

　従業員の早期離職は，企業に対して下記のような損失を与える。

① 採用にかけるコスト

　人を採用するにあたっては，金銭コストおよび人的コストがかかる。例えば，就職・転職サイトや情報誌，人材紹介会社などを利用する場合は，外部委託費用がかかる。この費用は，一般的には安く見積もっても数十万円程度かかることが多く，中小企業にとっては決して安い費用ではない。また，採用を全て内製で実施する場合でも，応募受付，書類審査，面接実施，雇用条件の交渉などの一連の過程でかかる人的コストは膨大なものになる。社員の早期離職は，これらのコストを無駄にしてしまうことを意味する。

② 受入側の社員のモチベーション低下

　多大なコストをかけて採用した社員が早期離職してしまった場合，その社員の上司や同僚，その他採用に関わった社員は大きなショックを受けることになる。自分の会社の仕事に思い入れを持って働いている既存の社員にとって，新規入社した社員が短期で離職してしまうことは，自分たちの会社や仕事を否定されたことと同様に感じられることもある。よって社員の早期離職は，既存社員のモチベーション低下に繋がる恐れがある。

③ 対外的な評判の低下

　早期離職する社員は，企業に対して良くないイメージを持ったまま退職していく場合が多い。その場合，退職した社員を通じて企業の悪い評判が広まるリスクがある。昨今ではインターネット掲示板やSNSの普及により，誰でも簡単に情報を発信でき，悪い評判ほど広まりやすい土壌が醸成されている。また，業界内や出身校のコミュニティにおいて良くない評判が広がると，その後の優秀な人材の確保に支障が出る恐れがある。

　上記の損失を防ぐためにも，採用活動は，採用目的や基準を入念に検討した上で，計画に基づいて実施することが必要である。

（3） 早期離職の要因

　早期離職者に離職理由を尋ねた調査結果では，「人間関係（上司・経営者）への不満（27.7％）」が突出して多く，次いで「業務内容への不満（10.7％）」，「給与への不満（9.6％）」,「労働時間への不満（8.6％）」が挙げられている（図表9—

図表9−4　就職後3年以内の離職理由（n=848）

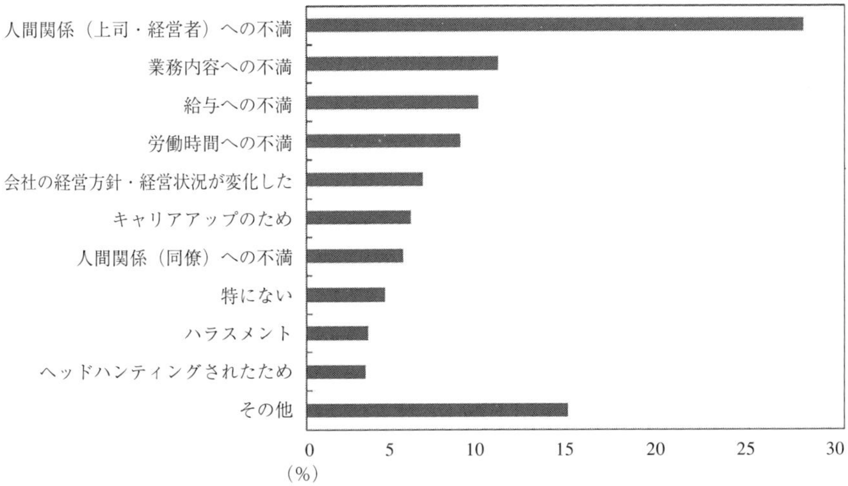

- 人間関係（上司・経営者）への不満
- 業務内容への不満
- 給与への不満
- 労働時間への不満
- 会社の経営方針・経営状況が変化した
- キャリアアップのため
- 人間関係（同僚）への不満
- 特にない
- ハラスメント
- ヘッドハンティングされたため
- その他

出所：中小企業庁委託「中小企業・小規模事業者の人材確保と育成に関する調査」（2014年12月）（株）野村総合研究所。※筆者改変。

4）。

　このうち「業務内容」「給与」「労働時間」は，採用時に求人票で客観的に判断できる内容であり，1日の業務スケジュールの例や，年齢に応じた給与のモデルケースを提示することにより，ミスマッチを防ぐことが可能である。それに対して社内の人間関係は，外部から推し量ることが難しいため，離職理由の割合が比較的高いのはやむをえない。しかし特筆すべきは，同じ人間関係でも「人間関係（同僚）への不満」が原因で離職した割合はわずか5.4％であることである。このことから，単純に性格が合わないことだけが離職理由ではないと推測される。

　経営者や上司に対する不満の中身をひも解いていくと，下記の要因があると考えられる。

・経営者の考え（経営理念）や会社の目標が十分に共有されていない。
　（「なぜこれをやらなければならないのか？」という不満）

・仕事の進め方が合わない，または共有されていないと感じる。
（「良かれと思ってしたことで叱責される」という不満）
・評価基準の明示やフィードバックが不明確である。
（「頑張っているのに評価されない」という不満）
・組織の風通しが悪いと感じる。
（「自分の意見を聞いてくれない」という不満）

これらの不満によるミスマッチを防ぐためには，定型の求人票情報のみで済ませるのではなく，採用時に多少手間をかけてでも自社のより深い情報を伝え，それに共感できる応募者を採用することが必要である。

2 適性人材の採用のために

以上を踏まえ，採用における応募者とのミスマッチを防ぎ，長期にわたって活躍してくれる社員を採用するために必要な事項を考える。

（1）求める人物像の明確化

採用活動を始めるにあたり，まず必要なのは「どんな人物を採用したいのか」を明確にすることである。例えば，下記のような事項が挙げられる。

○ 知識，能力，経験，保有資格，学歴等
○ 性格，価値観，志向
○ 勤務条件（年収，勤務地等）
○ キャリアプラン

求める人物像は，採用の目的と合致していることが重要である。採用の目的が繁忙業務の増員であれば，即戦力として期待できる人材を採用すべきであるし，長期の育成を考えて若手を採用するのであれば，現時点での能力よりもポテンシャルを重視して採用をすべきだろう。目的に沿って，どのような人材を採用するのかを明確にしておくことが必要である。ここが不明瞭なまま採用活動を始めてしまうと，採用基準が定まらず，「いい人そうだから」などの曖昧な基準や，「前職が同業種だから」などの短絡的な基準で採用してしまうことになり，後々のミスマッチの原因となる。

（2）経営理念やビジョンを理解してもらう

　求人票を作成する際，勤務地の場所，勤務時間，給与，待遇等の勤務条件は明確に提示でき，入社後のミスマッチは起こりにくいと考えられる。また，応募者側にとっても，これらの情報は会社間で比較検討しやすいため，ともするとこれらの情報にのみ着目しがちである。

　しかし，ミスマッチ防止の観点で考えると，重点的に応募者に伝えなければならないのは，会社の目指す方向性や，経営において大切にしていることなど，その企業の軸となる経営理念およびビジョンである。募集にあたっては，勤務条件と同等かそれ以上に，これらを応募者に伝えることが望ましい。経営者の声として，社長の直接のメッセージを伝えることができれば効果的である。

　応募者は，もし自身の方向性と合わないと思えば，おそらく応募をしてこないであろう。一方，会社の経営理念やビジョンに魅力を感じた人材は，熱意を持って応募してくるし，早期離職する確率も低いと予想される。経営理念やビジョンを明示することは，自社に合わない人材を選考する手間を省き，自社に共感する人材を呼び寄せる，事前フィルタリングの役割も果たしている。

（3）選考基準の明確化と共有

　外部への情報開示と同時に，社内における情報の共有も重要である。新規採用する社員が，どのような目的で，どのような基準に基づき選抜されて採用に至ったかを配属先の社員とも共有する必要がある。この点が不明瞭なまま配属してしまうと，受入側の社員も，新入社員をどのように扱えばよいのか分からないまま指示を出すことになり，双方の意思のミスマッチが起きる恐れがある。特に小規模企業で，社長が主体となって採用を行っている会社は，一度そのプロセスを見直すことをお薦めする。社内で採用目的や基準を共有した上で，可能であれば配属予定先の社員も選考に参加させることが望ましい。採用から参加させることで，社員にとっても受入の意識が高まるため，新入社員が入社後に円滑に業務に馴染む上での助けになると考えられる。

　2015年度中小企業白書には，採用戦略で成功した株式会社アイ・ビー・エス事例が掲載されている[1]。神奈川県でビルメンテナンス事業を営む同社は，毎年5～10名の新卒社員の採用に成功している。

　同社の成功の理由は，求める人物像を明確にしていることと，同社のありのままを伝えていることである。求める人物像については，「女性ならではのきめ

細かい対応ができ，美的意識が高いことを前提として，同社の事業内容に興味を持てる人材」と，明確に定めている。また，採用活動では，業務の様子を動画で紹介したり，作業を従業員が実演して見せたりするなどの取組みを行い，良い点，悪い点も含めて仕事のありのままを伝えている。

　これらの取組みは，仕事の内容だけでなく，同社がどのような価値観に基づいて事業を行っているかを伝えている。したがって学生側は，字面上の業務内容や待遇だけでなく，「同社の価値観に共感できるか」という軸で就職を検討することができる。ビルメンテナンス業界は3Kのイメージを持たれることもあり，採用市場においては苦戦する企業も少なくない。そのような状況下で同社が安定して社員を採用できているのは，このような取組が功を奏しているからであると考えられる。

第4節　従業員の可能性を引き出す育成戦略

　採用と並んで重要となるのが，従業員の育成である。採用市場において劣勢である中小企業において，基礎能力が高く，業務経験が豊富で，入社日から一線で高い成果を上げる……というような，優秀な即戦力を採用することは難しい。採用した人材を社内で育てることが必要である。本節では，社員の意欲と能力を引き出すための育成戦略について述べる。

1　会社と従業員の目指す方向を一致させる

　社員育成の一歩目として，目指すゴールを会社と従業員で共有する必要がある。すなわち「どんな社員になって欲しいか」を会社が従業員に提示し，それに対して従業員が納得することが大前提である。できれば採用の時点で，双方がどんなキャリアを希望しているのかを刷り合わせておくことが望ましい。

　キャリアプランの設定にあたっては，まず，社員の適性や目指す方向性を会社および社員自身が把握することが求められる。その際には，社員の業務経歴や保有資格，今後達成すべきこと，そのために必要なスキルなどを整理する，いわゆる棚卸が必要となる。厚生労働省の「ジョブ・カード制度」[2]等のツールを活用すると，わかりやすく整理することができるだろう。社員の適性を見据えた上で，会社の経営計画に合わせて，適材適所を探っていくことが望ましい。社員が目指すキャリアによって，配置するポジションや業務内容は異なってく

る。将来のリーダーとして経営に関わるキャリアを目指す社員には，なるべく多くの業務に関わらせるようにして，事業の全体を把握させるのがよい。また，いずれは会社の牽引役となることを考慮すると，営業などの対外交渉を行うポジションや，経営管理の全社マネジメントを経験させることは必須である。一方，ラインの専門職を目指しているのであれば，当該業務でキャリアを積ませることを主眼に置いた上で，専門的な技能の研修を受けさせるなど，その業務に特化した教育を行う。

いずれの場合においても，会社および従業員双方が，目指すキャリアを理解し，納得していることが重要である。

2　OJT 教育における留意点

中小企業の場合，人数規模の面でも費用の面でも，OFF－JT[3]を積極的に取り入れるのは難しい場合が多いため，従業員教育の大半は OJT[4]で占めているという企業が多いだろう。かつては「先輩の背中を見て学ぶ」「技術は教わるのではなく盗む」などと言われ，教えてもらうなどとんでもない，という風土の会社も珍しくなかった。しかし近年は，そのようなスタイルの教育は，特に若い世代には合わなくなってきている。むしろ，少なくとも一人前になるまでは，会社がある程度手をかけて育成していくことが必要である。

OJT 教育においては，以下の点に留意する必要がある。

（1）自律性を引き出す働きかけ

OJT のゴールは，「指示した通りに行動させる」ことではなく，「将来的に指示がなくても自分で考えて行動できるようになる」ことである。したがって，手取り足取り世話をするのではなく，教育を受ける新人社員自身の自律性を引き出す働きかけが必要である。

それでは，OJT 担当者は具体的に何をすればよいのだろうか。新人社員が自分で考えて行動する上で必要となるのが，会社全体の中での自分の業務の位置付けを理解することと，自分に求められている成果を理解することである。OJT 担当者は，まずこの2点を新人社員に伝えて理解させることが必要である。その上で，どのようなプロセスで進めるか，成果をどのような形で示すか，などは本人に考えさせ，適宜助言をしながら進めていくことが望ましい。

（2）コミュニケーションによる信頼の醸成

　前項では本人の自律性を尊重する旨を述べたが，だからといって放置するのはもってのほかである。OJT担当者には，仕事を与えた後も進捗状況をこまめに確認し，上手くいっていなければ軌道修正をする役割が求められる。軌道修正の際には，誤っている点を指摘するだけではなく，現状の確認 → 上手くいっていない原因を考える → 解決策を考える → 実行する，という解決までの各段階において本人自らに考えさせることが大切である。

　また，そもそもの前提として，OJT担当者と新人社員の間に信頼が築かれていなければ教育の効果は薄くなり，社員の成長は望めない。日頃からコミュニケーションを取ることはもちろんだが，新人社員の様子をよく気にかけ，悩み事や不安がありそうな場合は担当者から声をかけるなど，「気遣っている」というメッセージを発することが信頼の醸成につながる。

（3）OJT担当者へのサポート

　OJT教育がうまくいかない原因として，新人社員自身の能力や意欲に問題がある場合と，OJT担当者の働きかけ方に問題がある場合がある。小規模企業では，OJT担当者自身がきちんと仕事を教えてもらった経験がないケースもある。よっていくらOJTとはいえ，担当者1人に教育を丸投げするのは好ましくない。

　OJTの状況は，担当者だけでなく同じ部署のメンバーなど，なるべく多くの社員が把握し，上手くいっていない点はフォローすることが望ましい。「部署全体，会社全体で社員を育成する」という意識を共有することが，円滑で効果的な育成に繋がると考えられる。

　社員育成に力を入れることにより，離職率を低下させた企業がある。石川県で合成繊維・スポーツウェア素材を製造している丸井織物株式会社である[5]。同社では，新入社員に3年間，先輩社員がメンター[6]としてつく制度を導入しており，入社後半年間は毎日，その後も週1回，月1回と定期的に新入社員の面談を実施して仕事に関する質問や相談に応じている。メンター制度を導入していること自体はそれほど珍しいことではないが，同社の特徴は，新入社員育成にあたり事前に上司と共に年間の育成計画を立てている点である。場当たり的でなく，練られた計画に基づく指導は，新入社員に安心感を与えている。また，半年に1回，メンター同士の報告会を開き，進捗状況の報告や意見交換などを行っている。このような情報共有の場がメンター自身の成長および育成スキル

の向上に貢献していると考えられる。

3　意欲向上につながる評価制度

　評価制度の目的は主に2つあると考える。1つは，従業員の働きを評価し，待遇に反映させることにより，従業員の意欲向上に繋げることである。そしてもうひとつは，一定の評価基準に基づいて従業員を評価することで，会社が従業員に求める能力や，会社として目指す方向を示すことである。したがって，評価制度を作るにあたっては，会社の求める人物像を反映した評価基準を設定し，それを被評価者である従業員に明示することが必要である。

（1）評価項目の内容の設定
　評価項目の設定方法については様々な考え方があるが，本節では1例として次の3つの軸に基づいて設定するケースを提示する。評価項目の設定にあたっては，業種や職種の特性を考慮することが望ましい。

① 成　果
　業務のアウトプットとして示される成果によって評価する。例を挙げると，営業担当者の「年間受注額 ○○百万円」，生産管理担当者の「不良率 ○％以下」などがこれにあたる。また，資格取得等を評価基準に含める場合もある。多くの場合，成果は数値で表されるため，客観的な評価がしやすい。ただし成果達成までのプロセスは考慮されないため，社員の努力が評価に繋がらないケースも発生し，結果として社員の不満につながるリスクもある。

② 能　力
　業務において必要となる能力によって評価する。コミュニケーション能力，企画力，分析力，指導力などが挙げられる。職種，業種，社内でのポジション，業務遂行のスタイル等により求められる能力は変化するため，評価項目の設定にあたっては業務の特性を反映させることが重要である。また，評価基準が曖昧になりやすいため，それぞれの能力の意味する内容について，行動基準を策定するなどして具体的に定めておくことが望ましい。

③ 態　度

勤務態度によって評価する。評価項目としては，積極性，協調性，責任感，規律性などが挙げられる。いずれも社会人として身に付けているべき基本的な事項であり，業種や職種による違いは生じにくい。主観の影響を受けやすい項目であるので，評価にあたっては客観性を重視し，不公平になることのないように注意する必要である。

（2）評価項目の重みづけの設定

求められる成果および能力は，従業員の成長に伴って変化する。したがって，被評価者の経験年数やポジションにより，上記3軸の評価のウェイトを変えることが望ましい。段階に応じた重みづけの例を下記に提示する。

① 新入社員および若手社員の場合

経験年数の浅い社員は，上司や先輩の指揮監督のもと業務を遂行するケースが多く，自らの責任で決定を下したり，プロジェクトの先頭に立って物事を進めたりする機会は少ない。むしろ，若手に求められるのは仕事に対する積極的な姿勢や，「報・連・相」に代表される周囲とのコミュニケーションなど，社会人としての基本姿勢の確立である。したがって評価においては，「成果」「能力」のウェイトは比較的軽く，「態度」のウェイトを重く設定することが適している。

② 中堅社員の場合

裁量範囲が拡大され，また後輩を指導する立場に就くなど，徐々に責任感や自律性が求められる立場となる。この時期は，今後，熟練社員へと成長していく要の時期である。そのため，評価においては「態度」のウェイトを下げ，「能力」を中心において評価することが望ましい。また「成果」についても，評価への反映割合を増やすことにより，責任感を醸成することができる。

③ 熟練社員・管理職の場合

責任のあるポジションに就いたり，チームの統率にあたったりするなど，会社の業績に影響力を持つ立場となる。そのため，評価においては「成果」に重きを置くことが望ましい。会社の業績イコール自分自身の評価，という仕組みを設定することで，会社の業績に対して強い責任感を持ち，自分事として業務

にあたる意識を醸成することが期待できる。

（3）評価のフィードバック

　評価の結果は，給与や賞与に反映されて社員に還元される。しかし，可能であればそれだけでなく，社員ひとりひとりに対して面談を行い，評価の結果を，評価基準やその評価に至った理由も含めてフィードバックすることが望ましい。評価のフィードバックにより，社員が「自分が期待されているレベル」「現時点で達成できているレベル」を知ることができ，さらに「期待されているレベルに届くために必要なこと」を考える動機となる。

　仮に良くない評価であった場合も，面談の場で，達成できていない点を責めることに終始するのは避けるべきである。それよりも，「会社の目標達成のために，社員にはこうであって欲しい」「そのために，このように行動して欲しい」ということを伝え，会社および社員が目指すべき姿を再認識させる機会として活用する。

　目指す姿を明確にし，そのために何が必要かを社員自ら考える（場合によっては，評価者も一緒に考える）ことは，社員の目的意識を明確にし，自律的に行動する姿勢を後押しすることにつながる。

　これを実現するためには，会社の目標が明確で，かつ目標のために個々の社員が何をしたら良いかが全社に共有されていることが必要である。評価のフィードバックは，それらを社員に伝える良い機会である。ぜひ，評価制度を給与査定のためだけでなく，社員のモチベーション向上のために生かしてもらいたい。

第5節　働きやすい組織をつくる

　社員の能力を最大限に引き出すためには，モチベーションの向上が必須である。そのためには，働きやすい組織を作ることが重要である。「働きやすい組織」とは，社員が「働きがいを感じることができ」「同じ目標に向けて社員全員で一丸となって取り組める仕組みが整っている」組織であると筆者は考える。そのような組織の実現のために，下記の2点が必要である。

　1．理念を共有する

　社員が働きがいを感じるためには，会社の経営理念を社員が共有しているこ

とが不可欠である。経営理念は，業務の上での行動指針や判断基準を決定する，いわば会社の軸である。会社は，この経営理念を社内に浸透させる必要があり，社員には，経営理念に基づく様々な指針に基づいて業務にあたることが求められる。よって，社員が会社の理念に共感し，理念に沿って行動することにモチベーションを感じることができれば，それが「働きやすい組織」といえるのではないだろうか。

経営理念の浸透を徹底して実行しているのが，アメリカの大型百貨店チェーンのノードストロームである[7]。同社では，顧客満足を何よりも優先すべき事項と定めており，接客態度はもちろんのこと，顧客からの様々な難しい要望にも誠心誠意応えることを行動指針としている。社員は，覆面調査の結果や売上成績等によって評価され，優れた成績を達成した社員は，表彰や昇進等の機会を得ることができる。この仕組みは，同社の企業理念を理解し，それに共感する社員にとっては，理念に沿った行動が正当に評価され，昇進や報酬につながる仕組みとなっており，モチベーション向上を大いに後押しする制度である。まさに「働きやすい組織」であると言えるだろう。一方，理念に共感できない社員にとっては居心地悪い職場であろうことが想像できる。経営理念の浸透を徹底することで，理念に共感する社員が集まり切磋琢磨する環境が実現できている良い例である。

2．自律性を発揮できる環境をつくる

社員が業務に自発的に取り組み，またそれに喜びを感じられるような組織は，社員にとって働きやすいと言えるだろう。社員の自律性を活かすためには，社員が自由に意見や提案を出すことができ，それらが業務に反映される仕組みが整っていることが重要である。

この点でユニークな制度を取り入れているのが，北海道の六花亭製菓株式会社である。同社は「1人1日1情報制度」により，すべての社員が，毎日，社長に何かしらの情報を伝えることができる。仕事の改善提案，お客様からのご意見，はたまた個人的な悩みなど，テーマは自由である。全てのメッセージは社長が目を通し，一部は社内報に掲載されて全社で共有され，商品開発や業務改善に生かされている。社員にとっては，自分の提案が業務に反映され顧客の満足度に繋がるため，業務に対して能動的に関わろうとする意識が醸成される。顧客の反応に敏感になり，よりよい商品・サービスを提供するにはどうしたら

よいかということに常にアンテナを立てて業務にあたるようになる。また，社員の提案が全社で共有されることにより，同僚の取組みが励みになり，良い意味でのライバル精神が育まれてモチベーション向上に繋がると考えられる。

お わ り に

　企業にとって，人材は事業の推進においてエンジンの役割を担うといえる。したがって，人事・労務戦略は，経営理念と密着に結び付いて策定・遂行されるべきである。経営理念が全社員に浸透していて，かつ社員の自律性を十分に活かす仕組みが整っていれば，その企業は強い企業であると言える。資源に乏しいといわれる中小企業こそ，社員の能力を活かし，会社の発展に繋げてもらいたい。

注

1）中小企業庁「2015 年度中小企業白書」269 ～ 270 ページ。
2）厚生労働省「ジョブ・カード制度総合サイト」http://jobcard.mhlw.go.jp/
3）off the job training：職場外研修。仕事から離れて行う教育訓練で，プログラムに基づく集合型研修であることが多い。
4）on the job training：職場内訓練。実際の業務にあたりながら，職場の上司や先輩からの指導を通じて育成する方法。
5）中小企業庁「2015 年度中小企業白書」299 ～ 300 ページ。
6）主に新人社員に対して専任でサポートする立場の社員。業務面や精神面でのアドバイスや支援を行う。
7）ジェームス・C・コリンズ（1995）『ビジョナリー・カンパニー時代を超える生存の法則』日経 BP センター，193 ～ 202 ページ。
8）六花亭製菓株式会社ホームページ　http://rokkatei.co.jp

参考文献

厚生労働省「ジョブ・カード制度総合サイト」
　http://jobcard.mhlw.go.jp/（2018 年 1 月閲覧）
ジェームズ・C・コリンズ（1995）『ビジョナリー・カンパニー――時代を超える生存の法則』日経 BP センター。

中小企業庁『2015 年度版 中小企業白書』。
中小企業庁『2017 年度版 中小企業白書』。
中村良二（2015）『採用・定着を中心とした中小企業の人事管理調査』Business Labor Trend，2015 年 8 月号（独）労働政策研究・研修機構。
松尾睦（2011）『職場が活きる人が育つ「経験学習」入門』ダイヤモンド社。
六花亭製菓株式会社ホームページ
　http://www.rokkatei.co.jp/（2018 年 1 月閲覧）

（多賀　恵子）

第10章　中小企業のマーケティング戦略
――マーケティング専門誌『キャンペーンレポート』における実証研究――

はじめに

　起業家（ベンチャー起業家の後，中小企業か大企業の経営者になる）は教育によって育てることができる。なぜならば起業家になりたい人は，起業家教育コースを履修し，起業の立ち上げ方，起業した会社をどのように成長させるかを学ぶことによって成功の確率は高くなるとしている（Bygrave, Zacharakis (2008))。しかし，現在の日本の起業家教育は，このとおりであるといえるだろうか。藤沢（2002）は，日本とアメリカのベンチャー起業教育の相違について論じている。大学において，起業家教育に携わる研究者の資質について考える必要があるのではないか。起業家教育の研究者が必要としているスキルは，起業経験があるか，または，起業経験は無いが，普段からベンチャービジネスに関わっていることが望ましいはずである。直球で言わせていただければ，日本の大学で起業家教育に携わっている教員は上記要件を満たしている人は少ない。金融系の研究機関や，研究者として経年を重ねた研究者が多いのが現実である。日本の起業家教育はここに大きな問題があると考えられる。金融系の研究機関や実務経験の無い教員が，起業家教育をすることに依存はない。しかし，起業経験があるか，ベンチャービジネスに深く関わってきた教員を，せめて50％以上に増やさなければ，アメリカの起業家教育に近づくことはできないと思われる。

　米国のビジネススクールでは，起業学は，会計学，財政学，経済学，そして，マーケティングなどと並んでカリキュラムの中で重要な位置を占めている（高橋（2007））。

　本稿では，日本の起業家教育の現状を確認し，市場経済の中で企業の存続をかけたマーケティング戦略について，実際に起業，生成，発展した中小企業のケーススタディをもとに考察をしていく。マーケティングビジネスとしては，成熟した日本の市場で行われている消費者キャンペーンというニッチな領域ではあるが，高度経済成長が進みつつあるアジア諸国でのマーケティングビジネス展

開も考えられるケーススタディとなっている。

マーケティングという概念が誕生して100年が過ぎた。初めてマーケティングという言葉が使われたのは，1902年のアメリカ・ミシガン大学の学報においてである。次いで，ペンシルバニア大学でMarketing of Productという講座が開講し，1919年にはウイスコンシン大学でMarketing Methodなる講座が開講した。日本において，マーケティングという概念が使われるようになったのは，1955年に日本生産性本部のアメリカ視察団が帰国し，その団長であった当時の経団連会長，石坂泰三氏が羽田空港で記者会見をし，「アメリカにはマーケティングというものがある。わが国もこれからはマーケティングを重視すべきである」と発言したのはあまりに有名な話であり，以降わが国の産業界では「マーケティング」という言葉が流行語にもなり，実践活用の気運が高まったのである（和田充夫・恩蔵直人・三浦俊彦（1996））。

マーケティングとは，まだ満たされていないニーズとウォンツを発見し，定義し，その程度を測定し，どのターゲット市場を対象とするべきか選定し，それらの市場に適合する製品，サービスそしてプログラムを開発し，組織全体に顧客視点に立つことを要請するビジネス機能である（コトラーマーケティングマネジメント（1996））。

マーケティング戦略には，イメージ戦略，ブランド戦略，プロモーション戦略等，多種多様な取り組みがあるが，その中でマーケティングビジネスの視点として，ニッチな領域のひとつに「消費者キャンペーン」がある。企業の宣伝部，マーケティング部，広告代理店のプランナー，デザイナー，制作会社等の担当者が，消費者キャンペーンを企画，展開する上で，必要となるのが，タイムリーな情報とデータである。そんなニーズをビジネスとして展開したのが『キャンペーンレポート』（マーケティングの専門誌）である。

『キャンペーンレポート』は，全国で実施されている最新のキャンペーン広告および，店頭POP，ポスター，リーフレット，応募はがき，流通パンフレット等，SPツールすべてを紹介すると共に，レスポンス調査，企画者へのインタビュー，消費者動向分析調査，販売売り上げ結果等，その総合的・多角的内容・情報量により，既存には無い構成となっている。

ビジネス事例として報告すると共に，ペルソナマーケティング，イノベーター理論，5Forces分析，SWOT分析，PPM分析を行い，マーケティング理論的に，このビジネスの成功要因を考察する。特に，PPM分析の解釈（ビジネスは問題

児に資金投入する。三谷（2013））について，キャンペーンレポートのビジネス事例を通して新たな考察，視点を展開する。

研究方法として，第2節からベンチャー起業設立のケーススタディという手法を取り入れる。この事例を研究分析するにあたり，客観性が重要なキーワードとなると考えたからである。実践のマーケティングビジネス事例から，中小企業のマーケティング戦略について踏み込み，特に前述のようにPPM分析の新たな考察から，新しい概念の確立に貢献していく。

第1節　事例研究（ベンチャー起業設立のケーススタディ）

1　起業動機（大企業時代）

起業家は中学時代にバレーボール部に所属し，東京都の大会で準優勝をする程，厳しく強い学校であった。高校に進学すると，中学時代の友人から春の高校バレーのチケットをもらい毎年観に行くのが決まりになっていた。その友人の父親が㈱フジテレビジョンの社員で，観戦チケットを用立ててくれたのである。高校時代の3年間は，毎年観戦に行くのが習慣となっていた。

高校を卒業して大学の法学部に進学をし，法律事務所でアルバイトをすることになっていた。そのタイミングと同時に中学の友人から突然「フジテレビでアルバイトをしない？」と誘われた。無論，18歳の思春期の起業家は，歌番組でアーティストやタレントと会えるフジテレビのバイトを選択した。

大学の法学の勉強とフジテレビの番組のアシスタントディレクター（以下AD）という二足の草鞋を履いていた起業家は，当然大学には通学しなくなり，フジテレビ・フジ映像のADとして毎日出勤するようになっていった。好きなタレントと会う仕事で，なお且つお金をもらえる（アルバイト代）ことが信じられないくらいで，毎日の仕事に熱中していった。当然，仕事も速く覚え1年経つとチーフADとして活躍していた。

2年が過ぎ，情報番組から広報番組のADとなった頃には，学生アルバイトから，共同テレビの契約社員に昇格していた。3年目にはプロデューサーから呼ばれ，5分番組のプログラムディレクターを命じられたのである。これは，プロデューサーが毎日出社して仕事をするAD（起業家）が，まさか学生であると思わなかったからである。しかし，既にVTR編集も終わり，番組の放送も

迫っていたので，そのまま担当ディレクターとなった。それから3年間ディレクターとして仕事に励むことになる。

1980（昭和55）年に，フジサンケイグループ議長の鹿内信隆は，視聴率が低迷していたフジテレビの出直し大改革を断行，自ら強化本部長に就任し，70年にニッポン放送に入社していた長男・鹿内春雄をフジテレビ副社長兼本部長代理に据えた。それまで，「母と子のフジテレビ」というキャッチフレーズで，「ひらけ！ポンキッキ」や「ママとあそぼう！ピンポンパン」等の番組を配し，万年視聴率3位の放送局であったが，若者・子ども向けの「軽（カル）チャー」路線，「楽しくなければテレビじゃない」（81年）のコピーを掲げ，82（昭和57）年から年間視聴率でTBSを抜くなど業績を大きく好転させた。「笑ってる場合ですよ」それに続く「笑っていいとも！」や，「オレたちひょうきん族」「なるほど！ザ・ワールド」「夕やけニャンニャン」などのヒット番組は社会現象をも生んだ（中川一徳（2005））。

1985年，38歳で春雄が二代目議長を引き継ぐと，「軽（カル）チャー」路線をより進め，同時に番組制作部の大改革を実行した。自分より年上のディレクターを制作部から移し，若いディレクターを登用した。起業家はその波に乗り，仕事環境がやりやすくなった反面，昨日までプロデューサーとして上司だった人が，経営資料室という閑職に移動させられたり，フジテレビから関連出版社に出向させられた先輩や，多くの悩みをかかえていた人の存在が生まれた（吉野嘉高（2016））。

起業家は，当時のフジテレビ取締役の顔ぶれを見ると，ディレクターあがり，制作部の現場出身の取締役が1人もいないことに気づいたのである。現在，先輩たちの身に起きていることが，20年後の自分に必ず降りかかってくる。放送局にとって，営業マンや編成マンは毎朝定時に出勤し，営業に廻り会社の売り上げや制作費を稼いでくる社員であるが，制作ディレクターは夜中までスタジオ撮影や編集，打ち合わせに明け暮れている。

制作ディレクターは，会社のお金（経費）を使う社員である以上，この図式は当然といえば当然の結果である。そのため，クリエイティブな仕事をライフワークに考えていた起業家は，ビジネスのクオリティにこだわり，そのためには安定した仕事，経営のできる組織の必要性を考えるようになった。

2 起業動機（中小企業時代）

　起業家は5年間のディレクター経験を経て，社員数80名くらいの広告代理店に転職をし，身近に経営者を観察できる環境に身をおいた。フジテレビ出身者で映像制作の専門家を迎えた広告代理店のワンマン社長は，1年後には起業家に会社の株式を持たせるほど信頼関係が生まれた。この会社で4年間，（株）電通とのクリエイティブビジネスを担当することになる。

　大企業の電通やトヨタ自動車と直接ビジネスをすることは，起業家にとって非常に多くのビジネスの現場を学ぶ機会となっていった。いわゆる組織学習のスキルを身につける場にもなった（桑田耕太郎・田尾雅夫（1998））。

　ここで，クリエイティブビジネスを自分のライフワークと考えていた起業家は，経営の安定した新規のビジネスプランを構築していった。なぜなら，クリエイティブビジネスが，受注発注のビジネスであり，より良いビジネスを続けなければ，受注が続かなくなるからである。クオリティの高いクリエイティブワークを続けるには，経営基盤となる安定したビジネスの構築が必要であった。マーケティング戦略，ブランド戦略，プロモーション戦略，印刷，デザイン，コピー，等，販売促進に係る必要な知識，経験，スキルを確実に自分のものにしていった[1]。

3　ベンチャー企業の設立のきっかけ

　起業家は，経営の安定したビジネスを構築するために，マーケティング戦略の中のプロモーション展開に着目をした。中でも，ニッチな領域になる，消費者キャンペーンに踏み込む決心をした。決心をしたきっかけは次のエピソードによる。

　1988年，大手K化粧品会社は，シャンプー＆リンスの新商品のプロモーションを大手広告代理店のD企画に発注をした。D企画の新商品の販売促進は，消費者キャンペーンが中心の企画であった。当時，とても有名な「Kアーティストのコンサートチケットプレゼント」企画である。シャンプー＆リンスを買って商品に付いているバーコードを切り取ってハガキに貼って送ると，抽選で500名様にKアーティストのコンサートチケットが当たるという企画である。当時のヘアケアー商品としてはたいへん大きな企画であり，TV，ラジオ，新聞，雑誌等で大きく宣伝された。媒体費だけでも約2億円の経費を掛けた企画であ

る。
　しかし，この消費者キャンペーンの応募総数は，予定された応募総数の半分にも満たない大失敗の結果に終わった。クローズドタイプの消費者キャンペーンなので，新商品が売れなかったことになる。シャンプー＆リンスのターゲットとなる層とKアーティストのファン層とが微妙にずれていた結果だ。残念なことに，K化粧品の担当者はこのことが主な原因で自ら命を絶つことになる[2]。
　起業家はこのことがきっかけとなり，4年前からベンチャー起業のために企画をしていたマーケティングの専門誌 月刊『キャンペーンレポート』の創刊を決心した。

4　マーケティングビジネスの概要（以下，ビジネスプラン型式）

　販売促進の中で大きなウェイトを占める消費者キャンペーン。それを企画・展開する上で必要となるのが，タイムリーな情報とデータである。そんなニーズに答えた，マーケティング専門誌，月刊『キャンペーンレポート』の出版。誌面では，全国で実施されている最新のキャンペーン広告及び店頭POP，ポスター，リーフレット，応募ハガキ，流通パンフレット等，SPツールすべてを紹介すると共に，レスポンス調査，企画者へのインタビュー，消費者動向分析調査等，その総合的・多角的内容・情報量により他誌にはない構成とする。
　月刊『キャンペーンレポート』（＊マーケティングの専門誌）は，適確にいまを把握でき，各企業のキャンペーン企画に，キャンペーン広告・ツール等の制作活動に大きな威力を発揮する専門誌である。

5　ターゲット市場について

（1）標的となる顧客
　このビジネスのターゲットとなる顧客は（標的となる顧客）以下にまとめることができる。
・メーカーの宣伝部，マーケティング部，広報部の担当者。
・日本全国の広告代理店の営業担当者，マーケティング，デザイナー，コピーライター他
・日本全国の制作プロダクションの営業担当者，デザイナー，コピーライター他

・印刷会社（制作室）
・百貨店の外商部

（2）顧客の便益
・セールスプロモーション展開を企画する上で，同業他社の戦略がすべてわかる。
・クリエイティブ担当者（プランナー，デザイナー，コピーライター）の参考書になる。
・自社のセールスプロモーションの企画内容を保存できる（保存スペースの縮小化）。

（3）市場の魅力度
ニッチな市場を独占できる。将来は消費者キャンペーンのシンクタンクとして様々な新規ビジネスを展開できる（キャンペーン企画の相談，別冊誌の企画（例：応募総数編，業界に特化），等。

（4）競争状況
競争相手なし。早い時期に市場を独占する。

6　ビジネスのイメージ図（図表10—1）

7　採算計画

年間契約（¥257,500　@¥25,750　＊一括払いは2冊分のお得）で販売。
事業開始3年後までに500冊の販売（日本全国のメーカー100社，広告代理店200社，制作プロダクション150社，印刷会社50社）。

8　誌面構成（大熊（2005）を参照）（図表10—2）

（1）キャンペーンの広告及びSPツール収録
日本全国で実施されている消費者キャンペーンを，その仕組みから，店頭POP，ポスター，リーフレット，応募ハガキ，新聞・雑誌広告，流通対策までをきめ細かく掲載する。キャンペーンの新情報をいち早く知ることができると共に，企画，広告，ツール制作のアイデア源としても大いに役に立つ。

図表 10—1　ビジネスのイメージ図

出所：月刊『キャンペーンレポート』をもとに作成。

流通対策が解る

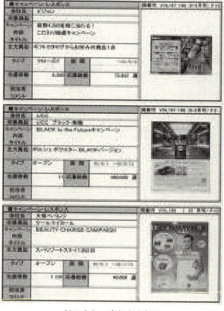

どのくらい売れたか解る

図表 10—2
出所：月刊『キャンペーンレポート』をもとに作成。

（2）新ヒットキャンペーン

企業の販促担当者や企画担当者にインタビューし，企画意図，キャンペーン予算，告知ツールとして何を制作したか及びその印刷部数，出稿媒体，プレミアム選択のポイント，結果としてどれだけ販売につながったか等を詳細に取材，分析をする。成功するキャンペーンを企画するためのヒントが詰まっている内容になる。

（3）消費者調査分析・消費者調査データ表

注目を集めているキャンペーンについて，毎号テーマを設定し，消費者の率直な意見を街頭調査により分析する。キャンペーン専門のマーケティングスタッフにより，「キャンペーンイメージ」「購入動機」「商品評価」「プレミアムの人気」「ブランド選定理由」「企業・商品，キャンペーンの認知状況」「関心度」「キャンペーン評価」等についてきめ細かく調査し分析をする。また，購読者がさらに独自の分析を加えるために，消費者データ表を併せて掲載する。消費者のニーズを分析することで，より効果的なキャンペーン企画を立てることができる。

（4）応募総数調査

キャンペーンの成功・不成功を判断する上での大きなポイントであるレスポンスを，そのキャンペーン内容と共に毎号リポートする。クローズドタイプのキャンペーンは，キャンペーン企画による販売動向を把握することができる。

（5）キャンペーンカレンダー

現在行われている各社のキャンペーンが一目でわかる「キャンペーンカレンダー」を掲載する。また，掲載しているキャンペーンの索引にもなっているので本誌を辞書感覚で使用できる。

第2節　経営分析

1　5Forces分析

5F分析とは，マイケル・E・ポーター（Michael・E・Porter）が示した，企業

図表10—3　業界構造分析のフレーム（5 Forces）

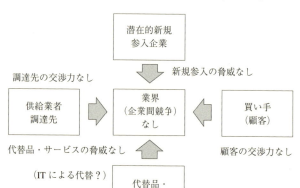

出所：筆者作成。

を取り巻く業界構造の把握のための方策である。業界内の競争に影響を与える要因を5つに分類し，それぞれの力の強さや関係性を分析することで，業界構造の特徴を明らかにすることができる。分析を試みると，

① 既存同業者との敵対に関しては，新規の参入なので敵対関係はない。
② 新規参入企業の脅威に関しては，VOL. 196（20年間）発行まで，他社による新規参入がまったくなかった。
③ 代替品の脅威に関しては，ニッチな領域の月刊誌の販売なので，代替品の脅威もなかった。
④ 売り手の交渉力も，供給業者がメーカー等だけでなく，流通業者からも供給をされるので，脅威はなかった。
⑤ 買い手の交渉力も，ニッチな領域のため競合会社が一切ないことから交渉力（脅威）はなかった（ジョアン・マグレッタ，櫻井祐子（2012））（図表10—3）。

2　SWOT分析

アルバート・ハンフリー（スタンフォード大学）によって構築された分析方法だが，戦略・仮説として，消費者キャンペーンをB to Bの専門誌で紹介をする。まず，外部環境の分析から始めると，機会（O）は，ITによる展開が考えられる。

図表 10—4　SWOT 分析

	好影響	悪影響
内部環境	Strength（強み） ・製品へのクレームはほとんどない。 ・安定した顧客が多い ・ルーチンワークとしてシステム化している 強みを生かす 　→コア・コンピタンスの確立	Weakness ・数年間売り上げが一定 ・外注先が一定（ずっと同じ業者） ・取締役が同じなので金属疲労？ 弱みを強みに 　→アウトソーシングの検討
外部環境	Opportunity（機会） ・IT による展開が考えられる ・別冊等の展開ができる ・取引先との口座が維持できる 機会を逃すな 　→アジャイル（俊敏）な対応	Threat（脅威） ・IT による競合が考えられる 脅威を機会に 　→発想の転換

出所：筆者作成。

別冊等の展開ができる。取引先との口座維持できる。等があげられ，脅威（T）は，IT による競合が考えられる。

次に，内部環境分析をすると，強み（S）は，製品へのクレームはほとんどない。安定した顧客が多い。ルーチンワークとしてシステム化している。等，があげられ，弱み（W）は，売り上げが一定。外注先が一定。取締役が一緒なので金属疲労（長年同じことを続けることによるマイナス点）が考えられる。SWOT 分析からは，特に IT による競合の脅威が考えられた（図表 10—4）。

3　PPM 分析

PPM 分析（プロダクト・ポートフォリオ・マネジメント）とは経営資源を最適に配分することを目的として，ボストン・コンサルティング・グループが 1970 年代に提唱したマネジメント手法である。製品ライフサイクルと製品製造現場における経験曲線効果の概念を元にした経営理論で，本稿においては，この PPM 分析において新たな知見を論じるために詳しく分析を行いたい。

PPM分析は，3つの情報を表現している。売り上げ規模（枠の大きさ）と縦軸の市場成長率と横軸の相対シェアである。

金のなる木は，「入ってくるキャッシュは多い」「出ていくキャッシュは少ない」位置で，企業にとって現時点でもっともキャッシュを生みだすビジネスである。ここで得たキャッシュを花形，問題児に投資して将来の金のなる木を創造する。本稿のマーケティングビジネス事例「キャンペーンレポート」は，金のなる木の位置にいる。

花形は，「入ってくるキャッシュは多い」一方，「出ていくキャッシュも多い」位置になる。企業にとって今後の成長の鍵を握るビジネスである。

問題児は，「入ってくるキャッシュは少ない」一方，「出て行くキャッシュは多い」位置である。金食い虫のような存在だが，市場が成長しているため将来の花形候補である。新規のビジネス参入当初は，この位置に属する可能性が高くなるといわれている。

負け犬は「入ってくるキャッシュは少ない」一方，「出ていくキャッシュも少ない」位置である。ドラッカーが言う，「もはや成果を上げられない，あるいは努力に対する見返りが急速に減少しつつある製品，サービス，市場技術」に相当する。撤退の対象だが，合理化を進め他者が撤退していくことで，金のなる

図表10―5

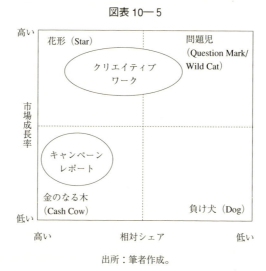

出所：筆者作成。

木になる可能性も残っている。(早嶋聡史 (2011))

　(株)月刊キャンペーンのビジネス分析を試みると図表10―5のようになる。

第3節　考　察

　本稿においては，マーケティングビジネスにおける実証研究として，(株)月刊キャンペーンが創刊，販売をした『キャンペーンレポート』の各種分析についてインタビュー調査を含めた実証研究を行った。

　浅田和美 (2006) によれば新商品開発に関する基本的認識は，消費者（生活者）の生活行動や，意識に関する深い読み込みと洞察を基軸に捉えて商品開発プロセスを実践すれば，必ず果実（中小ヒット商品）は実る。そしていつか必ず大きな果実（大ヒット商品）も生まれる。1つの大ヒット商品を狙うのでなく小さなヒット商品をコンスタントに出せる仕組みを作ることこそが経営者の使命であるという。延岡健太郎 (2002) も企業が持続的な競争力を持つためには，単発のヒット商品を追い求めるのではなく，長期的な製品開発能力による差異化の追求を主張している。

　その観点から言えば，年商1億5,000万円の『キャンペーンレポート』ではあるが，利益率が良いことと，別冊企画，キャンペーンの企画，大手広告代理店と口座を維持することができることにより，クリエイティブ事業への参入へと繋がり，NY支社の設立，起業家がNPO法人の代表理事に就任等，多くのビジネスチャンスの拡大に貢献している。まさに，浅田や延岡が論じる，コンスタンスな得点稼ぎこそが，安定経営のために望まれる姿勢といえる。起業家はクリエイティブビジネスを模索するに当たり，経営の安定したビジネスの必要性を初めから考えていた。

　この事例を紐解き，中小企業のマーケティング戦略に着目すると，起業家はライフワークとしてのクリエイティブビジネスを続けるにあたり，受注発注（アウトソーシング）のクリエイティブの仕事だけでは，経営基盤が安定しないため，有益な仕事ができないと考え，経営基盤の安定したビジネスを模索していた。セールスプロモーションには，マスメディア戦略，イメージ戦略，ブランド戦略，イベント戦略，等，多種多様であるが，起業家はその中でニッチな領域である「キャンペーン戦略」に興味を持った。例えば，マスメディア戦略では，企業の宣伝部，広告代理店，研究者等の専門家には到底かなわない（ビジネスとして

は参入障壁が高い）と考えたからである。販売促進には大切な戦略ではあるが，ニッチな領域，公正取引委員会，景品表示法，等の専門性を必要とする「キャンペーン戦略」の専門家集団になることを考えたのが，起業の第一歩であった。起業家は，「キャンペーン戦略」のマーケティングビジネスを思考するにあたり，その当事者（企業の宣伝担当者，マーケティング担当者，広告代理店の企画担当者，等）にインタビュー調査を行っていた。当事者が消費者キャンペーンを企画するにあたり，困っていることは，資料を手に入れることができない難しさ，同業他社の企画，流通対策，メディア対策（TVCM・新聞広告・雑誌広告）と，景品表示法に準じているか，保存方法などである。そのすべてを解決できるのが『キャンペーンレポート』の出版である。起業家は B to C の書店販売雑誌にするか，B to B の年間購読専門誌にするか等，ビジネスの枠組みを思考していった。一般消費者に向けたキャンペーン紹介の得する雑誌（書店販売）か，企業の宣伝部等に向けた専門誌（定期購読）にするかの選択であった。結果的には，B to B の専門誌に決めた（1 冊 25,000 円（消費税別），年間契約 25 万円，限定 500 部の発行）[3]。

このビジネスのクライアント（消費者＝購読者）は，実践現場で消費者キャンペーンの企画制作をしている，企業の宣伝・マーケティング，広報担当者であり，その人たちから販売促進を受注している広告代理店の企画担当者たちと制作プロダクションのデザイナーやコピーライターになる。早い段階でマーケティングビジネスの顧客となる当事者たちに辿り着き，インタビュー調査により，「ニーズ」と「ウォンツ」を的確に把握し，そのすべてを解決する商品，『キャンペーンレポート』を誕生させたのである。中小企業のマーケティング戦略という視点からこの事例を分析・分析すると，「起業ビジネスの明確なターゲット顧客」を設定していた。

また，中小企業の強みを生かしたマーケティング戦略を実践している。専門誌の価格の設定を，1 冊 25,000 円にしたことにより，年商 1 億 5,000 万円のビジネスには，大手企業の参入は無い。例えば，（株）電通は消費者キャンペーンの企画制作だけでも，数千億の年商になるだろう。マーケティングの専門誌ビジネスを創めるよりも，当然，毎月『キャンペーンレポート』の年間契約（全国支社で 15 冊）をしたほうが，企業として健全であると判断をしていた。『キャンペーンレポート』の編集にも（制作物の提供等）協力的であった。

中小企業のマーケティング戦略の考察として，以上のことを精緻化すると，

以下に論述する2点のことが論理的に説明できる。

1点目は、『キャンペーンレポート』の事例は、ビジネスプランの最初に「起業ビジネスの明確なターゲット顧客」を設定していることである。その後、1999年ジョン・S・プルーイットの提唱したペルソナマーケティングの実践である。起業家は、大手Y広告代理店の企画制作担当者Y氏から、キャンペーンの実物、同業他社の制作物を集めるため、毎月末に学生アルバイトを6名雇い（アルバイト代1人1万円）、都内のスーパーを回って、キャンペーンの応募ハガキ、チラシを集めていると聞いていた。毎月6万円の経費をかけて応募ハガキを集め、ファイルに保存しているのである。時には自社が請け負った企画では、制作物のすべてを保存する必要がある。ディスプレイ、のぼり旗、店頭POP、商品ポスター、リーフレット、応募ハガキ、チラシ、等の保存をするために、大きな会議室が倉庫になってしまうとのことだ。この作業に辟易している、担当者達にインタビューをしてきたからこそ、「起業ビジネスの明確なターゲット顧客」ペルソナマーケティングを想像することができた。

2点目は、「中小企業の強みを生かしたマーケティング戦略」を実践したことである。『キャンペーンレポート』の価格を1冊25,000円にしたことから、5Forces分析で記述したように、競合の参入がまったく無かった。これは前述したように、大手企業の参入障壁が高かったからである。年商が中小企業規模であったことと、専門誌に掲載する多様な制作物の入手、印刷工程における技術的問題（印刷費の安価化）を解決していたことにより、他社では真似できない技術力を持っていた。

中小企業のマーケティング戦略として別の論じ方をするなら、① ニッチな領域（大手の参入できない、限定された小さい市場）のビジネスを考えたことにより、② 経営資源を集中でき、③ 差別化することができたことと、5Forces分析の「買い手」と「供給業者」が、『起業ビジネスの明確なターゲット顧客』であり、④ 顧客と密着していたのである。

ここまで日本におけるマーケティングビジネスの事例を通して、中小企業のマーケティング戦略を考察してきたが、国際的なプロモーションビジネスの現状を比較してみる。日本のように、高度経済成長後に多種多様な趣向から、多様な商品が店頭に並ぶようになり、他商品との差別化を図るためのマーケティング、プロモーションには、消費者キャンペーンやクーポン、景品、キャッシュバック等があるが（中野明（2006））、アメリカにおいて主流のプロモーションは、

クーポンである（和田充夫・恩蔵直人・三浦俊彦（1996））。

　高度経済成長が期待されるアジア諸国等において，マーケティングビジネスは次世代の大きなビジネスチャンスと考えられる。単純なクーポン等の値引き競争ではない，本稿で紹介したマーケティングビジネスの展開は，まもなく新興国市場のマーケッターから始まるに違いない。

第4節　結　論（新たな知見）

　ここで本稿の最初に提示していた，PPM分析の解釈（新規ビジネスは問題児から参入する）について，キャンペーンレポートのビジネス事例の実証研究を通して新たな知見を提案する。

　ボストン・コンサルティング・グループにおいても，ドラッカーにおいても，新規ビジネスの参入は，「問題児」からの参入となると論じている。網倉・新宅（2001）も，「問題児」は，確かに市場成長率が高く，将来魅力的な市場になる可能性が高いと主張している。

　これまでの分析の解釈は，大企業が新規ビジネスに参入するときの手法を想定していると考えられる。実際に，白物電化製品は日本の技術を取り組んだ，人件費の低下な海外企業（ハイアール・グループ，等）が問題児から参入し，席巻している現状がある。彼らは日本のメーカーの下請け会社（部品工場）から，企業としての経営基盤を築きあげ，技術力を磨き，安価な労働力を武器に，「問題児」に参入するために豊富な資金を投入して成功を収めたのである。

　しかし，ベンチャー起業や新規ビジネス，社会起業（ソーシャル・ビジネス）の創業時において，設立資金が十分にあるケースは稀である。そういった起業時の環境の中で，「問題児」に限られている資金を配分することには，論理的にパラドクスが生じる。

　先行研究においてコーネリス・ジョン（2004）は，「問題児」では，巨額の投資が必要であると分析している。また，井上・佐久間（2008）は，PPM分析は，既存の事業間での経営資源の配分を問題としているが，新規事業の提案・創造には繋がらないという限界を有していることを主張している。

　しかしながら，これらの先行研究において，新規ビジネスの参入は「問題児」に資金を投入するというボストン・コンサルティング・グループの分析に対して，新規ビジネス（限られた資金）では「問題児」への参入を否定することを実証

した論拠が明確には提示されていない。

　本稿では，マーケティング専門誌『キャンペーンレポート』の実証研究で示したように，新規ビジネスの参入は問題児よりも「金のなる木」の位置に参入し，ニッチな領域の相対シェアの獲得を目指すほうが，「出ていくキャッシュは少ない」ため，起業資金の準備が少なくて済むということを実証した。

　昨今，社会起業，コミュニティビジネス，ソーシャルビジネス等の，社会問題解決のためのビジネスが台頭しているが，こういうビジネスこそ，ニッチな領域のビジネスである「金のなる木」の参入を目指し社会貢献の一助となってもらいたい。

注

1）起業論・アントレプレナーシップに関する視点においては，この時代に起業家精神の醸成，組織学習，資本金作り，起業パートナー選び等，多くの大切なプロセスがあるが，本稿においては，中小企業のマーケティング戦略に着目しているため割愛をする。
2）1988年，K株式会社K氏インタビューによる。
3）起業論・ビジネスプランに関する視点においては，新製品開発，資金調達，組織学習，起業パートナー選び，価格設定，販売促進，流通対策，等，多くの大切なプロセスがあるが，本稿においては，中小企業のマーケティング戦略（商品）に着目しているため割愛をする。

参考文献

浅田和美（2006）『商品開発マーケティング』日本能率協会，4～16ページ。
網倉久永・新宅純二郎（2011）『経営戦略入門』日本経済新聞出版社。
井上善海・佐久間信夫（2008）『よくわかる経営戦略論』ミネルヴァ書房。
大熊省三（2005年10月31日）『月刊キャンペーンレポート Vol. 190』（株）月刊キャンペーン。
桑田耕太郎・田尾雅夫（1998）『組織論』有斐閣アルマ，298ページ。
コーネリス・ジョン（2004）『戦略とは何か』東洋経済新報社。
ジョアン・マグレッタ，櫻井祐子（2012）『マイケル・ポーターの競争戦略』早川書房。
高橋徳行（2007）『新・起業学入門』財団法人経済産業調査会。
早嶋聡史（2011）『ドラッカーが教える実践マーケティング戦略』総合法令出版，95ペー

ジ。
中川一徳（2005）『メディアの支配者』講談社。
延岡健太郎（2002）『製品開発の知識』日経文庫，186 ページ。
フィリップ・コトラー著，村田昭治監修（1996）『コトラマーケティングマネジメント』プレジデント社，viページ。
藤沢武史（2002）「日本の大学におけるベンチャービジネス教育」『ベンチャービジネスと起業家教育』御茶ノ水書房。
三谷宏治（2013）『経営戦略全史』ディスカバー・レボリューションズ。
吉野嘉高（2016）『フジテレビはなぜ凋落したのか』新潮新書。
和田充夫・恩蔵直人・三浦俊彦（1996）『マーケティング戦略』有斐閣アルマ，232 ページ。
Willim Bygrave, Andrew Zacharakis,（2008）Entrepreneurship, John Wiley & Sons Inc（ウィリアム・バイグレイブ , アンドリュー・ザカラキス（2009）『アントレプレナーシップ』日系 BP 社).

（大熊 省三）

第 11 章　中小企業の情報戦略
——ネットワーク社会における中小企業の IT の活用——

は じ め に

　中小企業は，環境変化が著しいこの時代で生き残るために，情報システムを積極的に活用する必要がある。中小企業は大企業と比較して，人・物・金といった経営資源が乏しいのは周知のとおりである。しかし，小規模であることが有利に働くこともある。中小企業の有利な点は組織が小さいことから，その意思決定の迅速さ，組織としての機動力が優れている。例えば，大企業の経営陣から現場の従業員へ指示が届くまで，また従業員から経営陣へ情報が到達するのにかなりのタイムラグが発生する。しかし，中小企業では経営者の意思や発信が即座に社内へ浸透させることが可能である。中小企業の不利な点は，大企業と比べて環境変化の影響を受けやすいことである。大企業であれば事業の多角化により，多種多様な取引を常日頃から行っている企業も多く，1つの事業の業績が悪化したとしても他の事業で補えるようにリスク分散されている。しかし，中小企業は1つの事業に特化せざるを得ないことが多く，その経営状況は元請け企業の業績やその市場の状態にかなり左右される。有利な点を活かし，リスク回避するためには，意思決定の速度をより迅速にして，環境の変化にも素早く対応するためにITを積極的かつ有効に活用する必要がある。

　最先端の情報技術を導入すれば社内の課題は解決するわけではない。よく耳にするのは「ITを導入したけど，上手く活用できていない」「見込んだ効果があまり感じられない」という声である。導入の明確な目的やその技術に対する理解，体制整備がなければ有効活用できない。よって，経営戦略を実現する手段として，如何に情報化を図るか，その目的を明確にして，ITを取り入れることが重要である。そしてIT導入後には，実際にその技術を活用する人材の育成もまた必要である。

　中小企業に限らず全ての企業に当てはまることだが，ITを積極的に導入することが必要であるとしても，情報システムやIT導入を躊躇することの要因に，セキュリティの問題がある。中小企業白書によると，企業がIT投資を行わない

理由として「情報漏洩の恐れがある」7.0%，「技術・ノウハウ流出の恐れがある」4.7%[1]とセキュリティに関することがあげられている。また，IT投資実施企業が抱える課題ししで最も多いのが「情報セキュリティ等のリスク対応が必要」である。このIT導入にあたり必ず伴うのは情報セキュリティである。よって本章では，情報管理・セキュリティについても言及する。

本章の狙いは特に中小企業の強みである意思決定のスピードをを活かすため，何故情報が重要であるかについて述べると共に，ITについて理解を深め経営で活用することである。

第1節　情報と中小企業の関係性

1　中小企業にとってのIT

前述したように，中小企業において情報資源を活用することとは必要不可欠である。その情報資源を活用するのにIT（Information Technology：情報技術）は重要な存在となる。ITは多義的な言葉であるが，本章では情報処理・活用する技術全般およびその基盤となる情報システムを指すものとする。ITは，その発展と共に経営における役割は大きく変化してきた。初期の情報システムは，それまで紙で管理していた会計・経理などをデータベース化し，そこから集計・計算を自動で行うようなデータ処理が主であり，業務効率化，省力化を図りコストの削減を目的として導入されることが多かった。それからインターネットが公開・拡大したことにより，それまで扱う情報は数値と短い文字列であったものが，文章，静止画，動画などを扱うことが可能になった。また企業は，ウェブサイトという形で独自のメディアを手軽に持つことができるようになり，このメディアは顧客との重要なコミュニケーションツールとなった。今日では，経営戦略や経営における意思決定，顧客管理等に欠かせない存在になっている。図表11—1で示されるとおり，IT投資を行なっている中小企業と，行なっていない中小企業には業績に顕著な差が出ており，中小企業にとってIT導入は欠かせないものになってきている。しかし，先の中小企業白書によると，IT投資は重要でないと考えている中小企業が37.6%存在している[2]。IT投資していない企業のその理由は図表11—2で示すとおり，「ITを導入できる人材がいない」が最も多く，「導入効果がわからない，評価ができない」「社員がITを使いこな

第11章 中小企業の情報戦略　233

図表11—1　IT投資有無別の起業の売上高

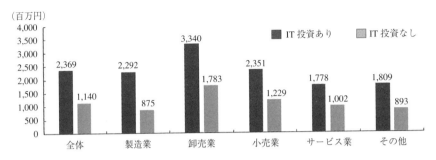

出所：『中小企業白書』(2016) 中小企業庁，経済産業省。

図表11—2　IT投資未実施企業のIT投資を行わない理由

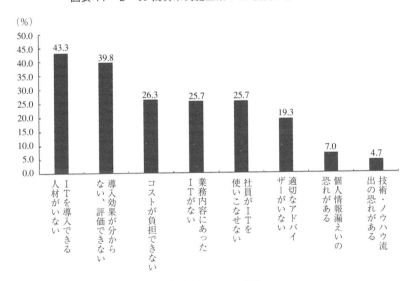

出所：図表11—1と同じ。

せない」などから人材についての課題が多く，続いて，導入コストとセキュリティについての理由が見られる。このようにIT投資を行わない理由がいくつか存在するが，それらを解消する選択肢の1つとして，クラウドコンピューティ

ングがある。

　クラウドコンピューティングとは，ネットワーク上のサーバーに，PCやスマートフォンからアクセスして，必要に応じて必要な分だけ利用できるコンピューターの利用形態である。従来のITといえばハードウェアやソフトウェアといった投資コストがかかるものが一般的であったが，近年では所有する必要がなく気軽に低コストで導入できるクラウドコンピューティングも浸透している。クラウドコンピューティングが通常のIT導入よりも優れている特徴は 3つある。① 投資コスト，② 利便性，③ 技術・セキュリティである。

　① 投資コストは，先ほど述べたが，自社サーバーやネットワーク機器などの導入・所有をせずに，利用可能であることである。また，近年では非常に速いペースで変化するニーズに合わせて，サービスの規模を正確に見積もるのが困難である。それにより過剰な設備投資をしたり，頻繁な設備増強を必要としたりといった問題が生じている。クラウドコンピューティングであれば，ビジネスの成長に合わせて必要な分だけ利用すれば良いので，設備投資や設計運用コストを軽減できる。

　② 利便性であるが，クラウドコンピューティングは，普段ウェブサイトを閲覧しているGoogle（グーグル），Firefox（ファイヤーフォックス），IE（Internet Explorer：インターネットエクスプローラー）などのウェブブラウザを使用すれば，場所を問わず利用可能である。営業先での利用や自宅のPC，スマートフォンなどで利用できるという利便性がある。またオフィス以外の場所でも効率的に仕事を進めることができる。

　③ 技術・セキュリティにおいては，自社サーバーであれば，不正アクセスや盗難などへのセキュリティ，機材の故障によるデータ破損など，全て自社で対策しなければならない。更に，ソフトウェアやハードウェアのアップデートや，定期的なバックアップも自社で対応しなければならない。そのため，技術者を雇うコストや本来の通常業務妨げという問題が生じる。クラウドコンピューティングであれば，利用データはクラウド内に保管することができるので，普段使用しているPCやネットワーク機器が故障してもデータを利用することが可能である。また，実際のデータ保存先であるサーバーは，ホスティング事業者によって管理されたサーバーで，素人が管理するサーバーよりも堅固なセキュリティである。またバックアップにも対応していることが多いので，データの破損リスクは最小限に抑えられるのである。

これらの特徴により，クラウドコンピューティングはサーバーやソフトウェアなどのIT資産を保有・管理をしないので，コストや人材を本来の仕事へ注力できるのである。クラウドコンピューティングを導入している中小企業によると，クラウドコンピューティングのメリットは，「導入までの期間が短い」「初期コストが安い」「運用コストが安い」「技術的な専門知識がなくても導入できる」「セキュリティ面での信頼性・安全性が高い」[3]と回答している。同様に中小企業にとっては導入しやすいITの1つである。しかし，クラウドコンピューティングもまた，クラウドサービスを利用しない理由として「情報漏洩などセキュリティに不安がある」が38.8％[4]の割合で回答されている。

2　中小企業におけるITの活用状況

　IT技術の発展スピードが加速している現代において，中小企業のソフトウェア投資額は，2005年頃から2017年まで横ばい傾向である。全体の設備投資額に占めるソフトウェア投資比率は，大企業は約10％，中小企業は約4％と，中小企業の投資比率が低い。図表11―3は大企業と中小企業の情報システム導入

図表11―3　大企業と中小企業の情報システムの導入状況

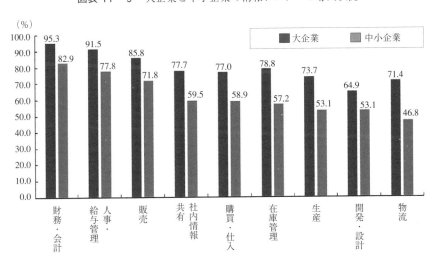

出所：『中小企業白書』(2008) 中小企業庁，経済産業省。

状況を示した表である。大企業と比較して，中小企業は情報システムの導入割合は低い。中小企業は財務・会計，人事・給与管理，販売などの導入割合が比較的高く，主にパッケージソフトを導入して業務効率化を図っている。人的資源に乏しい中小企業は，手軽に導入が可能で業務を効率化することは率先して行うべきである。しかしながら，パッケージソフトやクラウドコンピューティングなど導入が簡単で，業務効率化を図る情報システムは，どこの企業も導入しやすいので，競争優位や独自性を築くことは困難である。図表11—3のとおり，業務効率化における情報システムと比べて，社内情報共有や，開発・設計など企業の独自性を作り出していく業務への情報システムの導入割合は低くなっている。

第2節　ネットワーク社会による影響

1　ネットワーク社会

　近年，現代社会は情報社会からネットワーク社会へ移行している。経営情報の著者である，岸川（2017）は「ネットワーク社会では，時間的制約，空間的制約，組織的制約など，各種の制約を意識することが極めて少ない情報・物理空間を有することになるので，企業経営だけでなく社会全般にわたって，企業行動や人間行動が，劇的に変容することは間違いない」[5]と述べている。既に，ここ数年，働き方や人々の生活の凄まじい変化を感じている人も多いのではないだろうか。

　これまでの人類の歴史は，狩猟採集社会から農具や生産向上技術の発展による農業革命が農業社会をもたらし，蒸気機関の発明から始まった産業革命により工業社会へ移行してきた。情報革命はコンピューターの出現がきっかけである。情報社会では，情報や知識が価値を持ち，社会・経済が発展していくとされている。情報社会は，インターネットの急速な普及とユビキタスネットワークの発展により，ネットワーク社会（高度情報社会）へと進展している。ネットワーク社会への進展の要因の1つであるインターネットは，世界中の膨大な数の組織・個人の通信機器やコンピューターを繋いだ巨大なコンピューター・ネットワークのことである。

　インターネットの前身は，アメリカのARPA（国防総省高等研究計画局）が

構築したネットワーク技術が基盤である。その後，1990年代に民間企業でも利用されるようになった。インターネットの商用利用の一般化を更に進めたのが，www（World Wide Web）である。wwwは，HTMLという言語でインターネット上に文書の掲載・共有・閲覧を可能にする仕組みである。私たちが普段閲覧するウェブサイトは，wwwに基づきHTMLで文書を作成され，GoogleやIEなどのインターネットブラウザから閲覧を楽しむことができる。

　ネットワーク社会への移行のもう1つの要因としてあげた，ユビキタスネットワークのユビキタス（ubiquitous）とは，ラテン語の「偏在（いつでもどこでも存在すること）」を意味するubiqueから由来している。日本では，ユビキタスネットワーク社会を目指し，「u-Japan」と称して総務省が政策を推進していた。ユビキタスネットワーク社会とは，いつでも，どこでも，何でも，誰でも，ネットワークに簡単に繋がれる社会である。具体的に述べると，①いつでも（仕事中，外出中，移動中など），②どこでも（職場，自宅，屋内，野外，電車内など），③何でも（家電製品，自動車，飛行機など），④誰でも（人と人，人と物など）である。ユビキタスネットワーク社会を実現させるには，ICT（Information Communication Technology：情報通信技術）の発展が必要不可欠である。ICTはITと同義的に使用される場合もあり，海外ではITよりもICTを使用するのが一般的である。本書ではICTを，情報を相互に伝達・活用する技術と定義する。ICT端末の1つであるスマートフォンは，目的地への移動中に自宅の監視カメラにアクセスしたり，海外から家族と気軽に連絡を取り合ったりすることを可能にしている。ICTは私たちの情報収集やコミュニケーション，購買行動などの生活行動に大きな影響を与えている。

2　インターネットの普及動向・使用目的

　2017年のインターネット普及率は図表11―4のとおりである。2006年では人口普及率が72.6％であったが，2016年には83.5％に達し，10.9％増加している。インターネットの普及は，人々の生活や行動に様々な変化を与え，物理的な距離は弊害にならなくなった。

　物理的な距離が弊害にならなくなったことにより，メールソフトやFacebook，TwitterなどのSNS，LINEのようなチャットアプリにより気軽に多くの友人や家族，同僚とコミュニケーションを取れるようになった。一方，気軽に連絡を取れることによる弊害も起きている。コミュニケーションの簡易化の弊害で，

図表 11—4　インターネットの普及状況

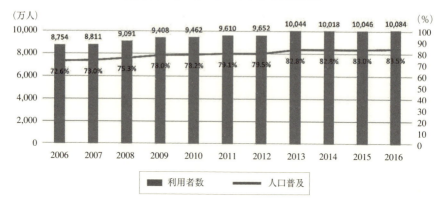

出所：図表 11—1 と同じ。

図表 11—5　情報通信機器の普及状況

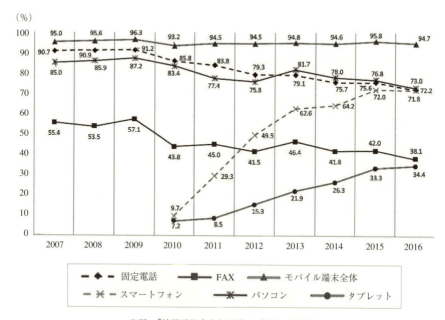

出所：『情報通信白書』平成 29 年版，総務省。

法律を改正した事例もある。その事例は，フランスでは勤務時間外や休暇中に電子メールなどのデジタルツールによる連絡について，被雇用者の「切断する権利」を規定した改正労働法が施行された，というものである。ICTが発展する前であれば「PCがなければメールが見られない」「自宅にいなければ電話に出られない」などと，どうしてもコミュニケーションを取れない状況があったが，そういう状況はネットワーク社会では減少している。その減少に拍車をかけている要因の1つは，スマートフォン保有率の増加だろう。スマートフォン保有率は図表11―5のとおり，2010年の保有率が9.7％から急速に増加し，わずか6年で71.8％に達している。一方，PCの保有率は減少傾向にあり，2016年にはスマートフォンと保有率はほぼ同じになっている。ICTやインターネットの普及によるネットワーク社会は，我々の生活や仕事に変化を与えている。

3　電子商取引の市場規模

ITによるビジネス変化の1つとして，電子商取引（EC: Electronic Commerce）[6]がある。電子商取引の利点は，第1に全国，海外への市場拡大である。従来であれば，全国市場や海外市場に進出することができなかった中小企業であったが，時間や物理的空間の制約が少ない電子商取引を基に事業を拡大・展開している企業が増えている。また，電子化によるペーパーレス化や事務処理コストなどの削減が可能だという利点もある。

電子商取引は取引先の種類により，BtoC（Business to Customer），BtoB（Business to Business），CtoC（Customer to Customer），などと分類できる。BtoCは，企業が消費者に販売する電子商取引のことであり，有名EC事業者にはAmazonや楽天などがある。また楽天などのショッピングモール以外にも，メーカーが直接消費者と取引するためにショッピングサイトを公開しているBtoBは，企業間同士の電子商取引で，販売する企業の自社商品カタログのホームページ掲載や，買い手企業が調達したい詳細をインターネット上に掲載する。BtoBの企業間電子商取引を支援する事業者が提供する，インターネット上の仲介機能を，eマーケットプレス（電子市場）という。CtoC（Customer to Customer）は個人間取引のことで，ヤフオクやメルカリのように，ネットオークションやフリマアプリである。電子商取引の市場規模は，年々拡大傾向にあるBtoCの市場規模は，2001年1兆4,840億円だったのに対し，2016年には15兆1,358億円まで膨れ上がっている[7]。また，BtoBの市場規模は2001年34兆270億円に対し，2016年

には291兆170億円にまで拡大している[8]。CtoCは近年メルカリやBUYMAなど個人間で取引ができる様々なサービスが沢山出現してきており，その規模は2016年時点で，ネットオークションのCtoCカテゴリーが3,458億円，フリマアプリが3,052億円になる[9]。このように，電子商取引市場の規模が無視できないくらい拡大している。

4　顧客の購買行動の変化

インターネットやICTの進展により，顧客の購買行動も変化してきている。1920年代アメリカでは，消費者が商品・サービスの存在を認知してから購買するまでの心理・行動を表したものとして，AIDMAの法則が提唱された。AIDMAは，Attention（注意），Interest（興味），Desire（欲求），Memory（記憶），Action（行動）の頭文字を取って作られた言葉である。1995年広告代理店である電通が，消費者の購買行動の変化から，AISASという新しい消費行動モデルを提唱した。AISASは，Attention（注意），Interest（興味），Search（検索），Action（行動），Share（共有）の頭文字を取って作られた言葉であり，インター

図表11―6　世代別ネットショッピングの利用率

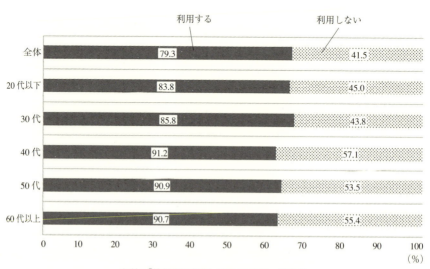

出所：『情報通信白書』平成27年版，総務省。

ネットの検索機能やSNS，レビューなどでの口コミなど，消費者の新しい行動を組み込んでいる。実際にネットショッピングを利用する消費者は年々増加傾向にあり，世代別でみると，図表11―6のようになるが意外にも50代，60代の利用率は高い。

第3節　意思決定と情報システム

1　意思決定

　中小企業の有利な点は，その意思決定の迅速さ，組織としての機動力が優れていることであると，本章のはじめに述べた。その有利な点を活かすには，適切な意思決定とその意思決定に必要となる情報の収集が必要である。我々は常に目的を持ち，その目的達成のための意思決定によって行動している。その意思決定の多くは，日々の繰り返しで，無意識的に行動している。例えば，ファミリーレストランでスパゲッティを食べる際に使用する道具としてフォークを選択したり，コップに水を入れる時に水道の蛇口を回したりなどの意思決定である。このような日常的に発生する局面で，予め手続きが決まっており，選択肢があまり変わらないものを，定型的意思決定という。一方，イレギュラーな状況に直面した時の意思決定を非定型的意思決定という。非定型的意思決定は，一定の手続きや方式を持たず，問題が複雑であり，重要な問題に対する意思決定である。非定型的意思決定において，我々は情報を頼りに判断する。直面している問題解決や目的達成に適した情報が，適切な意思決定を導き出し，適切な行動をすることに結びつく。

2　データ・情報・知識と意思決定

　意思決定には，情報が必要であると前述したが，意思決定のための情報を収集するためには，その概念や知識，データ等の違いを区別して理解しておく必要がある。データとは，事象や出来事についての客観的事実に基づいた数値，文字，音声，記号などで表したものである。データを，価値があると判断し，抽出，統計処理等をしたものが情報である。知識は，体系化された情報であり，物事の本質についての理解や解釈であり，考え方や行動を方向づけるものである。知識は，データの取得方法や処理方法，情報の生成・認識・活用に役立つ

ものである。すなわち，データから情報への変換，情報を認識して意思決定をするプロセスに知識は必要不可欠である。また，知識は暗黙知と形式知の2つに分けられる。暗黙知は，職人の技能や顧客接客での対応力など，経験に基づく知識であり，言語化困難な知識である。一方，形式知は，マニュアルやガイドラインなどの文字や数値，言葉などで表すことができる知識である。

3 知識創造

近年では知識を創造することが注目されている。何故ならば，知識を創造し蓄積していくことが，企業にとっての競争優位を生み出し，イノベーションを発生させるからである。知識創造では，暗黙知と形式知の相互作用を循環させて，知識を持続的に創造していくことが重要になる。野中[10]は組織的知識創造のプロセスである，① 共同化：Socialization，② 表出化：Externalization，③ 連結化：Combination，④ 内面化：Internalization から構成される SECI（セキ）モデルを提示している。

① 共同化：個々人の直接体験を通じた暗黙知の共有や創出。
② 表出化：個人の暗黙知を対話により表面化させ，組織内で共有可能な形式知への変換するプロセス。
③ 連結化：形式知の組み合わせや整理による，新たな形式知の創出。
④ 内面化：形式知を実践して深く理解され，個人の経験・主観が合わさることによる，新たな暗黙知の創造。

これらのプロセスを循環させ，知識を創造することにより，その企業ならではの知識が蓄積され，競争優位性を生み出していくのである。

4 情報システムの変換

企業における情報システムは，1950年代から，業務の効率化，自動化，低コスト化を図り，EDPS（Electronic Data Processing）が普及した。1960年代から普及した情報システムの概念が MIS（Management Information System：経営情報システム）である。MIS は定型的意思決定支援を目的としており，業務が正しい方向で進められているか，目標が正しく達成できそうかを知ることができた。1970年代に普及した DSS（Decision Support System：意思決定支援システム）は，稀にしか発生せず，目標が曖昧で，解を求める手続きが明確でない，非定型的意思決定を支援する情報システムである。その後1980年代には，戦略

性を高めるための経営情報システムが現れた。戦略的な意思決定支援を目的とした EIS（Executive Information System）と，競争優位の獲得・維持を支援するための情報システムである SIS（Strategic Information System：戦略情報システム）の 2 つである。1990 年代に入ると，インターネットなどの技術革新により，知識管理とコミュニケーションのための情報システム環境が整った。ウェブサイトは顧客とのコミュニケーションの重要なメディアとなり，組織内では情報や知識を簡単に共有できるようになった。これらの情報システム環境により，CRM（Customer Relationship Management：顧客関係性管理）などの経営手法が注目されるようになった。CRM については次節で整理する。

第 4 節　IT の進展で変化するマーケティング

1　POS システム

消費者が商品を購入した際，POS システムを使って入手できる情報が「いつ」「どこで」「何が」「どのくらい」売れたかである。また，コンビニでは，レジを打つ際にその消費者の推定年齢と性別を入力しているところも多い。これらの取引データを電子化するのが POS（Point Of Sales：販売時点管理）システムである。POS システムは，店頭にあるレジ端末とコンピューターをつなぐネットワークにより構成されている。日本では，1989 年の消費税導入の際に，レジ処理の効率化を目的として，小売店での導入が進み，広く普及した。POS システムで収集した消費者との取引データを分析し，情報や知識を蓄え，仮説を立案し，検証するというプロセスは，様々なマーケティング活動で行われている。

2　マーケティングの変化

POS システムで取引データを電子化したように，IT の発展により様々な種類のデータや顧客情報を収集することが可能になった。また，大量生産・大量消費の時代から，多品種少量生産の時代へと移り変わり，顧客ニーズは多様化し，変化スピードは加速している。従来の不特定多数に対してアプローチし，一方的に企業から全ての顧客に対して商品・サービスを大々的に広告し，大量に販売するマスマーケティングは，顧客ニーズの多様化や変化のスピードに合わせることは困難であった。こうした困難を克服するために，リレーションシップ

マーケティングが注目されるようになった。リレーションシップマーケティングについては事項で整理する。このようにITの発展，顧客ニーズの変化，時代の変化により，マーケティングにも変化が起きている。

3　CRM（Customer Relationship Management：顧客関係性管理）

　長期的に顧客と関わり，課題を発見し解決することにより信頼関係を構築して，継続的に便益を共有するのがリレーションシップ・マーケティングである。そして，リレーションシップ・マーケティングの概念を実現する手法がCRMである。顧客数が数十人程度であれば，ITを駆使せずとも，一人一人と関係性を継続することも可能であるが，企業によっては顧客数が数百万人にも及ぶ場合もある。そんな膨大な顧客数でもITを活用すれば，プロフィール情報のみならず，趣味趣向などの情報を取得し，それを元に商品やサービスを提案したり，コミュニケーションを取ったりすることが可能である。Amazonでは，商品を購入すると，「あなたのお買い物傾向から」というカテゴリーで購入履歴から興味を持ちそうな商品などを自動的に表示する機能を備えている。またGoogleは提供する様々なサービスのIDを1人に一元化することで，様々な情報を取得し，ユーザーの利便性向上に繋げている。例えばGoogleが提供している動画投稿サイトYouTubeで視聴した動画や端末の位置情報を検索結果に影響させている。このように，技術革新で，顧客とコミュニケーションをとり，情報を取得できるようになり，組織内で情報を共有できる情報システム環境が整った。

4　メディアの構築

　上記のようなシステムを利用して，独自のメディアを構築するのにはかなりのコストを負担しなければならない。多くの中小企業が導入するにはハードルが高い。更に，今の時代では，誰もがウェブサイトを持つことが可能であり，ネットワーク上にウェブサイトは溢れかえっている。ただウェブサイトさえ作れば，商品やサービスの購買につながると考えるのは安易である。むしろウェブサイトは，公開した後に如何に運用し，継続的に情報発信できるかが重要なのである。また，以前では個人や企業がメディアを持つことは困難であったが，SNSが普及した今日では，ウェブサイトとSNS，その他メールマガジンなどのツールを組み合わせて，独自のメディアを構築することができる。メディアに一貫性を持たせ，店舗や営業でも顧客情報を電子化して共有すれば，様々な接

点から顧客に対してアプローチし，長期的に顧客と関係性を持ち，リピーター化，ファン化することができる。

第2節でも言及したが，AISAS という消費行動モデルがある。消費者は，その商品やサービスを発見して，興味を持ち，その商品・サービスについて調べることにより理解を深めて，購入し，その商品情報や実際に使用した感想・意見などを共有する。この消費行動を促す流れを作り出すために，メディアを構築ことが大切である。そのためには，情報を発信する媒体，興味を持った顧客とコミュニケーションを取れる環境，購買後に関係性を継続するためのプラットフォームや手段を準備する必要がある。第1に，商品やサービスに気づいてもらうには，情報発信が必要である。見込み客はどのような媒体でどのような情報に惹かれるのかを考えて情報発信をしていく必要がある。例えば，30，40代の比較的裕福な主婦層であれば Pinterest というソーシャルメディアを使用し，おしゃれな画像と共に情報発信すると見込み客は反応するかもしれない。

そうして発信した情報が何度も目に触れ，見込み客は商品・サービスに徐々に興味を持つようになる。興味を持った顧客がその商品・サービスをより理解するために，ウェブサイトやブログなど商品情報やコンセプトを伝えられる媒体への誘導や，コールセンターや問い合わせフォームを設置して，コンタクトを取れるようにする。そこで商品やサービスの理解を深めたユーザーは，その商品の機能やコンセプトに共感し，購買や契約をする。商品を購入した消費者が，SNS で商品について情報発信しやすい環境づくりや，意見や情報交換をする消費者専用のプラットフォームを作り，関係性を継続していく。そうしてまた，新たに改良された商品・サービスや，企業活動を紹介することにより，一度商品を購入した顧客をリピーターへ促していく。このようにして，顧客の動線を考え，最終的には消費者が集まるプラットフォームやコミュニティを作り出したり，DM を送ったり，メルマガ登録してもらうことにより，継続的な関係性を創造し，利益を上げ続けるメディア構築をすることができる。

メディア構築の手順としては，①メディアプラン策定，②使用するツールの選定，③運用方法の明確化，④実行・分析・改善（PDCA サイクル）である。

①メディアプラン策定

メディアを構築する目的は何かによって，使用するツールやウェブサイトの構成が異なってくる。また，ターゲットが曖昧で，コンセプトを持たないメデ

ィアは，発信する情報に一貫性なく，ユーザーは興味を持たないし，ユーザーの気持ちはそのメディアから離れていってしまう恐れがある。メディア全体の目的の明確化，コンセプト，ターゲット調査・理解等，プランの策定が重要である。

② 使用するツールの選定

メディアを構成するツールや媒体を選ぶ必要がある。ターゲットとしているユーザーは，主にどのようなソーシャルメディアを使用しているのか，どのような経路からそのメディアに到達する可能性が高いのか，などを考える。ここで注意しなければならないのは，運用を継続できるかである。よくある悪い例は，ウェブサイトを公開して，FacebookやTwitter，Instagram，メルマガ，YouTubeなどあらゆるツールや媒体を利用開始したが，運用担当者もおらず，情報発信・更新する時間もないので，全てのメディアの運用が中途半端で，メディアとして機能しないことである。後からツールやメディアを追加できるので，あなたの商品・サービスや想定しているターゲットのことを踏まえた上で，最適なメディアツールを選択し，如何に運用していくかまで考える必要がある。

③ 運用方法の明確化

前述したが，メディアは如何に運用していくかが大切である。情報発信の頻度，量，内容などを予め計画する必要があるが，これらは発信する媒体・ツールやその目的・サービス内容によって異なる。例えば，Twitterであれば，そのタイムラインが流れていく特性上一日10回以上の投稿をしてユーザーの目に止まるようにする。また，携帯電話の修理サービスなど，消費者が頻繁に利用しないサービスであれば，月に1回LINE@で情報発信して，必要な時に思い出してもらうように運用するなどと，サービス内容や使用するメディアによって，情報発信頻度や内容は変わってくるのである。また，運用管理を専門業者に任せたとしても，発信する内容や情報は，誰がいつその業者に連絡するかなども考える必要がある。

④ 実行・分析・改善

運用が開始したら，ユーザーの投稿に対する反応率や行動などのデータを取得して，分析する必要がある。メルマガであれば，送信したメールの開封率の

データを日々取得して，開封率の高いメールのタイトルの傾向などを分析すれば，開封率を上げることができる。Twitterであればデフォルト機能で，何人のユーザーが投稿に対して，どのような行動を取ったかというデータを取得することが可能である。また，ウェブサイトであれば，Google Analytics（グーグルアナリティクス）という無料のウェブサイト解析ツールを使用すれば，ウェブサイトを閲覧したユーザー数や閲覧数の多いページ，閲覧したユーザー数に対する問い合わせ数などというデータを取得することができる。このデータを元に，ボタンの位置や色を変更したページを作成して，2つのページのどちらの方がユーザーの反応率が高いかなどのABテストをすることも可能である。

このように，運用を継続して，データを取得・分析して，その情報を元に仮説を立てて実行することにより，企業としての知識が蓄積されていくのである。

第5節　情報セキュリティ・情報管理体制

1　情報セキュリティの必要性

ネットワーク社会では，「いつでも，どこでも，何でも，誰でも」ネットワークにつながるので，発生した事故などは瞬く間に社会全体に広まる。よって企業における情報管理やセキュリティは欠かせないものである。本章の「はじめに」にも記したがIT導入を躊躇する要因としてセキュリティの問題があげられ，数多くの企業が情報漏洩や情報管理・セキュリティについての懸念を持っている。ITが企業にとって重要な役割を果たすようになった近年では，実際にITに関わる事故も増大している。いくつかの事例を紹介する。

事例①　第三者による不正アクセス

インテリアや家具を扱うS社は，同社が運営する通販サイトが何者かの不正アクセスによりユーザー情報が漏洩した可能性があることを発表した。漏洩した疑いのある情報は合計2万件以上であり，そのうちクレジットカード情報が1万件以上であるとした。原因としては，システムの一部の脆弱性をついた第三者の不正アクセスによるものとみられる。

事例②　ウィルスによるシステムの不具合

2017年大手企業の日立グループでは，世界中で感染しているウィルス「ランサムウェア」による被害を報告した。「ランサムウェア」とは，感染させたコンピューターのデータを人質にとり，身代金（ランサム）を要求するマルウェアである。ランサムウェアによるメールシステムの不具合で，一部の業務用PCでメールを送受信できなかったり，添付ファイルが開けなかったりなどの障害が発生した。また，メールの不具合は茨城県日立市にある日立総合病院にも影響し，家電量販店との取引に使用している受発注システムの一部にもウィルスは感染した。

事例③　従業員による個人情報漏えい

2014年ベネッセは，顧客情報が外部に持ち出され，最大2,070万件の情報が漏洩した可能性があると発表した。警察はベネッセのグループ企業に勤務していた派遣社員のエンジニアを逮捕した。一方裁判では，顧客情報へのアクセスを制限したり，異常を検知したりするシステムが機能していないなど情報管理体制に不備があった子会社に対して，重要な企業秘密である顧客情報へのアクセスを許したことは著しく不適切であり，被害が拡大した原因はベネッセ側にもあると判決が下された。ベネッセは200億円の原資を準備し，被害にあった顧客に対し，500円の金券を送付した。しかし事件後，会員数は減少してしまい，ベネッセホールディングスは純損益が2年連続の赤字に陥った。

事例④　SNSによる情報漏えいや事故

某ヴィジュアル系バンドの1人が，引越業者のスタッフによって引越についての情報をツイッターで流されたことにより，引越を中止するといった事故があった。また，飲食店やホテルなどにおいて調理器具や食材を使用した不適切な行為（食品の上に寝転んだり，食器洗い機の流し台で入浴したり）を撮影してSNSに投稿した事件も発生している。

4つの事例をあげたが，筆者の身の回りでも実際に，大手企業が管理するウェブサイトが第三者の不正アクセスにより改ざんされた事故が起こっている。事例①はシステムの脆弱性をついた事例であり，事例②は第三者によって作成されたウィルスと内部の人間のメールに対する対応によって引き起こされた事故である。事例③④は，従業員が外部に情報を提供したり，SNSで情報発信

をしてしまうという人的事故である。

　内部の人間による人的事故は，意図しなくても情報を提供してしまう場合がある。SNSの乗っ取りやLINE乗っ取りなど身近で起きた人も少なくないのではないだろうか。最近では様々なサービスがあることから，沢山のアカウントを管理しなければならず，そのパスワードを同一のものに設定している人や会社も少なくない。1つのパスワードを取得してしまえば全てのアカウントにログインされてしまう恐れがある。また，会社のセキュリティは万全でも，会社のデータを自宅に持ち帰り仕事をするなどの場合でも，自宅のパソコンがウィルスに感染している可能性もある。よって個人のITリテラシー向上や社員の教育・研修も，会社の情報を管理する上では大切なことである。

　前述した通り，ネットワーク社会において我々には，様々な脅威が身の回りに存在しているが，その脅威は3つに分けることができる。① 物理的脅威，② 技術的脅威，③ 人的脅威である。

- ① 物理的脅威：自然災害（地震，火災，落雷など），物理的故障（ハードウェア障害，端末障害，回線障害，電源設備障害など），破壊（コンピューターシステムの破壊，放火，爆破など）
- ② 技術的脅威：データ・プログラムの破壊，不正アクセス，コンピューターウィルス，フィッシング，スパムなど
- ③ 人的脅威：サイバーテロ（ハッキング，成りすまし，プライバシー侵害など），不正（データ，端末，ドキュメントなどの不正使用，持ち出しなど），人的ミス（操作ミス，施錠ミスなど）

これらの脅威から情報を保護するためには情報セキュリティを維持・改善して適切に管理していくことが必要である。

2　情報セキュリティ管理

　情報セキュリティOECD（欧州経済協力機構）が1992年に，「Guidelines for the Security of Information System（情報セキュリティに関するガイドライン）」を策定した。そのガイドラインにおいて，情報セキュリティとは，① 機密性（Confidentiality），② 完全性（Integrity），③ 可用性（Availability）の3要素を維持・改善し，不正行為・災害・障害といった様々な脅威から情報資産を保護することである，と述べられている。この3要素は頭文字を取ってCIAと呼ばれている。

① 機密性：許可された者だけが，特定の情報にアクセスできることを確実にし，不正アクセスから情報が保護されることである。
② 完全性：情報及びその情報の処理方法が正確であり，完全な状態であることである。ウェブサイトの改ざんは，完全性侵害の典型的な例である。
③ 可用性：情報にアクセス許可された者が，必要な時にその情報に確実にアクセスできる状態である。

また ISO/IEC27001: 2005 では，CIA に加えて，④ 真正性（Authenticity），⑤ 責任追求性（Accountability），⑥ 否認防止（Non-repudiation），⑦ 信頼性（Reliability）の4要素が新たに追加された。

④ 真正性：利用者，プロセス，システム及び情報，または資源の身元が主張通りであることを保証することである。
⑤ 責任追求性：いつ何が起こったのかを，システムに残されている記録などの証跡を用いて，適切に形跡をたどれることを保証することである。
⑥ 否認防止：ある活動や事象など起きたことが，後になって否認されないように証明するための能力や技術のことである。タイムスタンプや署名技術の活用などにより否認防止は担保される。
⑦ 信頼性：意図した動作と結果に整合性があること。システムのバグをなくし，システムを常に不具合なく動作させることである。

情報セキュリティ管理するには，上記の7要素の具体的な内容を実現し，様々な脅威から情報を守ることが必要である。

3　情報管理体制の構築手順

情報管理体制の構築手順は，（1）保護の対象とすべき情報の特定，（2）管理方法の検討・明確化，（3）社内規程の整備（秘密保持契約，契約書等），（4）従業員に対する教育・研修，（5）定期的な遵守状況のモニタリング（PDCA サイクル）である。

（1）保護の対象とすべき情報の特定

最初に考えなければならないのは，何を守るべきなのかである。守るべきものは，法律で定められているもの（個人情報保護法，番号利用法），営業秘密，公開情報，認証情報などである。個人情報，個人番号（マイナンバー）は，法

律で定められているため，セキュリティ確保は必須である。営業秘密とは，研究データ，顧客リスト，取引先リスト，事業戦略など，長年の活動に対する知識の集積である。営業秘密は次の3つの要件を満たす必要がある。

① 秘密管理性：情報にアクセス制限がかけられ，且つその情報が営業秘密であることが認識できる。
② 有用性：事業活動に有用な技術，または営業の情報であると客観的に認識できる。
③ 非公知性：情報が一般に知られていない状態，容易に知ることができない状態。

営業秘密は，企業の収益の根源となるものなので，外部に開示・漏洩し拡散されると，現状回復することが困難になるので，セキュリティ確保をするべきである。またウェブサイトなどの公開情報が不正アクセスにより改ざんされ，ネガティブなイメージを持たれてしまう可能性があるので，公開情報やそれにアクセスするためのパスワードなどの認証情報も保護する必要がある。保護する必要がある情報が特定できたら，極秘情報，関係社外秘，社外秘などと，重要度に応じて位置付ける。

（2）管理方法の検討・明確化

保護する情報の管理場所，アクセス制限，情報取扱者の範囲・権限，情報取扱手順などを検討し，管理方法を明確にする必要がある。全ての情報を厳重に管理すると，そのコストの増大や本来の業務効率が低下してしまう恐れがあるので，漏洩リスク，管理コスト，業務効率のバランスを考慮した上で管理方法を考える必要がある。

（3）社内規程の整備（秘密保持契約，契約書等）

管理方法に即した社内規程を整備する。一般的には就業規則の特則として，① 情報管理基本規程，② IT・セキュリティ規程，③ 文書管理規程，④ 秘密情報管理規程，⑤ 個人情報管理規程，⑥ 特定個人情報（マイナンバー）管理規程などを定めることが多い。さらには各規程にはマニュアルを作成し，各従業員と秘密保持契約を締結する場合もある。

（4）従業員に対する教育・研修管理する情報を決め，管理方法を検討し，規

程を定めても，それらに沿って情報が運用・管理されなければ意味がない。そこで従業員に対して，定期的な教育・研修を実施する。①情報が秘密であること，②情報漏洩による企業への多大な損害の発生，③漏洩した場合の不利益（懲戒処分，民事上・刑事上の責任），④認証情報の取扱など伝えることが大切である。

（5）定期的な遵守状況のモニタリング（PDCAサイクル）情報管理は，法令や社会の変化,管理方法の実効性に応じて見直し・改善をする必要がある。日々ITは進化し，情報漏洩を脅かす方法も進化していくからである。管理方針の策定（Plan），実施（Do），管理状況の監査（Check），監査をした後の管理方針見直し（Action）と常に改善をするためのマネージメントサイクルを確立させることが重要である。

情報管理するにあたり，最低限のセキュリティ確保し，コストを抑え，簡単に設定できる方法を幾つか紹介する。

①パスワード管理パスワードは，システムに登録されているユーザーを認証するための情報です。様々なシステムやサービスでパスワードを設定する機会があるが，同じパスワードを使いまわさないようにして，簡単なパスワードを設定せず，半角英数字の大文字，小文字，記号を組み合わせて設定するようにすることが大切である。

②2段階認証[11] ワードプレス（WordPress）は，世界トップシェアを誇るほど多くのサイトに導入されているが，そのシェアの大きさからサイバー攻撃を受けることも多い。ワードプレスへの攻撃は，ログインするまでユーザー名とパスワードを繰り返すブルートフォース攻撃が大半である。簡単なパスワードを設定しないのはもちろんだが，2段階認証をしていれば，ほぼ問題ない。ワードプレス以外に，LINEやTwitter等のSNSでも2段階認証機能が付いており，設定が可能である。これは企業のアカウントのみならず，個人アカウントでも設定するべきである。2段階認証はコストがかからず，比較的簡単にできるが，効果が大きいセキュリティ対策である。

③OSやシステムのアップデート WindowsやMacOS，ワードプレス，ソフトウェア等のバージョンをアップデートすることも重要なセキュリティ対策である。バージョンアップは，サービス向上のためにする場合もあるが，脆弱性や不具合を改善のためでもある。アップデートしないということは，発見された

脆弱性，セキュリティホールをそのまま放置し，セキュリティ強化を怠っていることと同じである。Microsoft が Windows10 へのアップデート推奨を一時期盛んにしていたのは，Window7 に比べてセキュリティ強化されたからである。Windows10 では，使用中のウィルス対策ソフトの期限が切れた場合，更新までブラウザに関係なく独自のセキュリティが発動する仕組みが追加されている。しかしながら，迂闊にアップデートすると，使用できなくなるソフトウェアや機能もあるので，事前にアップデートについて調査してから実行することが望ましい。

　④ アクセス制限使用しているサーバーやサービスに，特定のユーザーのみアクセスできる環境を作ることである。特定のグローバル IP アドレスでのみアクセスを許可する方法が，その1つである。これはグローバル IP アドレスを使用するのに費用がかかるが，最近では月額 1,500 円程度と比較的安価で利用できる。また，このグローバル IP アドレスを利用して VPN（仮装プライベートネットワーク：Virtual Private Network）を構築すると，インターネットを利用して，第三者がアクセスできない閉鎖的なネットワーク形成も可能である。

　紹介したセキュリティ対策以外にも有効的な様々なものが存在するので，専門家などに話を聞いて，保護する情報の適切なセキュリティ対策を施すことが重要である。

お わ り に

　状況が著しく変化するネットワーク社会において IT 導入は欠かせないものである。情報システムを駆使して，顧客ニーズの多様化，市場の変化，外部環境の変化のデータ・情報を取得して，その時に適した意思決定を迅速に行うことが企業にとって大切である。また，ネットワーク社会で情報リテラシーが不足していると不利益を被ることが多くなる。例えば，ネット上に掲載されている情報を鵜呑みにしてしまい誤った情報をウェブサイトや SNS で発信してしまい，企業に損害を与える可能性や，インターネット上に蔓延している診断やクイズなどのスパムアプリを利用して個人情報流出，スパムアプリ拡散の手助けをしてしまう。このように情報リテラシーの不足は，本人だけでなく周囲に害を与えてしまうのである。このような脅威から，IT は怖いと感じてしまう方も多いが，実際の統計データを観ても IT 投資をしていくべきことは明白である。IT はこれ

からも増々発展を遂げていくことが予測できるが，IT投資をする企業としない企業との差は，より大きくなるであろう。

注

1）中小企業白書（2016）137ページ。
2）中小企業白書（2016）136ページ。
3）中小企業白書（2016）128ページ。
4）情報通信白書（2017）292ページ。
5）岸川善光＝朴慶心（2017）96ページ。
6）電子商取引とは，インターネットなどのコンピューターネットワーク上で，商品やサービスの売買や分配などの取引。
7）経済産業省平成28年度電子商取引に関する市場調査（2016）1ページ。
8）経済産業省平成28年度電子商取引に関する市場調査（2016）3ページ。
9）経済産業省平成28年度電子商取引に関する市場調査（2016）4ページ。
10）野中郁次郎（1996）。
11）種類の異なる2つの情報を組合せた認証方式。例えば，ログインする場合，「パスワード」だけではなく，登録したメールアドレスや端末に送信される「認証コード」が必要になる。

参考文献

一瀬益夫（2016）『すべての意思決定者のための経営情報システム概論』同友館。
上村哲史・荒井太一・北山昇（2016）『企業の情報管理』労務行政。
歌代豊編著（2007）『情報・知識管理ITとナレッジマネジメント』学文社。
岸川善光編著（2017）『経営情報要論』同文館出版。
栗山敏（2013）『情報システムを成功に導く経営者の支援行動』白桃書房。
経済産業省『平成28年度電子商取引に関する市場調査』（2017年10月閲覧）。
　　http://www.meti.go.jp/press/2017/04/20170424001/20170424001-2.pdf
坂本雅志（2014）『CRMの基本』日本実業出版社。
総務省『情報通信白書平成27年版』（2017年10月閲覧）。
　　http://www.soumu.go.jp/johotsusintokei/whitepaper/ja/h27/pdf/n2200000.pdf
総務省『情報通信白書平成29年版』（2017年10月閲覧）
　　http://www.soumu.go.jp/johotsusintokei/whitepaper/ja/h29/pdf/n6200000.pdf
仲野友樹編著（2015）『情報システムの高度活用マネジメントの研究』芙蓉書房出版。

野中郁次郎（1996）『知識創造企業』東洋経済新報社。
中小企業庁『中小企業白書2016年版第2部第2章』（2017年10月閲覧）。
　　http://www.chusho.meti.go.jp/pamflet/hakusyo/H28/PDF/chusho/04Hakusyo_part2_chap2_web.pdf
森川信男（2011）『情報革新と経営革新』学文社。

（平本　祐資）

第12章　中小製造業の生産管理
―― 日本の中小製造業の成長に向けて ――

は じ め に

　日本経済に占める製造業のウェイトは，GDP比率で20.4％（2015年）となり，1985年時点の27.4％と比べれば低下してきたとは言え，まだ大きな比重を占めている。産業別規模別事業所・企業数で見ると，製造業における中小企業の比率は99.3％を占め，付加価値額は50.5％を占める。つまり規模は小さくとも，圧倒的多数を誇る中小製造業の生み出す付加価値は大企業と匹敵するのである。

　日本の製造業の生産組織は，膨大な中小企業が技術の基礎を担い，大量な部品を大企業に供給することで成り立っている。しかし，その中小企業のうち，小回りの効く小規模企業（従業者数20人以下）数の減少率が著しい。事業統計調査によると，2001年時点の小規模企業数は489,306であるが，2014年時点では358,769と約13万社（比率にすると26.7％）が減少したことになる[1]。大企業の減少比率が7.7％，中規模企業の減少比率が8.3％であったのに比べると，いかに膨大な割合で急減したことが認識できる。

　長期にわたる工業統計（平成23年以降は経済センサスが開始）の推移を見ても，製造業事業所数のピークは1983年（昭和58年）の780,280であり，2014年には487,061に減少したのが分かる[2]。工業中心に高度経済成長を遂げていた時期から，産業構造が大きく転換した結果，製造業事業所数はピーク時の62％に落ち込んだのである。中でも小規模企業は倒産というよりも廃業が多く，新規参入者が現れないため急速に縮小し続けている。

　熟練の技を持った小規模企業の欠落は，中規模企業にとっても外注先の消失につながり，内製化によるコスト増を招きかねなくなっている。小規模企業の場合，経営者の高齢化によるリタイヤが主な原因だが，もう一つの原因は，技術に対するこだわりが強いが，経営基盤となる自社の会計に関する無理解から，財務の基礎があまりに脆弱なまま放置していることがあげられる。中規模企業にとっても同様な傾向が見られる。

そこでこの章では先ず，管理会計[3]の視点より財務の見直しを行っている事例を紹介し，そこから学ぶことにする。次に，国の成長戦略において生産性革命が焦眉の課題となっているが，企業においては，マクロな成長戦略ではなく自社の限界利益となる付加価値を高めるという視点で労働生産性[4]向上に取組むことが重要となる。経営戦略の立場から生産性を捉え直す必要があるということだ。

最後に，ドイツから始まった第4次産業革命に関して，その中核となるICTとIoTによる生産管理の革新をいかに推進すべきかを考えることにする。これまで世界のトップレベルの技術・技能を自負してきた日本のモノづくりが，情報革命に際立って立ち遅れることで技量を生かせない状況に陥っているのだ。

この危機意識に立脚して，先駆的事例に学びつつ，中小企業の経営の持続性と発展性について実践的に考察したい。

第1節　管理会計を活用した中小企業の経営改善に向けて

1　A社の概要

A社の主力製品は，自動車生産に用いられるダイカスト（金型にアルミなどの溶融金属を注入して凝固する技術）工程に必須となるデバイスである。社歴は50年を超える。国内社員数は120名。会社運営の特質は，社員とのコミュニケーションを大切にし，製造工程に対する工夫や技術的提案などを促し，改善策を積極的に取り入れ活用していることである。

また，販売戦略の特色の一つは，顧客の要望に対応して個別の特注製品を供給することである。国内においては標準品生産から離脱している。もう一つは，アフターサービスを前提として，製品を売りっぱなしにしないことである。製造業に最近求められるようになったサービス産業化を，すでに20年以上に渡って続けてきた。

しかし，顧客の生産拠点が海外にシフトするにつれ，同社も国内だけの生産体制では限界に達すると判断し，今世紀になってタイと中国に子会社を設立した。海外子会社は順調に成長し，本社に配当金を支払えるようになった。子会社に対する技術や設計面での支援を行っており，図面代とロイヤリティなどの収益も得ている。

海外展開は新たな市場を開拓する上で有効な戦略であったが，それでも国内の経営課題として，リーマンショック以降低迷している営業利益の上昇を図り，子会社に依存しない財務体質の改善が問われている。国内の利益体質を再構築する必要に迫られているのだ。

2　財務体質改善への取り組み

これまでの売上高と経常利益の推移を見ると，2008年のリーマンショック以前には増収増益を示しており，2006年期には売上高が22億円を突破し，経常利益率も10％を超えることがあった。受注を捌くのが困難なほど業務が過密状況となっていた。ところがショック後の2009年期には赤字に転落した。しかし，人員の削減はせず雇用調整助成金などを受けながら乗り切った。

財務面の現状は，自己資本比率が49％，流動比率が23.5％となっている（2017年期）。財務の安定性から見れば経営の健全性を示している。何より特筆すべきことは，全社員に対して月次の売上動向と利益の状況を公開し説明するなど，経営方針をオープンにすることによって，経費圧縮などにも率直に協力を求めていることである。生産工程の改善につながる提案についても積極的に奨励している。

（1）原価管理

A社はもともと管理会計の見方で月次会計を表している。変動費（売上に比例して増減する原価等の費用）と固定費（売上の増減にかかわらず生じる一定額の費用）に区分し，仕入れに際して変動費の増減に留意してきた。

その後海外子会社が成長することで，本社の経営を補完するようになってきたが，国内市場も徐々に回復してきた。それまで本社工場は賃貸物件であったが，適宜な用地を見つけて移転に踏み切った。移転後に工場運営が安定した段階で財務状況を点検し，国内部門の営業利益率がリーマンショック以降なかなか回復しない原因を究明することにした。

売上高から変動費を差し引いたものが限界利益であり，その製品を製造し続けて儲けを出せるかどうかを判断するもとになる。したがって，売上高に対して変動費が高くなると限界利益は低くなり，固定費を賄えなくなると営業利益は赤字となる。リーマン以前に遡って推移を見ると，2000年期には変動費率が32％だったのに，売上高がピークを迎えた2006年期には，それが43％まで跳

図表12—1　A社の3ヵ年の原価比較

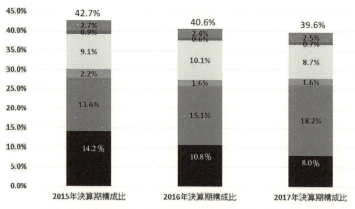

出所：筆者作成。

ね上がっていた。2006年期には売上高が2000年期に対して倍増する中において，忙しさに紛れて，原材料関係費が2.4倍に急増し，外注加工費は3.8倍に拡大した。

　リーマンショック直後は，売上高とともに変動費も落ち込み，売上高に対する変動費率も低下したが，3年後の2011年期には再び上昇傾向になったことが判明した。受注が増加した時期の生産管理に馴染んだことから，仕入れにおける原価管理が甘くなっていたことが想定される。

　そこで，2016年期の取組みとして，生産管理部門を中心に材料費・補助材料費，外注加工費と消耗器具工具費の圧縮を図り，変動費の低減に向け強く留意した。こうした対応を始めた時期は会計年度期の途中からだったが，動力費と荷造運賃を含めた原価の売上高比率は，前年期が42.7％だったのに対して40.6％と大きく下落し，翌2017年期にはさらに39.6％に低下した。効果が表れてきた結果，変動費が圧縮され限界利益率（1－変動費／売上高）が向上した（図表12—1）。

（2）労働生産性と労働分配率

　限界利益率は，ここ3年程の取り組みで上昇傾向が見られるようになったが，

2000年期以降06年期にかけては変動費率が増加したことから漸減傾向を示していた。リーマンショック後の09年期と10年期には限界利益の額は急落したが，売上高がそれ以上に激減したため限界利益率は若干上昇した。しかし11年期以降は再び限界利益率が低下し，50％後半から60％前半のレベルとなっている。限界利益を付加価値額とみなすと，労働生産性はリーマン時に低下した後少し回復したが，1人あたり付加価値額は800万円台に留まっており，かつての1,200万円近い時期と比して落差が続いている。

したがって，同社の1人当り人件費が500万円台後半となっているため，労働分配率[5]は60％を下回ることなく，比較的高い状況が続いている。TKC経営指標によると，A社の業界における優良企業・黒字企業では50％台である。そこで労働生産性を高めるため，設備の増強・高度化と海外部門とのITによるシステム化を進め，工作機械を無人で夜間稼働させるなどのトライヤルを講じている（図表12─2）。

また，外注加工費の売上高比率は，本来の変動費としては一定の比率で比例して推移するはずである。しかし，売上が増加すると比率も増加してしまい，

図表12─2　A社の労働生産性と労働分配率の推移

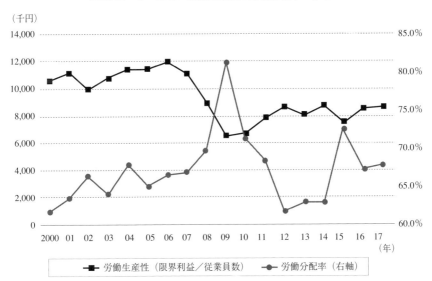

出所：筆者作成。

外注加工費が急増してしまったのである。このことは仕事量が過大となり，内部でこなすことが不可能となったため，所得が外部に流出したと見ることができる。そこで，内製化を強化するため，差し当たり時間外労働で処理することを考え，超過勤務を固定費としての給与から変動費に切り替えることにした。前年期からの処理変更のため正確な効果は確認できないが，外注加工費が売上高対比で前年期10.1％，今年期で8.7％に対し，時間外労働の給与は前年期3.5％，今年期3.8％と算定される。外注加工費の削減のほうがはるかに有効と考えられる。今後の課題は，時間外労働をいかに時間内に取り込めるかであり，生産性の効率化が問われている。

（3）資産の急増に対する評価

損益計算書・製造原価報告書に基づく財務の現状と推移を見てきたが，今度はバランスシートから眺めた総資産の変化を取り上げたい。

国内部門の売上高は，2006年期がピークで，リーマンショックによる落ち込みから今日に至るまで回復はしていない。しかし，一方総資産は2000年期のレベル6億円から右肩上がりで，17年期には27億円を超えている。中でも海外子会社に対する株式保有などの投資が9倍以上に膨らむとともに，本社工場の取得に伴う有形固定資産が急増し4.5倍となった。その結果，総資産（総資本）の回転率（売上高÷総資産）は，2001年期に1.8回を超えていたが，それ以降漸減し続け15年期には0.6回を下回った。

回転率は業種によって相違はあるが，製造業としては決して高くない状態である。総資産経常利益率が16年期で5.6％のレベルは，TKCの経営指標で同業種製造業の黒字企業6.1％の水準を下回っている状況である[6]。総資産（総資本）が拡大し，国内での売上が伸びていないことが大きな原因であるが，海外展開と本社工場の機能アップは，A社にとって成長するための必然的な選択であることを考慮するならば，資産の拡大は不可欠と考えられる。問題は，資産増強が国内の売上と付加価値の伸長にどうすれば寄与できるかということであり，経営戦略の再構築が急務となっている（図表12—3）。

日本の製造業全般について言えることであるが，技術の高いサプライヤーでも，リーマンショック以降価格設定を主張しづらくなり，顧客側のコストダウン圧力が優位に働くようになった。供給者である中小製造業者にとって，さらに一層のコストダウンによる付加価値の上昇戦略には限界が見えてくる。

図表 12—3　総資産経常利益率と総資産回転率の推移

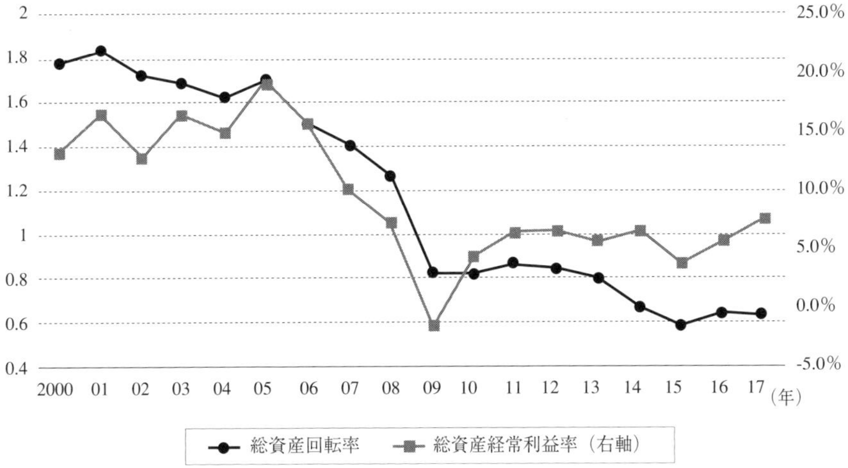

注）平成 29 年版 TKC 経営指標総資本経常利益率：優良 15.8％，黒字 6.1％
出所：筆者作成。

3　市場の拡大に向けて

　A 社の今後を展望するにあたり，コストダウンによる生産性の上昇よりも重要なのは，ニーズの開拓である。最大の課題は自動車産業との関わりである。ヨーロッパや中国で電気自動車（EV）が急速に普及する可能性が生じてきた。従来の自動車の作りと大きく異なる技術への転換が進むと，部品供給にしても生産技術の供与にしても，これまでの延長線上に沿って続けることが困難になると予測できる。エンジンの技術が不要になってしまうと，特にダイカストのような密接に関連する製造技術も不要になりかねない。もちろん，一足飛びに技術が移行するわけではないが，まだ余力のあるうちに準備する必要がある。
　選択すべき戦略は 3 通りが考えられる。
　① A 社のこれまでの技術を必要とする新しい分野を開拓する。
　② 海外展開で切り開いたように，既存技術が有効性を持つ世界市場を拡大する。

③ 既存のデバイス以外の技術を開発する。

① は，相当困難な戦略である。石油プラントなどの流体を封止するメカニカルシールを製造してきた株式会社タンケンシールセーコウは，得意とする炭素の取扱い技術を活かして，半導体製造に用いるカーボン製の精密吸着盤や検査装置に用いるエアベアリングを生み出した。基本的な固有技術に立脚した製造技術に踏み出すことが大切である。

② は，タイから ASEAN・インド市場に対応し，巨大な中国市場は現地法人設置で需要を開拓してきた。自動車にエンジンが不要となるにはまだ時間がかかる。世界各地の経済発展に伴い従来の自動車産業はしばらく存続すると見越すならば，グローバル展開の余地は十分にある。

③は最難関の戦略である。モータースポーツ用エンジンカムシャフトなど多種類にわたる自動車用部品を供給してきたタマチ工業株式会社は，医療用機器の開発に向かい，設計・製作を手がけるようになった。こうした事例に学ぶ姿勢が大事である。

従来から継承してきた特有の技術は，狭い領域で存在価値を発揮してきたが，基本に立ち返って新しい領域に挑戦することが存続するステップになるに違いない。

また，既存の顧客との関係性は重要であり，重視してきたアフターサービスにおいて，IT を活用した迅速で正確な対応が一層求められることになる。この手法については，次節からの分析に委ねたい。

第 2 節　労働生産性を高める経営戦略

1　労働生産性の現況

第 1 節で重要な課題として取り上げた労働生産性について考察する。日本生産性本部の「労働生産性の国際比較 2016 年版」に示された 35 ヵ国の OECD 加盟諸国の労働生産性では，日本の順位は 22 番目である。2017 年 11 月 17 日に発表された「日本の労働生産性の動向 2017 年版」によると，「日本の名目労働生産性は，リーマンショックを契機に大きく低下したものの，2011 年度（786 万円）から緩やかながら改善が続いている。2016 年度をみても 830 万円と，過

去最高を更新した」と記述されている。

　上記の全産業分野での労働生産性を国際比較すると，日本の労働生産性は1990年には米国の3／4近い水準にあったが，2000年代に7割前後に低下した。近年では6割強の水準で推移している。20年を超えるデフレに対応した効率化と，リーマンショックに伴う取引量の削減によって低価格化を進めた結果，付加価値の上昇が抑えられていたと見ることができる。主要先進7ヵ国の労働生産性の順位では，1990年前後は16〜17番目であったが，2013〜14年では23番目に下がっている。

　しかし，何故直近の労働生産性は改善が続いているのであろうか。

　日本の就業者は，2012年12月に6,263万人というボトムを経由した後，今日の2017年10月に至るまで，ほぼ一貫して伸び続けている。それと同時に，名目GDPも2013年以降回復基調を示している。国際比較するに当たり，労働生産性は付加価値（国のGDP）を就業者数で割った値とするのが一般的である。

　13年からの就業者数の伸びがGDPの伸びを下回っていることから，日本の労働生産性は上昇基調にある。このことは，アベノミクスの開始とちょうど軌を一にしている。最初に打ち出された政策は，日本銀行黒田総裁による異次元の金融緩和であった。デフレマインドからの脱却を掲げたことにより，少なくともマインドが回復し，株価を始めとして経済指標が上方修正されたことが大きく影響していると思われる。

　労働生産性の向上は，個別企業にとって自社の付加価値生産性を高めることであるが，個々の付加価値を結合することでトータルとして国のGDPを構成することになる。したがって，ミクロの積み上げとマクロの結集は相関関係にある。では，この章で取り上げている製造業について労働生産性はどのようにとらえるべきであろうか。

　「労働生産性の国際比較　2017年版」[7]によると，「日本の製造業の労働生産性は，1990年代から2000年代初めまでトップクラスに位置していたものの，その後順位が大きく後退しており，かつてのような優位性を失っている。こうした状況は2010年代に入っても変わっておらず，トップクラスに位置する国々との差はなかなか縮まっていない」と述べられている。1995年及び2000年では最上位に位置づけられている。しかし，15年には14位までランクが下がってしまった。これまでダントツの技術力によって積み上げてきたトップレベルの国際競争力を持ったものづくりが，何故衰退する危惧が抱かれるようになった

図表12—4　製造業の労働生産性水準上位15カ国の変遷

	1995年		2000		2005	
1	日本	88,093	日本	85,182	米国	103,846
2	ベルギー	73,397	米国	78,497	スウェーデン	103,724
3	ルクセンブルク	71,393	スウェーデン	75,615	フィンランド	103,497
4	スウェーデン	69,630	フィンランド	74,454	ベルギー	99,778
5	オランダ	69,202	ベルギー	68,427	ノルウェー	99,633
6	フィンランド	67,561	ルクセンブルク	64,955	オランダ	98,467
7	フランス	63,079	オランダ	64,243	日本	94,186
8	ドイツ	62,162	デンマーク	62,542	デンマーク	88,739
9	オーストリア	59,914	フランス	60,535	オーストリア	86,597
10	デンマーク	59,104	英国	59,378	ルクセンブルク	85,327
11	ノルウェー	56,832	オーストリア	59,052	英国	84,115
12	英国	51,184	ノルウェー	58,714	フランス	81,770
13	イタリア	48,094	ドイツ	55,737	ドイツ	78,871
14	オーストラリア	43,803	イスラエル	54,873	オーストラリア	66,869
15	スペイン	40,717	イタリア	47,208	イタリア	62,429

2010		2015	
スイス	164,272	スイス	185,906
スウェーデン	130,697	デンマーク	146,533
米国	128,250	米国	139,686
デンマーク	125,744	スウェーデン	135,711
ノルウェー	124,556	ベルギー	127,643
ベルギー	121,373	ノルウェー	123,240
フィンランド	119,763	オランダ	115,326
オランダ	114,714	フィンランド	110,809
オーストリア	108,969	オーストリア	109,859
日本	105,569	英国	106,340
フランス	100,249	フランス	103,075
ドイツ	98,699	ドイツ	101,651
カナダ	92,597	ルクセンブルク	96,014
英国	90,711	日本	95,063
ルクセンブルグ	87,957	イスラエル	92,672

注）単位：USドル（加重移動平均した為替レートにより換算）。
出所：日本生産性本部：労働生産性の国際比較2017年版。

のか（図表12—4）。

2　労働生産性の向上に対する政策

　2012年12月に始まったアベノミクスでは，① 大胆な金融政策，② 機動的な財政政策，③ 民間投資を喚起する成長戦略を柱として，デフレ脱却と経済成長

を目指してきた。特に3本目の矢である成長戦略は，2013年から16年まで「日本再興戦略」として毎年改定されてきたが，17年6月には「未来投資戦略2017——Society5.0の実現に向けた改革——[8]」と名称を変え，狩猟，農耕，工業，情報社会に続く人類史上5番目の社会を実現することにあるとして目的を修正した[9]。

17年3月に働き方改革実現会議が決定した「働き方改革実行計画[10]」では，「我が国の経済成長の隘路の根本には，少子高齢化，生産年齢人口減少すなわち人口問題という構造的な問題に加え，イノベーションの欠如による生産性向上の低迷，革新的技術への投資不足がある」と成長戦略が足踏みしているという停滞感を記述している。さらに「未来投資戦略2017」でも，「経済の好循環は着実に拡大している。しかし，民間の動きはいまだ力強さを欠いている。これは，①供給面では，長期にわたる生産性の伸び悩み，②需要面では，新たな需要創出の欠如に起因している。先進国に共通する「長期停滞」である」と現時点での成長戦略の行き詰まりを吐露している。

そこで，この打開策として取り上げたのが，「生産性」特に「労働生産性」である。「日本再興戦略2016」では，生産性という用語は出てくるが，「労働生産性」として取り上げたのはわずか4ヵ所だけである。それもサービス産業・物流事業者と地域中堅・中小企業の労働生産性を述べたが，製造業についてはKPI（重要業績評価指標）の進捗状況をふれたことのみである。ところが「未来投資戦略2017」では，「労働生産性」は頻繁に登場する。

この課題を正面から取り上げたのが「働き方改革実行計画」である。「日本の労働制度と働き方には，（中略）労働生産性の向上を阻む諸問題がある。「正規」，「非正規」という2つの働き方の不合理な処遇の差は，正当な処遇がなされていないという気持ちを「非正規」労働者に起こさせ，頑張ろうという意欲をなくす。これに対し，正規と非正規の理由なき格差を埋めていけば，自分の能力を評価されていると納得感が生じる。納得感は労働者が働くモチベーションを誘引するインセンティブとして重要であり，それによって労働生産性が向上していく。」と記述している。さらに長時間労働の是正により，女性・高齢者の労働参加率の向上に結びつき，単位時間当たりの労働生産性の向上につながると意義付けている。

日本の労働に対する認識は，1982年に締結されたワッセナー合意により誕生したオランダモデルと言われる同一労働同一賃金制度の精神に，35年を経てよ

うやくたどり着いたと言える。政労使の協調で労働の差別を撤廃することが生産性向上にとっても重要な要件であり，本当の意味で改革の基本となると思われる。

　「働き方改革こそが，労働生産性を改善するための最良の手段である。生産性向上の成果を働く人に分配することで，賃金の上昇，需要の拡大を通じた成長を図る「成長と分配の好循環」が構築される。個人の所得拡大，企業の生産性と収益力の向上，国の経済成長が同時に達成される。」と続けて，「日本経済の潜在成長力の底上げにもつながる，第三の矢・構造改革の柱となる改革である。」とまで述べている。この論述は，2017 年 6 月に表した骨太方針「経済財政運営と改革の基本方針 2017 〜人材への投資を通じた生産性向上」と全く同様である。

　これまでの労働生産性の論点は，製造業なみにサービス産業の生産性を高めるべきであるとか，未来への投資による労働生産性の向上を図るといった見方が主流であった。しかし，実はその効率性を評価されてきた製造業においても，グローバルに比較するとかなり低下しているという認識が広まり，労働そのものの生産性のあり方が問われてきたことが根底にある。

3　ものづくりにおける労働生産性の向上に対する意識

　独立行政法人労働政策研究・研修機構が 2017 年 3 月に発表した「ものづくり産業における労働生産性向上に向けた人材確保，定着，育成等に関する調査結果」によると，労働生産性を向上させるために行っている会社の取り組みにおいて，「改善の積み重ねによるコスト削減」が 55.0％で最も多く，次いで，「受注の拡大」（44.9％），「改善の積み重ねによる納期の短縮」（37.3％），「営業力の強化」（32.7％），「従来の製品や技術への付加価値の付与」（31.6％），「単品，小ロットへの対応」（30.5％），「他社にはできない加工技術の確立」（30.0％），「革新的な新製品や技術の開発」（17.0％）などの順で多かった。

　さらに，人材確保や人材育成・能力開発にかかる施策では，いずれの規模でも「正社員の採用の強化」が最も高く，「改善提案や小集団活動・QC サークルの奨励」は，規模の大きい企業の方がおおむね実施割合が高くなっており，一方，「技能伝承のための取組み」をあげる企業割合は「30 人未満」が最も高い（31.8％）。

　次に人事労務管理では，労働時間短縮を実施したのは「300 人以上」規模では 54.5％だったが，それ以外では 10 〜 30％台となっており，「非常に効果があっ

た」と「効果があった」で60％を超えたという結果が出た。

　生産性＝産出量（アウトプット）÷投入量（インプット）ととらえると，以上の取組みはどちらかと言うと，インプットの縮小（労働力の削減）による効率性向上の効果である。

　では，アウトプットの拡大につながる付加価値の増加，すなわち製品とサービスの向上に寄与したという点については，同研究・研修機構が2017年11月に公表した「ものづくり産業を支える企業の労働生産性向上に向けた人材確保・育成に関する調査結果」に示されている。売上に最も貢献しているものとして，「従来の製品・サービスに付加価値を付与した製品・サービスの提供」，「従来の技術に付加価値を付与した新技術の開発」と「これまでにない革新的な新製品・サービスの提供」，「これまでにない革新的な技術の開発」，「高度な熟練技能を活かした他者にはできない加工技術や作業工程の確立」が上がっている。新たな付加価値創造の合計比率は40％に達する。こうした付加価値貢献度は規模が大きくなるほど高い。

　次に，今後の会社の成長に必要な取組みとしては，300人未満では「営業力の強化」が最多であり，「100～300人未満」規模では「改善の積み重ねによるコストの削減」と同じ41.8％の比率である。「300人以上」では「これまでにない革新的な技術の開発」(48.2％)の割合が最も高かった。

　今後，会社が成長する上で重要な役割を果たす人材という問では，「工場管理・作業者の指導ができる工場管理者層」(53.8％)，「生産現場の監督ができるリーダー的技能者」(48.7％)，「複数の工程を担える多能工」(42.5％)，「高精度の加工・組立ができる熟練技能者」(33.3％)，「生産管理（工程管理，原価管理）職」(32.8％)などの順で回答割合が高かった。100人以上の規模の大きな企業では，「生産管理（工程管理，原価管理）職」や「製造方法・生産システムの改善が担える生産技術職」の回答割合が高かった。

　このように見てくると，規模の大きい企業ほど新たな付加価値を希求する傾向が高く，規模が小さくなるほど効率性を重視する姿勢が強く表れている。

　ところでICT化については，3月の報告書では，企業規模で「30人未満」と「30～99人」では，「実施した」とする割合が2割前後で，「300人以上」では4割以上であった。11月の報告書では「10人未満」，「10～30人未満」と「30～100人未満」の企業でICT化を進めていない割合が44.2％，31.1％，23.1％と実施に至らない企業割合がかなり少なくなった。どのような面でICT化を進

めたかについては，生産管理と受・発注管理が最多である。特に規模が大きくなるほどその比率が高まる。

ICT化を実施する場合の課題としては，人材の不足，ノウハウの不足，予算の不足に対する割合が高いが，3月の報告書より11月の報告書の比率が一層高まっている。ICT化の課題については後述したい。

労働生産性の向上分をどういった分野に配分したかについては，11月報告書では，賃金など処遇の改善が最も高く（60.9％），次に生産設備への投資（53.7％），人材の確保・育成（41.2％），作業環境の改善（30.9％），福利厚生の充実（13.1％），営業力の強化（12.2％）などである。

最後に労働生産性の向上に対する考え方として，（A）新しい製品やサービスの開発などによる「付加価値の拡大」が重要，（B）業務や製造工程の合理化などによる「効率化の向上」が重要 —— のどちらの考え方に近いか，〈現在〉と〈中長期的将来〉について，それぞれ尋ねている。

「Aに近い・やや近い」と「Bに近い・やや近い」という区分を行った。現在における考え方では，Bの効率化重視の方がAの付加価値拡大重視を上回ったが，中長期的将来における考え方では，Aの付加価値重視がBの効率化重視を上回った。規模別では，300人以上の企業では付加価値拡大重視の割合が高い。

4　単位労働コストという考え方

図表12—5は単位労働コストを各国と比較したものである。

単位労働コストとは，ある製品を一定量作るのに要する賃金を指す。調査時の名目雇用者報酬（賃金×雇用者数）を実質GDPで割って算出できる。高い数値ほど生産コストが割高である。日本は2000年以降長期に低下している。

日中のドル建ての単位労働コストは1995年時点では日本が中国の3倍以上だった。ところが，その差は次第に縮小し13年には中国が日本を逆転した（『日本経済新聞』2015年12月6日）。中国では人件費の上昇が続き，第2次安倍政権発足後，日本の円が人民元に対して約4割の円安が進んだことも影響している。円安は相対的に日本国内の賃金を低下させるからである。

単位労働コストを各国との比較で見ると，日本の単位労働コストは相対的にも低下していることから，国際競争条件は優位になってきている。これまで人件費の高い・低いで競争力を比較しがちであったが，2倍の人件費でも4倍の生産力を持っていれば，競争力は有利となる。賃金の上昇を吸収するには，労

図表12—5　各国の単位労働コストULC（Unit Labor Cost）の比較

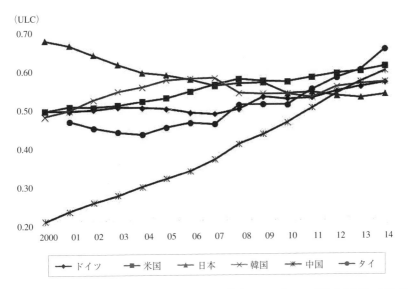

注）単位労働コストは，名目雇用者報酬／GDPにて算出。GDPは2010年米ドル基準，PPP（購買力平価）レートで換算。
出所：2016年版『ものづくり白書』。

働生産性を高めることが必要となる。高い生産性を獲得するには，技術開発投資，設備投資，人材投資，さらには公共投資など資本投資による生産性向上と技術進歩に伴う全要素生産性の上昇が必要である。

しかし，労働生産性の伸びを労働者側も受け取ってきたのであろうか。

ここで，単位労働コストと労働生産性との関係を整理する。

平均名目賃金（時給）をW，総労働投入時間をLとし，実質GDPをYとすると，

単位労働コスト＝（W×L）／Y＝W／（Y／L）

Y／Lは労働生産性であるため，

単位労働コスト＝名目賃金÷労働生産性

単位労働コストが上昇するのは，名目賃金の上昇率＞労働生産性の上昇率の

ときであり，単位労働コストが下落するのは，名目賃金の上昇率＜労働生産性の上昇率のときである。

　日本は，上記のグラフに表れているように，他国が上昇するのに対してほぼ一貫して下落している。このことは，賃金の上昇率が労働生産性に追いついていないことを示している。その結果，製造価格面では国際競争は優位となったが，近年の輸出の動向を見ると必ずしも数量が伸びては来なかった。これは，円高時と円安時で，現地でのドルベースの販売価格を変動させなかったことが原因となっている。つまり，円高時は日本の価格の上昇を販売価格に転嫁させず，為替の差損を甘受したが，円安時は価格下落を回避することにより，為替差益を享受したからである。

　ヨーロッパの中ではドイツの単位労働コストの上昇率が低く，輸出に優位なため貿易黒字が累積している。EUの中では浮き上がった存在となっている。

　このような賃金の伸びの停滞を打開しないと，一向にデフレが解消しないことに危機感を抱いた安倍政権は，毎年経団連を通じて賃上げの要請を行ってきた。2017年12月8日に，政府は生産性革命と人づくり革命を2本柱とする「新たな経済政策」を決定した。生産性革命では，政府は2020年までの3年間を「生産性革命・集中投資期間」と位置づけ，労働生産性を2015年までの5年間の平均値から倍増させ，年2％の向上を目指すとしている。また，2020年度までに，設備投資額を前年度比10％増加させることや，賃金を3％以上上げるなどの目標を掲げていて，設備投資や賃上げに積極的な企業の税負担を軽減する。賃上げや設備投資に消極的な企業には，税制措置で促そうとしている。

　さらに，あらゆるものがネットにつながるIoTなど先端技術に投資すれば，投資減税として3％（3％以上の賃上げなら5％）の税額控除を行い，最大で法人税の20％を減税するとした。労働生産性の向上と単位労働コストの上昇を同時に目指さなければ，人口減少に直面した日本の経済の再生とデフレの克服は望めないことだけは確実である。

第3節　中小企業はICTとIoTをどのように活用できるか

　政府は，第5期科学技術基本計画において我が国が目指すべき未来社会の姿としてSociety5.0というサイバー空間（仮想空間）とフィジカル空間（現実空間）の融合システムを実現することにより，人間中心の社会（Society）をつくり経

済発展と社会的課題の解決を両立するとしている。狩猟採集社会（Society 1），農耕社会（Society 2），工業社会（Society 3），情報社会（Society 4）に次ぐという意味で Society 5 という名称にした。ドイツの提唱する第四次産業革命に対応したものと思われる。

実現する社会の最初の提起は，IoT（Internet of Things）で全ての人とモノがつながることとしている。国はこれまでも様々なIT支援策を推進してきたが，今回の中小製造業に対しては，IoTやロボット導入によるスマートものづくり応援に重点を置いている。

1　中小製造業にとってのIT化

中小製造業にとって情報技術（IT）との出会いは，NC工作機械の導入であった。1950年代にはすでにアメリカで開発されていたが，日本では工作機械メーカーの老舗であった池貝鉄工所が1956年にNC制御旋盤を完成させた。国内の各メーカーが技術革新に取り組み，工作機械のNC化比率が高まるに伴い，世界一の生産額となった。1970年代から中小企業にも普及が始まり，熟練技術と相まって飛躍的な金属加工技術を構築した。

その後，CAD・CAMといったデザイン，設計とそのデータを活用した工作機械による加工制御へと進化し，製造工程の管理技術として発展した。しかし，ソフトウェアを中心としたITまたはICTを企業運営に取り入れている割合は決して高くなっていない。

2017年3月に中小企業庁が発表した「中小企業・小規模事業者のIT利用の状況及び課題について」では，中小企業の現状と直面する課題としてIT投資の遅れを挙げている。「中小企業では，6割弱の会社がITを使っているが，そのうち3分の2が給与，経理業務の内部管理業務向けに導入。収益に直結する，調達，販売，受発注管理などでは，ITを使っている企業のうちでも3分の1程度に留まっている」

クラウドサービスについては，利点としてサーバーなどの設備を自ら保有することが不要で，技術者の常駐も不要。初期導入コストが低く，失敗しても撤退が可能。予約状況から売上データを生成でき，日々の決算が可能に，などの点を挙げているが，課題として個々のサービスが，中小企業の生産性を向上しうるのか，見える化の枠組みがないことや，セキュリティの実装の状況や事業の継続性に関する考え方が開示されていないことなどを挙げている。

2 生産管理の革新

(1)「つながる町工場」プロジェクト —— ICT の取り組み ——

中小製造業の ICT 化への取り組みがソフトウェア面で立ち遅れが目立っているように見受けられる。そうした中で、3社の町工場が連携して共同体として受注・生産活動を推進している。東京足立区の**株式会社今野製作所**、江戸川区の**株式会社西川精機製作所**と**株式会社エー・アイ・エス**という企業が結集し、板金加工、切削加工、機械設計など共通性のある技術を有した3社による「つながる町工場」を 2016 年に立ち上げた。そのネットワークを構成する手法として ICT を活用している。

板金技術という共通性があると言っても、それぞれの企業は得意分野が異なっている。今野製作所は、自社で開発・商品化した「イーグル」という油圧爪付きジャッキを、顧客のニーズに合わせてオーダーメイドで提供し、重量物の運搬・移動などをサポートする事業を展開している。さらに、下肢障害者が自力で自動車運転できるように、着脱できる携帯型手動運転装置を開発するなど幅広い福祉機器の供給を行っている。また、理化学、工学、海洋開発、農業などの研究開発に対して専用の器具・治具を納めるなど、板金業の枠を超えたサプライヤーとして機能している。

西川精機製作所は、社長の言う「主に難加工材料を素材として、様々なニーズに対応した加工と多種多様な需要商品の供給できる」メーカーとしての自負がある。切削加工、板金成型加工、樹脂成型、溶接加工など実に幅広い。製品としては、医科理化学器械、ワークの保持や搬送器具、様々な機械器具の組立に至るまでこなしている。

エー・アイ・エスは、筐体の加工と仕上げに関わる総合的な板金技術と設備を有している。平成 12 年創業の若い会社である。3次元 CAD を用いて設計機能と精密加工を得意としている。

3社は IVI(インダストリアル・バリューチェーン・イニシアチブ)の会員となっている。

IVI とは、「ものづくりと IT が融合したあたらしい社会をデザインし、あるべき方向に向かわせるための活動において、それぞれの企業のそれぞれの現場が、それぞれの立場で、等しくイニシアティブをとるためのフォーラム」と設立趣意書に謳っている。「IoT や自動化技術、ネットワーク技術など、高度で先端的

な要素技術が時代を大きく変えようとしているなかで，得てして忘れてしまいがちな"人"の存在をあえてクローズアップし，人が中心となったものづくりが，IoT時代にどのように変わるか，変わるべきかを議論」することを目的とし，モノと情報を介した人と人との係り方，作る人と使う人との関係性を問い直すことを目指している。2017年12月4日現在の会員数は，大手が87社，中小企業が59社，他大小のサポート会員及び賛助会員・学術会員によって構成されている。

　3社の「つながる町工場」プロジェクトは，IVI作業部会の一つとして位置づけられ，IVIの理事長である西岡靖之法政大学教授が自らこのPTの指導にあたってきた。具体的なICT連携の活動を紹介する。

　ものづくりをとりまく環境がめまぐるしく変わろうとする中，消費者ニーズの多様化によりものづくり依頼も多様化し，顧客となる大手企業や研究所からの依頼も部品ではなく複合化してきている。そこで，このような変化に対応するため，複数企業が共同体としての受注体制を取ることで，協力して生産する必要性が高まった。

　ネットワークシステムを構築する目的としては，単独ではできない加工技術に連携して対応し，連携に内在しがちな非効率性を克服しつつ，顧客サービスを向上して新市場を開拓することである。

　そこで，3つのシステム構築を目指した。① 見積もり連携システム，② 工程進捗情報連携システム，③ 顧客ポータルシステムである。しかし，具体的な業務のシステムに入る前に，グループ内ディスカッションSNSを構築し，WEBサイトからの問い合わせ情報，引き合い案件情報を共有するために，データベース・コミュニケーションを構築する必要があった。そこで，サイボウズのKintoneというクラウドサービスを利用し，コミュニケーションと情報共有に活用するようにした。業務上の機能としても，売上情報，顧客情報，問い合わせ対応履歴や文書ファイルなど様々なデータを管理できるようになった。また，各社で開発したシステムを相互にやり取りできるAPI（アプリケーション・プログラミング・インターフェイス）連携も可能となっている。

　見積もり連携では，各社の顧客からの引き合い情報を共有し，見積もり作成業務を連携するようにした。部品・材料の仕入れ，外注先の見積もりを行った上で，工程・工数を積算して製造原価を割り出し，利益判断をするという流れに基づきシステムを構築した。

工程進捗では，顧客からの受注を EDI（Electronic Data Interchange）という企業間の注文情報や出荷情報などを電子化する仕組みを用いて受注し，調達においてもそのデータを連動させ効率化した。また，発注元・発注先の進捗状況と合わせて自社工程の進捗状況全体を管理するデータ連携を構築した。
　さらに，顧客に対する過去履歴を含めた回答業務の効率化や，工程進捗・納期回答の迅速化などポータル機能の向上を図った。
　このように，作業の進捗状況を「見える化」することで，社内の工程管理を明確にするとともに，顧客からのアクセスを受け入れることで，内外のコミュニケーションを緊密にできるようにした。3社連携を明瞭に打ち出したのは，「東京町工場ものづくりのワ」というウェブサイトである。そこには取り組みとして，「協働のものづくり」，「技術の深化」，「人材育成」，「業務効率化・システム構築」を謳っている。
　このプロジェクトは東京都中小企業振興公社の「地域資源活用イノベーション創出助成事業」の採択を受けてスタートし，IVI が実施する「つながるものづくりアワード 2016」で最優秀賞を受賞した。トヨタを始めとする大手企業の事業を抑えての快挙となった。
　中小企業のつながりと言っても，自然発生的に成立するものではなく，今野製作所の今野浩好社長を中心に結集した3社の社長同士と，それぞれの会社の社員相互の円滑な交流関係が形成されて成り立つものである。共同で営業活動を推進する意思は，技術や経営に関する相互理解と信頼関係があって生まれると考えられる。

（2）中小製造業の IoT による工程管理
　「つながる町工場」プロジェクトは IT を介したコミュニケーションネットワークであるが，「もの」と「もの」が結びついた IoT の事例としては紹介しなかった。IoT をイメージするのに打ってつけなのが，コマツの KOMTRAX（Komatsu Machine Tracking System）である。
　KOMTRAX は建設機械の情報を遠隔で確認できるシステムである。KOMTRAX はもともと盗難対策として開発されたが，2001 年より国内市場で標準装備化し，それ以降グローバルでの標準装備化を進めた。車両システムにセンサーや GPS，通信システムが装備され，収集した情報とともに無償で顧客に提供している。このシステムの導入により，世界各地に配置された建設機械の位置を特定する

だけでなく，容易に故障原因を推定し迅速な修理を行うことができるようになった。また，遠隔操作でエンジンを止められるため，盗難を防止するだけでなく，稼働状況を顧客と共有し，適切な点検時期や部品の交換時期を割り出すことでコスト削減を提案できる。このように，機材を売却すればものづくりの役割は終わるという時代から，アフターサービスを含めたものづくりのサービス産業化が求められる時代に移行してきた。

顧客との情報共有の結果，世界中の建機の稼働データを収集することでどの地域でどのような工事が実施されているかという需要に基づき，将来的なニーズを予測できるようになり，営業戦略が有効に展開できるようになった。

この事例は，IoT という概念が表出する以前からの取り組みであるが，まさに「もの」のインターネットに適合している。

また，農業の革新にも IoT が適用されるようになった。山口県の旭酒造は杜氏が不在でも日本酒を作れるようにし，「獺祭」のブランドで大吟醸を販売している。問題は製法のノウハウがデータに基づいた管理方法であることと，原料となる「山田錦」を大量に仕入れる必要があることである。そこで，栽培が非常に難しいとされていた品種を農家に生産してもらうにあたり，富士通の食・農クラウド「Akisai」を導入した。センサーを水田に設置し，気温や湿度，土壌温度・水分のデータを収集し，カメラによる画像を蓄積して肥料の散布を管理している。安定した米の調達は，精米度合いが高い吟醸酒の製造に不可欠である。農業生産も工業生産に近似してきた。

それでは，こうした IoT を取り入れた中小製造業の生産管理は，どのように行われているのか。

自動車のエアコンやラジエーター（熱交換器），各種の医療機材用のパイプを加工・製造している**武州工業株式会社**は，先駆的に IoT に取り組んでいる企業である。月平均 900 種類・90 万本の金属パイプ製品を生産する。現在の従業員数は 158 名であり，平均年齢 33 歳ということで，国内の給与所得者の平均年齢より 10 歳以上若い企業である。

同社は 1951 年に武蔵村山市で創業した。翌年から板金工場を設立し，ラジエーターの部品加工やパイプの製造を行った。1970 年には青梅市に本社・工場を新設した。その後，パイプ加工と板金に関わる設備として，NC ベンダー（パイプ曲げ機）や 3 次元レーザー，3DCAD などを導入し，高難度加工に対応できるようにした。最近では，パイプの極小曲げ加工（パイプの直径よりも小さい R

で曲げた際その直径を維持しながら曲げ加工を行う）に対して，従来の工法とは異なる技術開発により，コスト低減を実現した。また，ISO9001 や ISO 14001，さらに ISO13485（医療機器品質マネジメント）を取得し，国際認証による取引拡大を目指した。ちなみに同社は，社員満足によるおもてなしの心で顧客へ感動のサービスを提供する姿勢が評価され，2017 年に「第 7 回日本でいちばん大切にしたい会社大賞」（人を大切にする経営学会主催）の審査委員会特別賞を受賞している。

　同社の社員には，最初に製造の現場を体験させて稼ぎの源泉を認識させ，その経験に基づき自らキャリアを選択して切り開くという育成方針を取っている。また，職人のレベルアップには，パイプの曲げ加工技術以外に，溶接やロー付けの技術を修得させ，多能工としての技量を身に付けさせる。

　さらに同社の究極の生産方式として，「一人の技術者が材料調達，加工，納期管理まで一貫して行い，高品質で効率的な生産を実現」することを目指して，1987 年に「一個流し生産」に踏み切った。それまでは通常のライン生産方式を取っていたが，国内生産が大量生産型から多品種少量生産に切り替わってきたため，自動車・同部品メーカーからのコストダウン要請に応えるためであった。メリットとして，工程内の仕掛品・移動を最小限に抑えられる。製品リードタイム（所要時間）を短縮し，生産性を向上させられる。工程内検査のインライン化による品質の担保が可能となる。ミニ設備を用いた省エネルギー・省スペース化を達成できる。等々といった効用があり，作業者にとって生産に関する責任感と使命を高める効果があると考えられる。結果として生産コストの低減につながった。同社の林英夫社長は，この方式を「ラーメン屋」にたとえる。なぜなら，注文に即応して，材料調達から製造・組立，品質管理，出荷まで全ての工程に責任を負うからである。

　しかし，これだけではどこでも導入しているセル生産方式と変わらない。そこで，プロバイダー事業を起こしたくらい IT に習熟していた林社長は，IoT システムを導入することを決断した。パイプの成型機にスマートフォンを装着して，成型品を検査治具にタッチすると，スマホ内の加速度センサーが感知してその情報を Wi‐Fi によってサーバーに送るというシステムを構築した。これにより機械の稼働状況を把握しつつ，生産個数を時間の推移とともに掌握して作業を進めることができるようになった。加えて機械の動作状況を可視化するため，「ラズベリーパイ」という低価格の教育用コンピューターを応用して情報収

第 12 章　中小製造業の生産管理　　279

写真 12—1　スマートフォンを利用した IoT による工程管理・検査

集装置を作った。データをサーバーに転送する機能を果たしている（写真 12—1）。

　各人にタブレットを持たせるなど機材の購入費が掛かったが，基本的に自前でシステムを開発したため低コストで IoT を装備することができた。生産管理を遂行するには，独自に開発した「BIMMS（Busyu Intelligent Manufacturing Management System）」というシステムが稼働する。もともと社内の人の動き，ものの動き，カネの動きを管理する目的で作ったものだが，作業者の出退勤，在庫管理，生産指示，生産実績管理，品質管理，工程不良管理など逐次管理することができ，流通業の POS をイメージした製品や部品，仕掛品の棚卸しを毎日実施するのと同じ効果が生まれる。また，BIMMS を社内だけで運用するのでなく，IoT に関心ある他の中小企業に外販するため，アマゾンのクラウドである AWS に移行する計画を進めている。

　同社の社員は，様々な生産設備や治具を自分たちで工夫して内製化するため，製造工程の改善に対する参加意識が高い。医療分野事業の売上比率の上昇など受注内容の変化に対応して，生産の転換に柔軟に対処できるのが同社組織の特徴である。そうした転換促進の背景として，LCC（ローコストカントリー）価格を実現し，海外生産しなくても勝てる仕組みを作ろうという経営者の明確な姿勢がある。また，健康や働き方の改革を推進し，生産性の向上につなげるた

めにも，BIMMSの「見える化」のシステムを通して社員自らが問題点に気づくことが極めて重要であるというメッセージになっていると思われる。

（3）大企業の生産管理

沖電気工業株式会社（以下OKI）富岡工場は，銀行やコンビニに置かれているATM（現金自動預け払い機），現金処理機，航空機・鉄道用発券機などメカトロニクス商品を生産する一大拠点である。大企業の生産ラインというと，様々なサプライヤーから部品を調達し，最終工程の組立に特化した工場をイメージしがちだが，この富岡工場では，筐体を形成する板金部門だけでなく，数多くの部品加工も手掛けている。ものづくりの原点を垣間見ることができる生産現場であり，大企業でありながら中小企業と極めて類似していると思われる。中小製造業にとって自らの課題を見つめ直すに当たり，身近で共通するあたかも仲間の工場から学べるように，解決のヒントが得られるに違いない。

OKIは，1881年に初の国産電話機を生産したことを契機に，製造・販売のためOKIの前身となる明工舎を創業した。戦後，73年にファクシミリが開発され，81年にはLEDプリンターとパーソナルコンピューター，82年には入金紙幣を出金に回せる世界初の紙幣還流型ATMが開発された。今日では，交通インフラや工場・店舗，官公庁や銀行など多様な場面で使用される情報・通信システムとして広く普及している。

1960年に開設された富岡工場は，中国深センに設立した工場とブラジル工場のマザー工場として，国内外のメカトロシステム事業を推進する中心工場である。富岡工場では部品製造から出荷梱包まで一貫生産により多品種少量製品を生み出している。コア部品を内製化しているが，プレス金型を使わず，最新鋭のレーザー加工機で高精度部品を製作し品質確保とコストダウンにつなげている。

加工技術の中でも傑出していると思われるのは，プレスブレーキ（板金素材の曲げ機，ベンダーとも言う）と人間の関節に似たロボットアームの組み合わせにより，自動的かつ自在に立体形状を形成できる技術である。切断 ⇒ 曲げ ⇒ 溶接による接合 ⇒ 塗装（表面処理）という部品加工工程を経て組立ラインへ搬送される。一工場の中で全ての生産工程を完結している様子は他では見られない光景である。

さらに加工ノウハウの数値化を図るため，T – CAM（(Tomioka) Total Computer

Aided Manufacturing System）という独自の「情報統合マネジメントシステム」を開発した。CAM（コンピューター支援製造）とは，CADで作成された形状データを基に，加工用のプログラム作成をコンピューター上で行い，NC工作機械に送られて加工が行われるものである。T – CAMは作業指示を行う機能を付加し，NCデータを制御し作業履歴を統合した製造管理システムである。多品種小ロット生産に移行した中，データ作成時間と段取り替え作業時間を削減できるなどの効果をもたらした。

　加工後の組立工程がIoTの出番である。富岡工場の組立生産方式の基本的形態はセル型生産である。「プロジェクションアッセブリーシステム」を編み出したことにより，組立部品の取出しミスがなくなり，ドライバーのトルク締め不良が改善されるなど製造品質と生産性を大幅に上昇することができた。

　作業台の前面にプロジェクションマッピング棚が設置され，横の左右に5～6列，縦の上下に4段ほどの棚に格納された部品の取出しが行われるようになっている。屋台型のシステムである。付随する機材はプロジェクターとUSBカメラで，いずれも市販品である。作業台の上部に設置したプロジェクターから作業台に向けて画像が映され，作業指示に従って手順が示される。部品の取出し指示が棚に映し出されて誘導され，その棚から部品を取り出すと同時にカウントされる。作業内容については，熟練技能者の模範的動きが動画で表示されるなど，指示通りに加工することで工程を進められる。進行上必要であれば，作業台の画像に手かざしで確認する動作も行われる。ネジ締めなど作業に不良が生じれば，警告の照明が点灯される（写真12—2）。

　作業者の手の動きは，上部に設置した2台のUSBカメラが捉えて，部品のピックアップを画像認識で検知しチェックする。また，進捗時間と動作の正確さを後でチェックすることができる。しかし，USBカメラでは手元の作業の映像しか確認できないため，マイクロソフトのKinectというモーションキャプチャーデバイスによって，棚の外側に大きく展開する作業者の動作を追跡する仕組みを導入している。頭と右手・左手の動きを赤・青・黄色に分けて抽出し，歩行などのムダな動きを改善することでスピードアップを図ることができる。

　IoTに制御されたセル生産が，大工場の中で整然と並んでいる様子は壮観である。このシステムを導入した結果，生産効率が1ヵ月目に30ポイント，12ヵ月目に65ポイントも向上し，組立不良は 1ヵ月目に激減する効果をもたらした。

写真 12—2　プロジェクションアッセンブリーシステムでの作業

　さらに，次の作業に必要となる部品を納めた棚を，いま作業している棚の裏側にセットしておくことで，棚ごと反転させてすぐに次の作業に移行できるようにしている。また，組立ラインへ供給される部品の投入台車の位置を工場内で特定するため，棚にビーコン（位置情報発信装置）を結びつけてスマホに知らせる仕組みを作った。今，ビーコンは数千円でも購入できる。
　プロジェクションアッセンブリーシステムの効果をまとめると，部品取出しの明確な作業指示により作業ミスをなくす。作業実績をデータ化し，結果と映像を保存する。その次に作業分析して，工程を明確化しムダを抽出するなど問題箇所を可視化する。フィードバックして工程改善し製品設計へ反映させる。トータルの結果として，多品種少量生産における，品質と生産効率のスパイラルアップを実現につながることができる。
　従来の部品取出し技術には，デジタルピッキングという個々の棚にセンサーを設置し配線を施すシステムがあるが，これには制御装置など専用のシステムを設置する必要がある。それに比べて，プロジェクションアッセンブリーシステムは，これまで使用していた棚に簡単な装置を付けるだけで低価格でシステムを構築できる。2016年末に同システムは「第6回OKIグループ生産改革大賞」の最優秀賞を受賞している。
　OKIはこのシステムを中小企業向けに外販することを計画している。これに

付随するソフトウェアの特許は，すでに出願している。管理手段としてのIoTに取り組むには，決して高額な投資をすべきでないことは言うまでもない。中小製造業にとって仕組みは明快なので，できる限り導入しやすい費用で済ませられることを望みたい。

OKIはもうひとつIoTを活用した重要な取組みとして，設備保全効率の改善と異常・予兆検知に役立てようとしている。日本の製造業は，これまでアフターフォローに対する関心が薄かったが，ものづくりのサービス産業化が進展するに連れ，製造機器の予兆保全の必要性が高まってきた。OKIでは独自の振動解析アルゴリズムを開発しているので，これを用いて金型のひび割れを事前に検知し，事故や生産性低減を防ぐための実証実験を進めている。

このOKIのIoTに対する取組みは，人と「もの」とのデジタルなつながりを模索し，無理のないものづくりのあるべき姿を構築する一歩となると期待できる。

ま　と　め

中小製造業にとってIoTは必ずしも馴染みやすいものではない。既存の家電をスマホにつないで遠隔管理するようなIoTの使い方なら，中小企業にとっても比較的に取組みやすいが，すでに大手企業が手掛けている。IoTを組み込んだ新製品を作り出すには，「もの」と「もの」との組み合わせがどのようなニーズに対応するのか，事前のマーケティングが容易でなく，かつ幅広い分野の技術の蓄積が必要となる。

しかし，製造工程などの改善を行うなど生産管理に絡ませることは，これまでの事例にあるように効率化を促進するだけでなく品質管理面でも有効な手法であると考えられる。今後は，センサーとデバイスの結合が，当たり前の技術として急速に発展する可能性があるので，製造業のあり方を変革するイノベーションを目指して取掛かる必要がある。中小製造業が取組むべきIoTの活用は，最初に工程改善から行うことが有効と思われる。

一方ICTについては，人と人，企業と企業をつなぎ，新しい関係づくりを促すデジタルツールとして継続的に使い続けることが，ネットワークを拡大する上でも大きな役割を果たすと思われる。第11章で述べたとおり，「ICTは情報収集やコミュニケーション，購買行動などの生活行動に大きな影響を与えてい

る」。また,「ICT やインターネットの普及によるネットワーク社会は,我々の生活や仕事に変化を」もたらすにも関わらず,総じて中小企業には IT 自体に対する投資を重視していない傾向が見られる。その結果,企業業績に差が生じている。

　日本の製造業にとって最も関係の深い国は中国である。その中国での IT の進展はめざましく,消費者の支払手段としては現金ではなく,スマートフォンによるモバイル決済サービスが急速に普及している。QR コードをかざしただけで支払が済ませられる。IT が日常の生活手段化した社会環境の中で,取引が電子化され,産業基盤に大きな変化が生まれようとしている。ICT や IoT が製造業に与える影響は,これまでにない革新的な転換を迫ると思われる。その先駆けを中国が担うとするならば,日本の存在価値は何に立脚すべきであろうか。

　日本は,TPP の再構築や EU との経済連携を締結しようとしているが,これまで最大の強みとしてきたものづくりの国内連携だけでは,対外的な交易関係において対抗できるだろうか。デジタル技術の未習熟が,一周遅れの時代錯誤を引き起こす懸念を生じさせている。この懸念を払拭する意味でも,日本の産業を支えてきた中小製造業にとっては,財務基盤の安定と合わせて,デジタル化への対応力を格段と高める努力が必要となっている。

注

1)『中小企業白書』2009,2017 年版付属統計資料。
2)『工業統計調査(産業編)』(全事業所数 1965 ～ 2000 年),平成 26 年経済センサス。
3)金子智朗(2009)管理会計はマネジメントのための会計。企業活動を円滑に進めるため,経営管理に役立つ会計情報を提供することを目的とし,社内で用いる。
4)労働生産性は,従業員一人当たりの付加価値としてとらえる。
5)労働分配率とは,付加価値に占める人件費の割合を示す経営指標。
6)平成 29 年版 TKC 経営指標(平成 28 年 1 月期～ 12 月期決算)と対比するには,2016 年期決算との比較が妥当なため。
7)公益財団法人日本生産性本部『労働生産性の国際比較』2017 年版。
8)「未来投資戦略 2017 ～ Society5.0 の実現に向けた改革」平成 29 年 6 月 9 日。
9)自民党コラム「骨太方針,未来投資戦略 2017——人材への投資で生産性を向上」(機関誌『自由民主』2017 年 6 月)。
10)働き方改革実現会議決定「働き方改革実行計画」平成 29 年 3 月。

参考文献

金子智朗（2009）『「管理会計の基本」がすべてわかる本』秀和システム。
神谷俊彦編著（2017）『図解でわかるIoTビジネスいちばん最初に読む本』アニモ出版。
小泉耕二（2016）『2時間でわかる図解IoTビジネス入門』あさ出版。
児玉哲彦（2017）『IoTは"三河屋さん"である』マイナビ新書。
坂村健（2016）『IoTとは何か』角川新書。
宝島社（2016）別冊宝島『想像を超えた未来が迫ってきた』。
武下真典・幸田フミ（2016）『はじめてのIoTプロジェクト教科書』クロスメディア・パブリッシング。
日刊工業新聞社（2017）「工場管理」2017年4月臨時増刊号『よくわかる生産現場のIoT』。
日経BP社（2018）『すべてわかるIoT大全』。
中根滋（2015）『アップルを超えるイノベーションを起こすIoT時代の「ものづくり」経営戦略』幻冬舎。
林總（2015）『経営分析の基本』日本実業出版社。
安田順（2015）『社長のための「中小企業決算書」読み方・活かし方』日本実業出版社。
吉川洋（2016）『人口と日本経済』中公新書。

（山田　伸顯）

おわりに
―― 中小企業経営支援の意義と役割と変化 ――

　中小企業にとって経営環境が時代を追うごとに厳しくなっていることは，異論がないであろう。企業経営はもちろん中小企業診断士の経営支援の対象としての各地域団体の経営について中小企業診断士の専門である経営は今日の社会活動の持続的継続のための大きな社会的意義がある。中小企業診断士の活躍するための3つの視点から本書の狙いの背景を示しておきたい。
　第1は，中小企業診断士の活躍の分野は企業支援だけではないと言うことである。
　本書は，中小企業診断士の現実の診断経験や経営学研究者の実証研究等を通じて，中小企業経営のあり方，またどのように改善するか等をまとめたものである。ただ，今日中小企業診断士の経営支援の対象となるのは，企業経営だけではない。
　本書でも様々な地域活動を実践するためのノウハウについて，前著（「まえがき」参照のこと）とともに数多い事例を交えながら紹介している。社会活動を実践する各種団体が経営手法を取り入れて活動を継続しなければならないことが必要となっている。社会活動で経営の視点が必要なのは，活動を継続するためには一定の収益が必要であるからである。例えば，高齢社会への対応としての買物難民対策は行政からの補助金があって継続できている場合が多いが，補助金はいつまでも受けられるわけではなく，数年間での自立化が求められる。介護支援も如何に善意であってもボランティアでは長続きは難しい。また，地球環境問題への対応としての3Rの推進についても回収した後の素材で新たな製品を作り販売する等活動がなければならない。6次産業化での地域おこしが全国的にも盛んに行われているが，農林水産物の販売だけでなく，高付加価値化した製品開発も収益を確保できる販売が必要である。農村地域と都市の交流などサービス分野でも同様である。このような活動が持続的に推進できるのは多くの危機感を持った人や地域団体であるが，多くの場合，中小企業が先導をすることが多い。
　第2は，高度化，複雑化する課題への対応は個人での対応には限界があるこ

とである。

　中小企業診断士にとって，コンサルティングファーム等による異業種間のネットワークが重要であることは言を待たない。すなわち専門の違う中小企業診断士や弁護士，税理士，社会保険労務士等の専門家に加え，大学研究者や企業経営経験者など経営課題や地域課題についてネットワークを作り対応することが必要である。課題解決に決して中小企業診断士といえども全て1人でできるわけではない。ただ，注意しておきたいのは課題解決の役割を担う目的達成のためのネットワークは決して一方的な Give だけ，あるいは Take だけの関係だけでは成立しないことである。ネットワークを構成するそれぞれのメンバーが何か一目置かれる能力・技術，そして専門性がなければ成立しないことである。かつて異業種交流会が数多くできたが，共同製品開発など成功した交流会には優れた得意分野を持ち信頼されるコーディネーターの存在の共通点がある。特にコンサルティングファームメンバー以外の各地域団体との交流は，ネットワークの要としての中小企業診断士の重要な役割であり，経営のより高度な専門知識を持つエキスパートでなければならないのである。

　第3は，商店街についての理解を深めることである。

　都市部を中心に地域社会の核として商店街が大きな役割を果たしていた。しかし，全国的にも商店街の衰退が著しいが，役割がなくなったわけではない。特に高齢社会に入り，一例を挙げると買物の利便性やコミュニティの場として改めて重視されている。診断実習の中でも商店街を見る機会はあるが，企業経営と異なり非常にわかりにくいものである。著者が関与している千葉商科大学大学院の中小企業診断士養成コースでも商店街でのインターンシップを必修としている。これで決して十分というわけではないが，中小企業診断士として行政の依頼の仕事をする場合も商店街を知らないことは活動領域が限定される。前著の執筆者である診断士のほとんどは商店街支援の経験を数多く持っている。商店街は企業経営と地域社会の情報の宝庫である。

　中小企業診断士としてより求められている高度化，多様化する企業や地域のニーズに現場経験での対応力を持ち，さらなる専門知識の習得と中小企業診断士同士あるいは他の専門家とのネットワークづくりの意義を改めて理解していただき，研究者だけでなく経営者も中小企業診断士も中小企業診断の視点で現場の経営学についての理解が深まればこの上ない喜びである。

（小川　雅人）

著者略歴

小川 雅人（おがわ まさと）
担当：編集，はじめに，序章，おわりに

1947年，北海道生まれ。福井県立大学教授を経て現在に至る。千葉商科大学大学院政策研究科博士課程単位取得退学。博士（政策研究）。主な職歴として東京都商工指導所，東京都産業政策部勤務。主な外部役職として福井県大規模小売店舗立地審議会会長，中小企業基盤整備機構中心市街地活性化サポートマネージャー等を歴任。現在，千葉商科大学商学研究科客員教授，神奈川県大規模小売店舗立地審議会副会長他。主著：『商店街機能とまちづくり――地域社会の持続性ある発展に向けて――』創風社。（編著）2017年，『地域再生と文系産学連携』同友館（共著）2014年，『持続性あるまちづくり』創風社（共著）2013年，『地域中小小売業の再生とまちづくり』創風社（単著）2010年，『新版・現代の中小企業』創風社（共著），『地域商業革新の時代』創風社（共著）2008年，『現代のマーケティング戦略』創風社（共著）2005年，『現代の商店街活性化戦略』創風社（共著2004年（商工総合研究所中小企業研究奨励賞受賞）他多数。

福田 敦（ふくだ あつし）
担当：第1章

1958年，東京都新宿区出身。現在，関東学院大学経営学部教授，中小企業診断士。主著：『中小企業の現状とこれからの経営』（共著）中央大学出版会（1999年），『現代の商店街活性化戦略』創風社（共著）2004年（商工総合研究所中小企業研究奨励賞受賞），『地域商業革新の時代』創風社（共著）2008年，他多数。

菊池 宏之（きくち ひろゆき）
担当：第2章

1958年，茨城県生まれ。東京経済大学経営学研究科修了（修士（経営学）・現在 東洋大学経営学部教授 博士（学術）。

流通政策研究所，（公財）流通経済研究所，目白大学を経て現職。主な著書・論文：「小売業の価値共創マーケティング」日本サービス学会誌『サービソロジー』vol.4 No.3 2017年10月，『商店街機能とまちづくり』（共著）創風社 2017，「買い物難民対策としての移動販売事業と地域の流通システム」日本フードシステム学会『フードシステム革新のニューウエーブ』日本フードシステム学会フードシステム叢書 2016年3月。その他：中小企業

診断士一次試験作問委員（2期）。

古望 髙芳（こもう たかよし）
担当：第3章

1957年，静岡県生まれ。早稲田大学商学部卒業。千葉商科大学大学院商学研究科修士課程修了。松下電器産業（株）（現パナソニック（株））に入社し，主に自動車メーカーOEM営業を担当し，中部営業所所長などの職歴を経て，2017年定年退職。「松下幸之助経営理念実践伝道師」資格（社内資格）を持ち，社内人材の育成にも注力。現在は，三方よしビジネスサポート研究所所長として，各種セミナー講師や全国の中小企業・商店街の活性化事業に注力。資格：中小企業診断士・ファイナンシャルプランナー。著書：『商店街機能とまちづくり――地域社会の持続性ある発展に向けて――』創風社（共著）2017年。

三浦 達（みうら とおる）
担当：第4章

1978年 宮城県生まれ。首都大学東京大学院社会科学研究科経営学専攻及び千葉商科大学大学院商学修士課程を修了，中小企業診断士。現在，神奈川県庁に勤務。主著：『商店街機能とまちづくり――地域社会の持続性ある発展に向けて――』創風社（共著）2017年。

池田 智史（いけだ さとし）
担当 第5章

1986年，東京都生まれ。中央大学商学部卒業，千葉商科大学大学院修了。現在，中小企業診断士，千葉商科大学非常勤講師・外部講師，株式会社Ludius取締役。大学院修了後，中小企業支援に携わる。主著：『商店街機能とまちづくり――地域社会の持続性ある発展に向けて――』創風社（共著）2017年。

青木 靖喜（あおき やすよし）
担当：第6章

1956年，小倉生まれ。関西大学経済学部卒業，千葉商科大学大学院修了。中小企業診断士，日本物流学会会員，千葉商科大学非常勤講師・外部講師，商学修士。日本通運（株）で国内外の物流業務に従事後，業種や規模に関係なく「目に見えない物流」の存在を多様な企業の方々に理解していただくべく活動中。YG経営リソース研究所主幸。主著：『商店街機能とまちづくり――地域社会の持続性ある発展に向けて――』創風社（共著）2017年。

柳澤 智生（やなぎさわ ともお）
担当：第7章

1971年，静岡県生まれ，東京都出身。経歴：明治大学商学部商学科卒業，千葉商科大学大学院修了（商学研究科修士課程）。CVSのスーパーバイザー，信用調査会社（帝国データバンク）の調査員に従事。現在は，ヤナギサワトモオ経営サポート代表。資格：中小企業診断士，与信管理士。主著：『商店街機能とまちづくり――地域社会の持続性ある発展に向けて――』創風社（共著）2017年。

栗原 拓 （くりはら たく）
担当：第8章

1965年，青森県生まれ。早稲田大学商学部卒業。千葉商科大学大学院商学研究科修士課程修了。英国国立ウェールズ大学経営大学院MBA。現在，都市銀行勤務。中小企業診断士。与信管理士。

多賀 恵子（たが けいこ）
担当：第9章

1980年，東京都生まれ。中小企業診断士。東京農工大学大学院農学教育部（修士課程）修了。造園建設業に勤務。植栽管理担当を経て，2008年より総務・人事業務に従事。新卒採用および若手社員育成をはじめ，一般管理業務全般に携わる。

大熊 省三（おおくま しょうぞう）
担当：第10章

1959年，東京都生まれ。横浜国立大学大学院環境情報学府博士課程後期修了，博士（技術経営），日本キャリア開発協会認定CDA。現在，関西学院大学准教授。主著：『商店街機能とまちづくり――地域社会の持続性ある発展に向けて――』創風社（共著）2017年，『持続性あるまちづくり』創風社（共著）2013年，『21世紀中小企業の発展過程――学習・連携・承継・革新――』同友館（共著），『地域商業（商店街）活性化事業における実証研究』全日本能率連盟（単著）（経済産業省経済産業局長賞受賞）2008年，他。

平本 祐資 （ひらもと ゆうすけ）
担当：第11章

1986年，東京都生まれ。現在，株式会社Ludius代表取締役 2016年設立。東京都立国際高校卒業，東海大学理工学部中退。WEBサイト制作事業・コンサルティング事業を展開。

山田 伸顯 （やまだ のぶあき）
担当：第12章

1947 年 神奈川県生まれ。現職　株式会社南武監査役・顧問

　経歴：早稲田大学政治経済学部政治学科卒業，慶應義塾大学大学院経済学研究科修士課程修了，東京都大田区勤務，公益財団法人大田区産業振興協会副理事長，法政大学専門職大学院客員教授（2006 年～ 2012 年），嘉悦大学大学院非常勤講師（2018 年まで）等を歴任。その他の経歴「地域産業おこしに燃える人」に選定（2003 年），中小企業政策審議会臨時委員（2004 年～ 2011 年）。主書：『日本のモノづくりイノベーション』（単著）日刊工業新聞社 2009 年,『グローバル化と日本経済』（共著）財務総合政策研究所，勁草書房 2009 年,『21 世紀への挑戦②』（共著）日本経済評論社 2011 年他 。

中小企業の経営と診断 ──持続ある社会活動の経営支援に向けて──

2018 年 4 月 5 日　第 1 版第 1 刷印刷	編著者　小 川　雅 人
2018 年 4 月 20 日　第 1 版第 1 刷発行	発行者　千 田　顯 史

〒113―0033　東京都文京区本郷 4 丁目17―2

発行所　（株）創風社　電話（03）3818―4161　FAX（03）3818―4173
　　　　　　　　　　振替 00120―1―129648
　　　　　　http://www.soufusha.co.jp

落丁本・乱丁本はおとりかえいたします　　　印刷・製本　光陽メディア

ISBN978―4―88352―245―3